黄河流域历史文化遗产
保护利用探索

袁广阔　崔宗亮　著

科学出版社

北京

内 容 简 介

　　黄河文化是中华文明的重要组成部分,是中华民族的根和魂。洛阳和濮阳二市均位于黄河流域,皆为"国家历史文化名城",辖区内分布有数量众多的历史文化资源,具有极其重要的历史、科学、艺术价值。本书对洛阳和濮阳境内历史文化资源的保护利用工作提出了一些建设性意见和举措,是开展黄河流域历史文化研究和历史文化资源保护利用工作的有益探索。

　　本书适合于文化遗产保护、考古等专业的师生和爱好者阅读参考。

图书在版编目(CIP)数据

黄河流域历史文化遗产保护利用探索 / 袁广阔,崔宗亮著. —北京:科学出版社,2024.1

　ISBN 978-7-03-078013-3

Ⅰ.①黄… Ⅱ.①袁… ②崔… Ⅲ.①黄河流域－文化遗产－保护－研究 Ⅳ.①K292

中国国家版本馆 CIP 数据核字(2024)第 015536 号

责任编辑:雷　英 / 责任校对:邹慧卿
责任印制:肖　兴 / 封面设计:张　放

科学出版社 出版
北京东黄城根北街 16 号
邮政编码:100717
http://www.sciencep.com

北京厚诚则铭印刷科技有限公司印刷
科学出版社发行　各地新华书店经销
*
2024 年 1 月第　一　版　开本:787×1092　1/16
2024 年 8 月第二次印刷　印张:13 1/2
字数:325 000
定价:215.00 元
(如有印装质量问题,我社负责调换)

序 言

黄河是中华民族的摇篮。在九曲回肠、蜿蜒曲折的黄河流域，我们的祖先百折不挠、艰苦奋斗，创造出了灿烂辉煌、震古烁今的中华文明，为炎黄子孙和世界文明留下了无数的文化瑰宝。因此，习近平总书记于 2019 年 9 月 18 日在黄河流域生态保护和高质量发展座谈会上指出："黄河文化是中华文明的重要组成部分，是中华民族的根和魂。"[①]

1921 年，瑞典学者安特生对黄河流域仰韶村遗址的发掘标志着中国现代考古学的诞生。中国考古学的诞生为探索源远流长、灿烂辉煌的中华文明提供了最直接、最清晰的例证。100 年来，无数考古学者沿着安特生的步伐，在黄河流域开展了众多的考古发掘，获得了一系列重要的考古大发现，如大型的聚落遗址、都城遗址、高等级的墓葬、陵寝、建筑等。这些考古发现是黄河文化的重要物质载体，是中华文明的重要见证，是我国历史文化遗产的重要组成部分。它们的发现极大地延伸了中华文明的历史轴线，增强了中华文明的历史信度，丰富了中华文明的历史内涵，活化了中华文明的历史场景。

近年来，随着党中央"五位一体"总体布局以及"高质量发展"重要思想的提出，文化建设已成为促进中国政治稳定、经济社会发展、生态和谐的重要动力，中国由此进入文化大发展大繁荣的新阶段。在此背景下，历史文化遗产的保护利用工作开始日益突出，已成为助推文化产业发展的不竭源泉。要之，为了深入挖掘黄河文化的历史内涵，活化中华文明的历史场景，就必须对黄河流域的历史文化遗产开展系统的保护利用工作。

黄河流经青海、四川、甘肃、宁夏、内蒙古、陕西、山西、河南、山东九省、自治区，流域幅员辽阔。在这些区域，历史文化遗产数量众多、种类丰富，因此对它们进行全面的保护利用是一项长期且复杂的系统工程。要之，我们便以河洛和濮阳地区为例，探讨黄河流域历史文化资源的保护利用。

河洛地区位于黄河中游，主要指今天的洛阳地区以及登封、巩义等县市。早在旧石器时代，这里就成为人类祖先活动的重要场所。王湾、矬李、小潘沟、西高崖、土门、双槐树等遗址的发掘显示，新石器时代，这里的考古学文化面貌十分清晰，裴李岗文化、半坡文化、庙底沟文化、秦王寨文化、庙底沟二期文化、王湾三期文化等发展延绵不断。进入国家阶段以后，这一地区长时间作为古代中国的政治、经济和文化

---

① 习近平：《在黄河流域生态保护和高质量发展座谈会上的讲话》，《人民日报》2019 年 10 月 16 日第 1 版。

中心，成为夏、商、周、东汉、曹魏、西晋、北魏、隋、唐等众多王朝的建都所在地。在奠定中华文明起源与形成的夏商周三代，河洛更成为当时的"天下之中"，并"宅兹中国"。因此，司马迁在《史记·封神书》中明确指出："昔三代之居，皆在河洛之间。"作为中国历史上众多王朝的都城所在地，河洛地区保留了大量的都城遗址，因而成为目前中国大遗址分布最集中的地区之一，沿着洛河分布的二里头夏都遗址、偃师商城遗址、东周王城遗址、汉魏洛阳城遗址、隋唐洛阳城遗址的"五都汇洛"景象正是对这一状况的最生动反映。

濮阳地处黄河下游。文献记载表明，这里也是华夏文明起源的重要地区之一。上古时期的很多帝王曾在这里活动，因此濮阳有"颛顼遗都""帝舜故里"的美誉。夏商时期，这里曾是夏王朝早期的政治和文化中心以及许多诸侯方国的分布区，如顾、昆吾、斟鄩、斟灌等。东周时期，卫国在此建都 390 年，此地经济发达、文化繁荣，"桑间濮上""郑卫新声"曾经风靡华夏大地。与河洛地区相比，这里的考古发掘工作起步较晚，中华人民共和国成立以后才开展了一些小规模的考古发掘工作。由于历史上黄河经常在此改道，而黄河泛滥裹挟的泥沙淤积又将大量的文化遗址湮没在地表以下，因此，考古发掘工作开展起来困难重重。即便如此，当地的考古部门以及国内的考古研究机构、高校等仍克服困难，在此开展了一些卓有成效的考古工作。西水坡、高城、戚城、马庄、铁丘等遗址的发掘充分印证了历史文献的记载，而西水坡遗址 6400 多年前蚌砌龙虎图案的发现又使濮阳获得了"中华龙乡""华夏龙都"的美誉。秦汉以后，这里成为治理黄河的主战场，涌现出了许多可歌可泣的感人故事，构成了黄河文化中一个独特的景观。

笔者 1986～2006 年曾任职于河南省文物考古研究所。在此期间，对河洛地区的一些重要遗址进行了考古发掘，如伊川南寨、北寨，汝州洪山庙、煤山等。在此基础上，对裴李岗文化、二里头文化、早商文明等考古学重大问题进行了诸多探讨，并撰写了多篇文章。在关注河洛地区的同时，2005 年，又对濮阳地区的一些遗址开展了一系列的考古调查和勘探工作，并对高城遗址进行了考古发掘，发现了东周时期的卫国都城——帝丘，并在东周城下发现了龙山文化的迹象。这使我重新审视了古代濮阳在中华文明中的地位。2006 年入职首都师范大学以后，我更加关注濮阳地区。2009 年，首都师范大学考古系在濮阳设立了实习基地，成立了中国古代文明研究中心。之后的几年，我与濮阳市文物保护管理所的同仁一道，在濮阳开展了许多考古调查和发掘活动，对铁丘遗址、马呼屯遗址、澶州城遗址等进行了发掘，并对濮阳所在的古河济地区的丘类遗址、古代的人地关系以及黄河变迁等问题进行了深入探讨。

在进行考古发掘、研究工作的基础上，我更加深入地领悟了习近平总书记关于"让文物活起来"指示精神的真谛[①]，也更加深刻地体会到文化遗产保护利用的重要性

---

① 习近平：《在联合国教科文组织总部的演讲》，《人民日报》2014 年 3 月 28 日第 3 版。

和紧迫性。因此，这些年来，我对文化遗产的保护利用工作也进行了一些探讨和研究，并撰写了一些文章，受到了有关领导和同仁的肯定和勉励。《黄河流域历史文化遗产保护利用探索》一书是我这些年对河洛和濮阳地区文化遗产保护利用工作的一些思考。本书的上编是 2013 年国家社会科学基金重点项目"河洛大遗址保护利用的可持续发展研究"的内容，对河洛大遗址保护的现状和问题进行了阐述，对其文化资源进行了详细分析，并提出了关于保护利用的具体举措。下编是我在濮阳开展考古发掘过程中，受濮阳市文化广电旅游体育局委托，与濮阳市文物保护管理所当时的职工崔宗亮一道，为濮阳市委、市政府撰写的《濮阳历史文化资源保护利用规划书》中的内容。在这个规划书中，我们对濮阳市的文化资源进行了详细分析，并提出了保护利用的构想，受到了濮阳市委、市政府的高度评价。

　　本书是我们深入贯彻习近平总书记关于"黄河文化是中华文明的重要组成部分，是中华民族的根和魂"的指示精神 [①]，在黄河流域历史文化遗产保护利用方面进行的有益尝试。由于能力所及以及其他客观原因，我们在探索河洛地区和濮阳地区历史文化遗产保护利用中还有很多不足之处。因此，这本书的目的就是抛砖引玉，让更多的同仁和学者对我们的探索提出宝贵意见，并期许广大的考古工作者和遗产保护者投入黄河流域历史文化遗产的保护利用工作中去。

袁广阔

2023 年 10 月

[①]　习近平：《在黄河流域生态保护和高质量发展座谈会上的讲话》，《人民日报》2019 年 10 月 16 日第 1 版。

目 录

上 编

河洛大遗址保护利用的可持续发展研究

第一章 河洛大遗址保护的现状

第一节 文化遗产与大遗址的概念

一、文化遗产

关于文化遗产的概念，1972 年联合国教科文组织颁布的《保护世界文化和自然遗产公约》第 1 条明确规定："在本条约中，以下各项为'文化遗产'。文物：从历史、艺术或科学价值角度看，具有突出普遍价值的建筑物、碑雕和碑画，具有考古性质成分或结构、铭文、窟洞以及联合体；建筑群：从历史、艺术或科学价值角度看，在建筑式样、分布均匀或与环境景色结合方面具有突出的普遍价值的单立或连接的建筑群；遗址：从历史、审美、人种学或人类学角度看，具有突出普遍价值的人类工程或自然与人联合工程及考古地址等地方。"

文化遗产可分为物质文化遗产和非物质文化遗产两个方面。近年来，非物质文化遗产的保护呼声日高，国家对其重视程度也日益加深。关于非物质文化遗产的定义，2003 年联合国教科文组织颁布的《保护非物质文化遗产公约》中明确规定："非物质文化遗产指被各社区、群体，有时为个人视为其文化遗产组成部分的各种社会实践、观念表述、表现形式、知识、技能及其有关的工具、实物、手工艺品和文化场所。""包括以下几个方面：（a）口头传说和表述，包括作为非物质文化遗产媒介的语言；（b）表演艺术；（c）社会风俗、礼仪、节庆；（d）有关自然界和宇宙的知识和实践；（e）传统手工艺技能。"需要指出的是，非物质文化遗产主要关注两种无形的文化遗产表现形式：一种是定期的文化，如音乐、戏剧表演或宗教仪式等；另一种是文化空间，即集中举行流行或传统文化活动的场所[①]。

二、大遗址与遗址公园

在我国文物考古领域，大遗址的概念最初是由苏秉琦先生在 1986 年 3 月 6 日举行的中国考古学会第五次年会闭幕会上提出的。在国家层面，大遗址一词最早见于 1997年国务院印发的《国务院关于加强和改善文物工作的通知》[国发（1997）13 号]。2002 年，国家文物局向国务院提交的《"大遗址"保护"十五"计划》中也提到了大

---

① 上海交通大学世界遗产学交流中心：《世界文化与自然遗产手册》，上海科学技术文献出版社，2004 年。

遗址。但是，这些文件都没有对大遗址的概念进行明确的界定。2005 年，财政部和国家文物局联合印发的《大遗址保护专项经费管理办法》中指出，大遗址主要包括反映中国古代历史各个发展阶段涉及政治、宗教、军事、科技、工业、农业、建筑、交通、水利等方面历史文化信息，具有价值重大、规模宏大、影响深远等特点的大型聚落、城址、宫室、陵寝墓葬等遗址、遗址群及文化景观。

大遗址蕴藏着丰富的历史信息和文化内涵，是中国五千年灿烂文明的主体和典型代表，不仅具有深厚的科学与文化价值，同时还是极具特色的环境景观和旅游资源，在建设中国特色社会主义，向世界展示悠久中华传统文化等方面具有重要的战略意义。

目前对大遗址的保护利用主要采用建设遗址公园的模式进行。国家文物局对遗址公园的定义主要体现在以下几个方面："第一，考古遗址公园不是建在遗址上的主题公园。二者存在本质区别，前者展示的是遗址本身及其价值，阐述的是真实的历史，容不得半点篡改；后者是基于历史题材的创作，展示的是现代人的思维和想象，允许有一定的虚构和夸张。第二，考古遗址公园不是建筑师竞技的舞台，这里的主角只有一个，即遗址。任何其他设施都是遗址的陪衬，绝不应让张扬的设计、华丽的材料干扰甚至妨碍人们观察遗址，反思历史。第三，考古遗址公园不是游乐园。任何建设项目都必须遵循不破坏遗址的原则，各类保护和展示设施都应当可识别。在考古遗址公园内举办的各类活动都应当与遗址的内涵和价值相协调。第四，考古遗址公园不是普通的旅游景点。必须科学评估遗址的游客承载力，合理限定游客数量，绝不能为了追求门票收入而盲目增加游客数量，以免对遗址产生不利影响。"[①]

第二节　河洛大遗址的保护历程

我国历来重视古文化遗址，尤其是大型遗址的保护利用。在大遗址的概念没有明确之前，我国就已经开展了大遗址的保护利用工程。20 世纪 50 年代，西安半坡遗址的发掘就引起了国家的高度重视，其保护利用工作随即展开，在遗址上建立了半坡遗址博物馆，这可谓我国大遗址保护利用工作的先河。之后各地对一些重要遗址均开展了不同程度的保护利用工作，如建设了一批博物馆、陈列馆和遗址公园等。1983 年北京建成中国第一个遗址公园——圆明园遗址公园，1985 年北京又建成大兴团河行宫遗址公园。

1997 年，国务院印发《国务院关于加强和改善文物工作的通知》[国发（1997）13号]，提出要加强大遗址的保护利用。具体而言，要把古文化遗址尤其是大型遗址的保护纳入地区城乡建设和土地利用规划当中，同时还要考虑当地群众的切身利益，努力采取调整产业结构、改变土地用途等措施，扶持既有利于遗址保护又能提高群众生活

---

① 国家文物局：《中国大遗址：我们魂牵梦绕的地方》,《中国文化遗产》2010 年第 1 期。

水平的产业经济，从根本上改变古文化遗址保护的被动局面。

20世纪末和21世纪初，党和国家领导人对西夏王陵、赤峰辽墓群、三星堆遗址、交河古城等遗址的保护作出过重要指示。进入21世纪以后，随着大遗址概念的明确，我国大遗址保护走向了快速发展的轨道。2002年，国家文物局向国务院提交《"大遗址"保护"十五"计划》，根据大遗址保护利用的现状和实际情况，相关部门实施了50处大遗址保护的重点项目。

自2005年设立大遗址保护专项经费以来，国家文物局组织编制了《"十一五"期间大遗址保护的总体规划》，将100处重点遗址列入保护项目库。与此同时，《中国文物古迹保护准则》确定了文物古迹保护的行业规则和评价标准，并对文物保护法律相关条款做了专业阐述，对保护程序、原则、工程等内容做了规定。这些既符合国际原则，又符合我国文物保护法的体系框架，为我国大遗址的保护工作提供了法律依据和专业支持。

2005年，国际古迹遗址理事会第15届大会形成的《西安宣言》，呼吁世界各国深入认识并采取有效措施将保护范围扩大至遗产周边环境以及环境所包含的一切历史、社会、精神、习俗、经济和文化的活动。这一新的文化遗产保护理念，反映了国内外学者对文化遗产保护观念由单纯注重遗产本体保护，延伸到与遗产有相关联系的空间区域内生态环境、人文环境的整体保护。

2007年，河南省政府下发《河南省人民政府关于加强大遗址保护工作的通知》，明确要求做好大遗址保护规划工作。相关政策的制定和出台极大地促进了大遗址保护工作的开展，是大遗址保护和利用的重要契机。2007年6月，由建设部、文化部和国家文物局联合举办的"城市文化国际研讨会暨第二届城市规划国际论坛"形成了《城市文化北京宣言》，肯定了《雅典宪章》（1933）、《保护世界文化和自然遗产公约》（1972）、《马丘比丘宪章》（1977）、《保护和促进文化表现形式多样性公约》（2005）等对城市的发展和城市文化建设的重要性，同时强调文化建设是城市发展的重要内涵。同年，还召开了大遗址保护洛阳现场会、无锡现场会等。

2008年10月，国家文物局和陕西省政府在西安共同主办了"大遗址保护高峰论坛"，来自洛阳、杭州、西安、成都等大遗址重点城市的政府主要领导出席论坛，围绕"做好大遗址保护，推进城市和谐发展"这一主题发表了大遗址保护《西安共识》。与会城市领导代表政府在《西安共识》中庄严承诺："我们不但承担着城市建设与发展的职责，更肩负着传承与弘扬中华文化的重任。"

2009年的《良渚共识》中，重点探讨考古遗址公园建设在我国现阶段大遗址保护中的推广价值，以及考古遗址公园建设的基本原则。同年的洛阳高峰论坛也取得了相应的成果。2009年底，国家文物局颁布《国家考古遗址公园管理办法（试行）》[文物保发（2009）44号]，大遗址保护由部门行为上升为一种国家战略。

2010年以来，国家文物局先后与河南、陕西、湖北、甘肃、四川等省人民政府签署共建大遗址片区的协议，积极探索建立新的大遗址保护工作模式，相信随着实践工作推向深入，大遗址保护能通过吸收更多部门和人员的智慧，以更大的思维，更宽阔的视野，解决前进中的更多问题。在"十二五"结束之年，形成五片（西安片区、洛阳片区、荆州片区、成都片区、曲阜片区）、四线（长城、大运河、丝绸之路、茶马古道）、一圈（边疆和海疆）为重点，150 处重要大遗址为支撑的我国大遗址保护新格局。

洛阳是我国首批国家级历史文化名城和著名古代王都。悠久的历史和灿烂的文化使洛阳蕴藏了我国历史上最辉煌、最灿烂、最能够代表和反映中华文明成就的历史遗存。洛阳，取意洛河之阳，今天的行政区划下辖偃师、洛龙、孟津、伊川等十八个市（区、县）。经岁月涤荡，我们今日仍可见抹抹昔日余晖，感受缕缕他日风韵，聆听海神乐，激赏大里王师舞，品鉴花王牡丹……洛阳的非物质文化遗产数目多、项目全、价值高。以二里头遗址、偃师商城遗址、东周王城、汉魏故城等为代表的物质文化遗产更是在全国范围内享有重要地位，它们共同构成了我们由今溯古的宝贵遗产，保存并提升它们的生命力也是我们应有的历史情怀。

洛阳大遗址数量多、价值大，对于社会经济、文化、旅游等事业都有着非常明显的促进和拉动作用。因此，洛阳市很早就开展了大遗址的保护利用工作，取得的成绩在全国有目共睹。

洛阳在 20 世纪 50 年代已经开始探索城市建设与遗址保护的关系。当时创造了在城市规划中保护文化遗产的"洛阳模式"，是中华人民共和国成立以来文化遗产保护的突出范例之一，一直得到社会各界普遍的赞誉和借鉴。改革开放以后，随着经济建设的不断发展，城市建设日新月异，文化遗产保护与经济发展、城市建设的矛盾日益突出，破坏文化遗产的事例屡见不鲜。但是，洛阳很好地解决了这一问题，很多经济建设都为文化遗产保护让路，尤其是在大遗址的保护上，洛阳很早就走在了中国前列。

1996~1997 年，为了保护偃师商城，中国社会科学院考古研究所和偃师市文物管理委员会联合制订了"偃师商城宫城遗址保护规划及第一期工程实施方案"。根据方案，营建了"商城遗址苑"，国家拨专款复原了四号宫殿、二号宫殿及池苑等遗址，并对商城东北隅的考古发掘现场在地面以上进行复原展示。

21 世纪初，随着我国经济文化的发展，国家加大了对文物保护事业的投入。首先体现在全国全面开展大遗址的保护工作，大遗址保护战略全方面纳入"十一五""十二五""十三五"全国文化事业发展规划中，一批具有代表性的遗址公园已作为大遗址保护项目应运而生。2004 年秋，国家公布的第一批 36 处大遗址保护单位中，洛阳的二里头文化遗址、偃师商城遗址和汉魏洛阳故城遗址名列其中。这三大都城遗址在洛阳"五都荟洛"中具有举足轻重的地位，在中国文明史上更是不可或缺的篇章。国家发展和改革委员会（以下简称国家发改委）将二里头遗址和偃师商城遗址纳入"十一五"期间保护规划，投资修建相关保护设施。

洛阳大遗址保护工作自 2005 年起逐步开展，在考古研究、规划编制、法规制定、本体保护和环境治理等方面已经取得了显著的成效。目前, 二里头遗址、偃师商城、汉魏洛阳故城、隋唐洛阳城 4 处大遗址的保护规划已经得到国家文物局的批复同意及政府批准公布。省、市人大制定了相关的大遗址保护条例, 洛阳市的大遗址保护步入法治化管理阶段。

2007 年, 洛阳市开展了以重要遗址点保护为核心、以建设考古遗址公园为最终目标的大遗址保护工程。截至 2017 年, 偃师商城、汉魏洛阳故城和隋唐洛阳城 3 处遗址公园建设工程已经启动, 二里头遗址、邙山陵墓群考古遗址公园建设即将启动, 偃师商城、汉魏洛阳故城、隋唐洛阳城中的部分遗址展示保护工程已经完成, 并举办了相关的大遗址保护研讨会、大遗址保护现场会、大遗址保护高峰论坛等大遗址展示和利用的相关活动。同时, 发布的《大遗址保护洛阳宣言》在大遗址保护史上具有重要意义。

经过各级政府部门和相关学者的共同努力, 洛阳大遗址保护工作取得了较为丰硕的成果。隋唐洛阳城和汉魏洛阳故城遗址公园建设初具规模。2010 年, 隋唐洛阳城遗址入选第一批国家遗址公园名单, 2013 年, 汉魏洛阳故城遗址入选第二批国家遗址公园名单, 偃师商城遗址获得国家考古公园立项。洛阳大遗址保护工作走在全国前列, 为其他省份的大遗址保护提供了参考和范例[①]。

洛阳大遗址资源丰富, 相对比较集中, 大遗址的保护起步早、起点高, 经历 50 多年的探索和实践, 在大遗址的管理体系、队伍建设、环境治理、本体保护等领域均取得了显著的成效, 在全国具有指导和示范作用[②]。在城市规划中创立"远离旧城建新城"的洛阳模式; 在城乡基本建设中, 发现重要文物遗迹采用为大遗址保护让路的做法; 坚持规划先行的原则, 根据保护对象的不同和大遗址保护新形势, 文物部门相继编写遗址保护规划条例; 同时加强立法建设, 为大遗址保护提供法律支持和保障。

当然我们也看到, 洛阳大遗址保护面临一些问题。

首先, 大遗址自身的观赏性不强。几千年来自然界和人类活动对大遗址产生的破坏, 导致大遗址观赏性不强, 遗留下的仅仅是建筑基址、灰坑遗迹、房屋遗迹及部分文物等, 再加上很多遗址破坏较严重, 残留不多, 一些遗址被埋入地下, 不能得以完全展示, 其观赏性不能满足普通民众的猎奇心理。一些遗址虽然保存较为完好, 但因其位于现代居民区, 周边环境恶劣, 与大遗址本身的巨大价值形成强烈的反差, 影响了城市形象, 造成城市发展与大遗址保护的冲突。

其次, 大遗址保护民众参与度低。大遗址体量大、架构复杂、文物价值高, 保护工作往往又需要政府出面组织、学者参与研究, 使得大遗址保护工作与社会参与脱离, 民众参与度不够。民众无法了解也没有机会了解大遗址保护的价值和重要性, 保护工

---

① 中国国家博物馆、洛阳市文物考古研究院:《洛阳大遗址航空摄影考古》, 文物出版社, 2017 年。
② 洛阳市文物管理局:《洛阳大遗址研究与保护》, 文物出版社, 2009 年。

作就不能得到市民的理解和支持。遗址周边的社区居民对遗址的开发和利用关注度低，缺乏保护的责任感和义务感。作为大遗址保护的直接受众，民众参与度低，导致大遗址保护中民众力量缺失，一旦大遗址保护与民众利益发生冲突，大遗址保护工作就会面临更大的阻力。

再次，目前，大遗址重保护、轻利用，保护模式单一。大遗址具有重要的旅游、观赏、学习、研究和教育价值，合理利用就能够产生较大的经济和社会效益。但目前大遗址的保护长期以来并未摆脱以限制型保护为中心的单一保护思维模式，大多是通过限制农民对土地的利用和建设来实现，遗址区文物管理经费多依靠政府有限的行政事业拨款来维持。这种保护模式一方面限制了农民的收入，另一方面限制了大遗址自身的资源[1]。

最后，专业人才的缺乏。我国的文化遗产保护起步较晚，完整的文化遗产保护学科体系尚未建立，文化遗产学科尚未正式作为一门独立的学科纳入学科体系，限制了专业人才体系的培养及科学保护理论与技术的数量和质量。另外，文化遗产作为一门新兴学科，具有交叉性、动态性的特点，与传统的教育管理模式有预定的冲突[2]。因此，急需教育机构打破现有办学管理模式，破除专业限制的壁垒，培养大量既有理论研究又能参与实践的专业人才服务于大遗址保护和利用。

洛阳地区的大遗址文化资源是洛阳数千年来悠久历史和文化的见证，是中华文明的重要载体，也是洛阳作为历史文化名城独特的城市魅力和人文底蕴。洛阳大遗址资源的保护和利用任重而道远，相信在党和政府的正确领导下，在全社会的关心下，在文物工作者和学者的不懈努力下，大遗址保护和利用定能持续不断地发展。

洛阳夏商周三代的大遗址保护已经走过十多个春秋，目前国家大遗址保护进入了一个新的阶段，大型遗址公园的建设已经对保护这些珍贵文化遗产产生了积极、有效的作用。因此我们有必要总结经验，探讨这些年大遗址保护的成绩和不足，对今后的大遗址保护利用工作进行全面的研究。

第三节　河洛大遗址保护的现状

一、二里头遗址

（一）发现与研究

二里头遗址位于河南偃师市区西南约 9 千米处，包括二里头、圪垱头和四角楼 3 个村，面积约 3 平方千米。1959 年夏，考古学家徐旭生先生在豫西进行"夏墟"调查时

① 赵宇鸣：《大遗址外部性治理研究》，科学出版社，2013 年。
② 陈理娟：《中国大遗址保护与利用制度研究》，科学出版社，2013 年。

发现了该遗址①。1988 年被国务院公布为国家重点文物保护单位。二里头遗址的发掘工作已经走过 60 余年，时至今日，考古工作还在进行。现设在遗址旁的中国社会科学院洛阳考古队二里头工作站一直都是几代学人的第二个家，他们常年在此，考古就是他们的生活方式。站在工作站的小楼上向外眺望，目前已停止发掘的区域多长草覆盖。也许就如当初被发现的样子，历经千年而显不出瑰丽繁华，而只有基于考古工作的复原想象才能让我们更好地感受昔日之景。但长久以来，二里头遗址都被考古人护为一片净地，保持着它与公众的距离。来到工作站的展室，几块展板清晰地展示了目前所了解到的遗址布局，较重要的有宫城、大型夯土基址、中小型房址、"井"字形道路、手工业作坊区、祭祀遗迹和墓葬等。最新的发现显示，二里头遗址可能存在外城城墙，在宫殿区又发现一处疑似祭祀的遗迹。

　　二里头遗址自发掘以来，中国社会科学院考古研究所一共公布了 10 多篇发掘简报，出版了三部正式的发掘报告和器物集萃，即《偃师二里头》《二里头陶器集粹》和近年出版的大部头五卷本报告《二里头：1999～2006》。与二里头文化相关的研究性专著和著作更是举不胜举，如《偃师二里头遗址研究》《二里头遗址与二里头文化研究》《中国早期青铜文化——二里头文化专题研究》等。经过半个多世纪的研究，尽管二里头于我们而言仍是雾里看花，还有一些问题没有得到圆满解决，但是在很多问题上还是取得了丰硕的成果。

　　夏代都城的研究主要集中于偃师二里头遗址。以二里头遗址为代表的二里头文化大约始于公元前 1900 年，前后延续三百余年。这一时期中原地区出现了高度发达的青铜文明，社会复杂化程度也已达到国家阶段的特征。

　　学术界对文化的分期、类型等基础工作进行了深入研究。关于二里头文化的分期，发掘者早在 20 世纪 50 年代已分出前后相连的早、中、晚三期。20 世纪 70 年代又发现较以前三期更晚的遗存，即第四期，这样以前的早、中、晚三期便被改称第一、二、三期，二里头文化分为四期的基本格局由此形成。

　　在文化类型研究方面，最早对二里头文化划分类型的是北京大学邹衡先生，他在《试论夏文化》一文中，将二里头文化暂划分为二里头类型和东下冯类型②。后来赵芝荃先生在《关于二里头文化类型与分期的问题》一文中认为："各地二里头文化不尽相同，大致可以分为豫西地区（包括郑州）的二里头文化类型、晋西南地区的东下冯类型文化、豫北冀南的下七垣类型、豫南地区的下王岗类型，豫东地区的二里头文化很有特色，应为另一个类型。"③《中国考古学·夏商卷》中将二里头文化划分为二里头、东下冯、牛角岗、杨庄、下王冈五个类型④。

①　徐旭生：《1959 年夏豫西调查"夏墟"的初步报告》，《考古》1959 年第 11 期。
②　邹衡：《试论夏文化》，《夏商周考古学论文集》，文物出版社，1980 年。
③　赵芝荃：《关于二里头文化类型与分期的问题》，《中国考古学研究》（二），科学出版社，1986 年。
④　中国社会科学院考古研究所：《中国考古学·夏商卷》，中国社会科学出版社，2003 年。

关于二里头文化性质的讨论是学术界最关注的话题。早在 20 世纪 60 年代，二里头遗址的发掘者就认为："二里头遗址是商汤都城西亳的可能性是很大的。遗址中有早、中、晚三期之分，其早期的堆积，推测当早于商汤的建都时期。""二里头遗存的中、晚期当属于早商文化。"①之后随着考古工作者对遗址不断发掘，新资料大量涌现，对二里头文化性质的讨论更加热烈。二里头文化的一、二、三、四期之间都有夏商分界的学说，目前学术界倾向于邹衡先生提出的一至四期皆为夏文化，二里头是夏王朝中晚期的都城之所在的论证。另外，也有学者认为，早期提出的二里头遗址主要遗存应属商王朝前期，这一观点应该重新加以重视②。

夏代早期都城的研究随着河南龙山文化晚期应该属于夏文化的观点的提出逐渐成为学术界关注的焦点。目前，学术界对于登封王城岗以及新密新砦等龙山文化晚期大型遗址性质的讨论很多。许顺湛、赵春青、马世之、丁山和史海念等先后著文，阐述新砦遗址是当时的政治中心，可能为夏启之都的观点。而登封王城岗遗址一般被认为是禹居阳城。这些论述推动了嵩山地区夏代文化的研究。

（二）遗址保护与规划

二里头遗址是文献中所载的中国第一个奴隶制王朝——"夏"的都城在国内学者中已达成共识。二里头遗址重要的价值也历来为各级政府所重视。二里头遗址发掘迄今 60 多年来，偃师市政府为遗址保护做了大量工作。政府多次发文对保护区建设用地及其他动土工程严格报批手续。1994 年下发了《关于进一步加强二里头文化遗址、汉魏故城遗址和尸乡沟商城遗址保护的通知》的文件，进一步强调保护遗址的重要性。2001 年，时任河南省省长的李克强视察二里头遗址时提出："二里头遗址是我们河南的名牌，是我们中国的名牌，要充分利用这个名牌，来提高河南乃至中国的知名度。"③根据指示，偃师市政府和洛阳市文物局共同编制了《建立华夏第一都遗址园区项目报告》及二里头遗址保护规划方案。2005 年偃师市政府拨出专项资金，规划建设了二里头"华夏第一王都"文化广场。2005 年 10 月，"二里头文化国际学术研讨会暨大遗址保护洛阳片区研讨会"在偃师召开。后来，国家发改委将二里头遗址和偃师商城遗址纳入"十一五"期间保护规划，投资修建相关保护设施。2008 年 10 月，中国建筑设计院历史研究所编制完成《二里头遗址展示设计方案》。该方案遵循国家"保护为主，抢救第一，合理利用，加强管理"的文物工作方针和"不改变文物原状的原则"，采取传统工程手法与现代科学技术相结合的方法进行，对遗址内的不可移动文物与遗迹采用科学发掘后地下封存的保护手法；对于一些比较重要、易于展示的遗迹则采用地下封存、地表植物标识、建保护房展示和地上建复原性建筑等方式进行保护。

---

① 中国科学院考古研究所洛阳发掘队：《河南偃师二里头遗址发掘简报》，《考古》1965 年第 5 期。
② 许宏：《关于二里头为早商都邑的假说》，《南方文物》2015 年第 3 期。
③ 张体义：《中原崛起的文化担当——李克强与河南文化建设》，《大河报》2015 年 9 月 23 日第 A35 版。

（三）遗址利用状况

二里头遗址是经考古学与历史文献学考证的最早王朝——夏朝的都城遗存，是同时期规模最大的都城遗址。自 1959 年以来，遗址发掘总面积达 4 万余平方米，在学界享有"最早的中国"之称。二里头遗址的保护利用工作目前正在如火如荼地进行中。现已建设完成的二里头考古遗址博物馆项目占地 208 亩[①]，建设规模 3.1 万平方米，总投资 6.3 亿元，成为全国大遗址保护、展示和利用的示范区，中国早期国家形成和发展研究展示中心，夏商周断代工程和中华文明探源工程研究、展示基地。

作为国家的重大文化工程，二里头遗址博物馆项目旨在促进开展文明与国家起源领域的国内外学术交流，持续推动二里头遗址考古发掘、整理、研究和展示工作，使文物保护成果惠及民众。

规划中的二里头考古遗址公园占地 613 亩，将对宫城城墙、宫殿建筑基址群、"井"字形道路、铸铜作坊遗址、绿松石作坊遗址、祭祀遗址等进行保护展示。

总体来看，二里头遗址的保存现状较好，所在区域内除了农田和村民住宅外，没有高密度的建筑物叠压。为了配合二里头遗址今后的保护展示工作，居民的拆迁转移工作也已逐步开始，目前正在进行住户登记和迁入地建设。一些相关的发掘工作也会停止，并启动规划，进行招标，建设遗址公园。

二、偃师商城遗址

（一）发现与研究

偃师商城遗址位于偃师市城区西部，1983 年配合首阳山电厂基建时被发现。与很多考古发现一样，偃师商城也是工作中的意外收获。在建设首阳山电厂时，计划选址于洛阳市正中间，但为避开汉魏洛阳城而改迁，结果在改迁地钻探出商城，最终电厂建在了两城之间。从中我们可见洛阳市一直有很强的文物保护意识，这也是不断与时俱进的"洛阳模式"为人们所称道的地方。自偃师商城发现以来，中国社会科学院考古研究所对其进行了多次发掘。从发掘的情况看，偃师商城城址由宫城、小城和大城三重城垣及多组宫殿建筑基址组成，平面略呈长方形。大城是在小城的基础上扩展而成的，面积 190 万平方米，平面呈"刀"形。自 1983 年进行考古工作以来，偃师商城遗址积累了丰富的材料，遗物发现不多，主要为遗迹遗存。相较于二里头遗址，偃师商城的宫城、小城、大城的布局更加清晰，商城内发现的府库、宫殿区、祭祀区和池苑区等重要遗迹，为人们研究早期都城建制提供了重要的资料。

偃师商城的研究工作是随着发掘工作的不断深入而逐渐成形的，目前的研究成果

---

① 1 亩 ≈666.7 平方米，余同。

也十分丰富，现已出版了多篇发掘简报和综合性学术报告《偃师商城》，相关研究也颇多，如《偃师商城初探》《偃师商城遗址研究》等。

偃师商城是一处重要的早期都城遗址，很多学者认为其文化内涵具有作为夏商分界界标的意义。遗址西南约 7 千米处即是二里头遗址，而在遗址周边也分布有不少早商文化遗存，如南蔡庄、北窑、汤泉沟和高崖等遗址。这种紧密的位置关系也使很多学者坚信偃师商城是成汤灭夏后所建之都。

郑州和偃师商城的发掘，揭开了早商文化研究的新篇章。早商文化又称二里冈文化，1956 年邹衡先生根据先期公布的材料，对郑州二里冈和人民公园等地发现的古代遗存进行了系统研究，证明了二里冈上、下层是一个相对独立的文化实体，是小屯殷墟文化的前身[①]。后来《郑州二里冈》报告提出了早商二里冈文化可分为上下两层，从此二里冈文化上、下层中出土器物的特征成为各地商文化比较和研究的标尺。陈旭先生据此把郑州商城分为四个阶段，指出："南关外期为初创阶段，二里岗下层、二里岗上层为繁荣期阶段,白家庄期是其衰落期阶段。"[②] 后来杜金鹏先生根据偃师商城的新资料将其分为三期 7 段[③]。

自 20 世纪 50 年代郑州商城发现以来，学者们就围绕商城的性质展开了多方面的讨论。郑州商城发掘者安金槐先生根据考古资料，并结合《括地志》等文献记载指出，商代第十一位国王仲丁所居隞都与郑州商城时代相符，地域相近，郑州商城很有可能就是商代的隞都。高煦先生认为："郑州商城似乎是介于二里头遗址三期和殷墟之间的一个都邑。因而商汤都亳，似与时间较早的二里头遗址三期较合，而郑州商城是继二里遗址三期之后兴起的商代中早期的都邑。"[④] 与此同时，大部分学者如杨育彬等先生都认为郑州商城是商代中期的都城——隞都[⑤]。80 年代初期，邹衡先生提出郑州商城应是商初成汤所都亳邑的论断，引起学术界强烈反响。

偃师商代城址的发现，又开启了关于两个商城性质的新一轮讨论。由于偃师商城的位置与文献记载"西亳"的地望相吻合，学术界以前认为二里头遗址为西亳的学者，都转而认为偃师商城为汤都西亳，偃师商城为汤都亳邑的论断得到更多支持。黄石林、赵芝荃先生著文称偃师商城"即是商汤所都的西亳，殆无疑义"。除西亳说外，又有了邹衡先生提出的偃师商城"桐宫说"和郑杰祥先生提出的"两京说"，认为偃师商城是商人灭夏后建立的重镇，用以巩固商初西部边防并镇压夏人的复辟，它可以被称为商王朝的别都，类似于周人在灭商以后营造的东都洛邑。此后张国硕等先生都认为偃师商城即为别都或陪都。此外，彭金章等先生认为偃师商城是盘庚所迁之亳殷，杜金鹏

① 邹衡：《关于探讨夏文化的几个问题》，《文物》1979 年第 3 期。
② 陈旭：《郑州商代王都的兴与废》，《中原文物》1987 年第 2 期。
③ 杜金鹏：《偃师商城年代与分期研究》，《夏商周考古学研究》，科学出版社，2007 年。
④ 高煦：《略论二里岗期商文化的分期和商城年代——兼谈其与二里头文化的关系》，《中原文物》1985 年第 2 期。
⑤ 杨育彬：《商代王都考古研究综论》，《郑州商城考古新发现与研究（1985～1992）》，中州古籍出版社，1993 年。

先生认为商汤之子太甲所放处的"桐宫"与偃师商城位置、规模不符，应是汤之主都的观点也有一定的影响。

除分期以及性质的研究之外，学者们对早商王都的建制与功能也进行了详尽的分析。杜金鹏、王学荣和张良仁先生对偃师商城小城具备纵向轴线，呈左右对称形制，大城则选择因地制宜思想进行布局的阐述，清晰地展现了都城规划设计的基本思想。杜金鹏先生还对偃师八号宫殿基址进行了专门研究，认为其性质是"商王燕居之所，即后世'寝殿''后宫'"。此外，杨鸿勋和赵芝荃先生在忠实遗址的基础上，对宫殿及夯土建筑群进行了复原和考证，提高了人们对于早商建筑的理解。

从前面的介绍可以看出，早商王朝都城地望和性质的讨论一度成为早商文化甚至是三代考古的主要课题，上述相关讨论的最大特点是把文献史料与考古材料相对应，这一点在对于若干早商城址属性的探讨上表现得比较明显。

（二）遗址保护与规划

偃师商城虽然发现较晚，但遗址保护规划工作却走在了前头。关于偃师商城保护规划的通知、方案、办法等不断出台更新，城市规划中也将偃师商城保护置于重要的位置。2006年，国家文物局批复了《偃师商城遗址保护利用总体规划》。2010年规划工程正式全面展开。2013年4月，中国社会科学院考古研究所、北京华清安地建筑设计事务所有限公司和北方工业大学建筑工程学院编制了《河南偃师商城考古遗址公园规划》。以该规划为蓝本，偃师商城遗址公园的建设现已基本完成。由于也是坐落于村落当中，偃师商城遗址公园的外部并不明显，但进到内部却是别有洞天。

（三）遗址利用状况

偃师商城遗址公园的建设贯彻了"一比一模型展示"的理念，保证了其较强的可视性，内涵能够更好地为公众解读。遗迹多遗物少是偃师商城考古发现的特点，规划方案也就扬长避短，在遗迹保护展示方面做足工作。除了将主体的城墙、宫殿建筑进行复原建筑外，房屋建造过程的展示和池苑区的展示是两大亮点。房屋的建造过程展示依次呈现架梁、铺顶等步骤，既有知识内涵，又是独特的景观。池苑区则在原址建展示房保护，在其旁另模拟一同大的池苑，配合声光电等特效来让人们感受它昔日的风采。我们知道，建设遗址公园的目的之一就是吸引公众到此参观，而长久以来，文化遗产的保护与展示之间就存在一定的矛盾。很多老一辈的专家学者更是坚持只有原封不动地保持发掘后的面貌才能达到保护的目的，而任何建设性工程都会造成破坏。从偃师商城初期实行原址地面保护对公众展示，我们也能看出这种理念曾长期占据上风。所以，新建成的偃师商城遗址公园也不可不谓是大动作，它的实施也是突破了重重的阻力。但人们还是不免会担心，"一比一模拟复原"是否会对遗址本身造成破坏。

我们通过调查了解到，现有的建筑均是在原址上搭建钢制框架后建成的，加高后的框架对遗址本体破坏较小，全钢材的建筑结构还可以组装拆卸，具有较强的可逆性。所以与以前的原址裸露保护相比，现行方案既弥补了前者的不足，又可以更好地发挥其宣教作用。

偃师商城博物馆是中国唯一一座集夏商研究、陈列、宣传于一体的历史专题性博物馆，馆址位于偃师市区西南隅，偃师商城遗址东 100 米处。馆舍为殿堂居中、廊庑相连的仿古宫殿建筑群，于 1987 年落成并正式对外开放。占地面积 16000 平方米，建筑面积 5500 平方米，展室面积 2500 平方米，展线长度 470 米，馆藏文物两万余件（套）。馆内拥有科学的管理体系，丰富的陈列内容，新颖的陈列形式，完善的服务设施和优美的欣赏环境，堪称"豫西明珠，华夏宝库"。馆内主要陈列展览为"夏商王都文明展"，主要展出迄今为止我国境内发现的最早两座都城遗址——夏都斟鄩（偃师二里头文化遗址）和商都西亳（偃师商城遗址）历年来出土的文物，以使人们对这两座都城的性质、规模、城池、文化面貌以及在中国历史、中国古都发展史和中国文化史中的地位有所了解，进一步弘扬华夏文明。

三、东周王城遗址

（一）发现与研究

西周初年，周公营建洛邑成周。关于西周初年对洛邑的营建，东汉郑玄《诗·王城谱》有载："周公摄政五年，成王在丰，欲宅洛邑，使召公先相宅，既成，谓之王城，是谓东都，今河南是也。召公既相宅，周公往营成周，今洛阳是也。"陕西省宝鸡市贾村源出土的青铜器何尊铭文清楚记载了周成王秉承武王遗训、营建洛邑成周的史实。公元前 770 年，周平王迁都洛邑，史称东周，都王城（今洛阳市王城公园一带）。因此，可以说两周时期的洛阳在中国历史上占有极其重要的地位，不仅见证了东、西两周八百余年历史的风云变幻，而且其城市建制对后朝历代都城的建制都产生了重大影响。关于西周成王新建洛邑一事，学术界有两种不同看法，或曰洛邑有两个，一个是王城，一个是成周城；或曰洛邑即为成周，王城为成周的宫城。"两城"的说法由来已久，唐兰先生根据令彝铭文记载，提出西周时期的成周在今洛阳至偃师之间，王城即今洛阳市王城公园一带。陈梦家先生则提出西周时东都有东西两座城，东为成周，是宗庙之所在；西为王城，是宫寝之所在。此外，主张两城说的还有陈昌远、许悼云等先生。李伯谦先生根据最新考古发现认为，成周城应当位于洛阳老城的瀍河两岸，王城与成周并非一处，但西周时期的洛邑除了成周是否还有王城却不能确定。持一城说的学者们认为周初所建只有一座城，成周、王城、洛邑三者属一地异名，如杨宽先生认为成周是东都的总称，王城只是东都的宫城。叶万松等从考古学的角度，根据洛阳一带发现的大面积西周遗址墓葬等，论证了洛邑一城说，提出洛邑城址可能在瀍河两岸。近年朱凤瀚先生撰文《〈召诰〉、〈洛诰〉、何尊与成周》，结合历史文献、考古学、金文资料，对周公营建洛邑的原因、时间、过程等问题进行了详细的论述，并指出汉代文献中所言西周之"王城"是指洛邑，但西周时并无"王城"之称，洛邑即成周，位于洛水以北瀍河两岸。此后，徐昭峰更进一步论证了类似观点，详细指出了成周和王城的具体位置和差异。

对于东周时期成周和王城关系的探讨在某种意义上是西周一城说和两城说的延续。段鹏琦先生撰文认为东周的成周和王城是在西周二城的基础之上发展而来，而主张西周一城说的学者，如童书业、杨宽先生也大多赞同东周一城说。

关于在洛阳建立成周的原因，学者们从地理位置、军事需要等方面进行了很多诠释，伊藤道治认为周的统治中心移到雒邑，并非要在成周建一个陪都、辅都或军事重镇，而是居于被认为是天下之中的雒邑，在此处治民，支配天下的政治因素方面的考虑起着关键作用。卢连成在《论商代、西周都城形态》一文中也提出过这一观点。由于汉魏洛阳城复建对早期城址的破坏，目前见诸文献的对洛邑建制的研究不多，对两周时期洛邑的探索依赖于更多田野考古的发现。关于洛邑的营建过程及其在当时的作用，学者们有较多论著，如杨宽先生的《西周初期东都成周的建设及其政治作用》，杜勇先生的《周初东都成周的营建》，王晖先生的《周武王东都选址考辨》。另外，陈公柔先生利用金文资料论证了成周与王城的关系，并涉及洛邑的营建，如《西周金文中的新邑成周与王城》。也有一些学者专门就洛邑城市布局规划、都城制度等问题开展了研究，取得了一定的成果和认识。例如，杨宽先生从都城制度的角度论证了洛邑的布局与规划（《中国古代都城制度史研究》）；曲英杰从东都的营建、东周王城城址与都城制度等方面论证了周代洛邑问题（《先秦都城复原研究》）；卢连成主要论证了西周洛邑的都城形态（《论商代西周都城形态》）；石井宏明则从春秋时人们的思维方式来论证了洛阳东周王城的问题（《东周王朝研究》）。另外，贺业钜先生从文献《考古记》和《逸周书》出发，谈到了西周王城的规划（《〈考工记〉营国制度研究》）。徐昭峰著文《试论东周王城的城郭布局及其演变》，考察了东周王城内城外郭、大小城南北并立的局面。

我们这里所讲的周王城遗址，主要指东周时期的王城。与二里头和偃师商城遗址不同，周王城遗址坐落于繁华的市区中心，目前可见的遗存主要为今洛阳市西工区的王城公园和天子驾六博物馆。20 世纪 50 年代初，考古工作者在洛河以北、涧河两岸发现了东周时期的文化堆积，并确定洛河以北涧河入洛处为东周王城遗址。此后，在配合城市基本建设及针对性的考古发掘中，取得了一系列重大发现，发现了城垣、大型夯土基址、手工业作坊、仓窖、墓葬区、陪葬坑等重要遗迹现象，并出土了大量精美的文物，为研究当时的社会文化风貌提供了重要的物质资料。经过多年的考古发掘与研究，目前对东周王城的内涵有了较为深入的认识，已基本搞清城内各功能区的相对位置，但在三代都邑研究中还是稍显逊色。

（二）遗址保护与规划

现在，东周王城除城墙西北角残留于地表之上外，其余都被现代建筑包围或叠压，保护工作举步维艰。目前，对东周王城的保护工作主要采取两种方式，一是配合基本建设进行抢救性发掘与保护，二是对现存的重要遗址点进行回填或原址保护。现有的主要保护成果——王城广场和天子驾六博物馆分别体现了这两种保护方式。王城广场在规划中提出了"展示周文化，畅想洛邑城，解读古轶事，体验中国'心'"的设计指导思想，定位为以历史文化特色为依托，以满足市民休闲娱乐为目的，具有综合功能的历史文化广场。它的平面呈长方形，由外围的人行道环路、历史长河区、洛邑王城区和林荫休闲区组成，南北各设主要进出口，主观景道贯通其间。中小型车马坑发现以后，洛阳市文物部门实施科研性回填保护，重点对"天子驾六"大型车马坑遗址妥善制定保护方案，成立了专门文物保护机构。天子驾六博物馆于 2003 年建成开放，占地面积 1700 余平方米，内设两个展厅，分别为出土遗物陈列和背景知识介绍、车马坑原址展示。受时代限制，东周王城的保护工作考虑不够周全，无论是广场还是博物馆，其规模都很小，且延展空间不足，这也成为洛阳文化遗产保护中较为遗憾的一笔。尽管如此，东周时期颇具气魄的车马坑遗迹还是每年吸引不少的游客前来参观。另外，对瞿家屯等建筑基址目前采取的仍是回填保护的方法。应该说在条件还不成熟的情况下盲目开发建设也是不明智的，所以面对周王城遗址与城市建设的矛盾，暂时将古代遗存埋于地下也不失为一种合理的保护方法，同时也可以减少新的破坏。

近年来，乘着文化遗产保护的又一轮新风，洛阳市相关部门也在积极筹备运作，寻求周王城遗址更完善的保护之道。2013 年国家文物局就批复了河南省文物局《关于洛阳东周王城遗址保护规划立项的请示》，我们将一起期待新的规划方案。

第四节　研究范围、目的和意义

从国家设立专门的大遗址保护经费以来，我国在大遗址保护上取得了丰硕的成果，大明宫、元上都等一大批规模大、内涵丰富、价值突出的考古遗址公园展现在公众眼前，极大地传播和宣传了我国悠久、丰富的古代文化，是新形势下文化自信、文化强国的有力体现。作为大遗址保护的五大片区之一，洛阳的大遗址保护工作也成绩喜人。大遗址"十二五"专项规划纳入重要大遗址 150 处，洛阳有 7 个点状遗址和两个线性遗址。从最早的"洛阳模式"到如今多样化的思路理念，洛阳就是中国大遗址保护历程的缩影。所以从这个角度说，我们探究河洛地区大遗址的规划保护和可持续发展情况，重点放在夏商周三代，虽然我们立足于洛阳，实际上视野却在全国。具体说来，本书主要集中于三个大遗址，即偃师二里头遗址、偃师商城遗址和洛阳东周王城遗址。距今 4000～3600 年的二里头文化，被认为是夏代的主要都邑，这里发现了中国最早的宫城和宫殿遗址，布局完整，被学者们称为"华夏第一王都"，此时，我国出现了历史上第一个奴隶制国家，标志着我国进入文明时代。公元前1600年，商王朝建立。偃师发现尸乡沟商城，学界多认为是商汤所建陪都。西周以洛阳为东都，营造有王城和成周城，洛阳成为周代的政治、文化中心。

这些遗址大多保存于地下，具有规模庞大、主体部分以土为主、不易保存或保存状况较差以及与近现代城市关系密切等特征。河洛三代大遗址的时代相近，目前所处的地理位置和环境背景有一定差别，既有在乡村的，也有在市区的，还有在城乡接合部的。宏观上，三个大遗址在河洛地区呈片状分布；微观上，它们又各自呈点状分布。所以我们在研究时应注意动态把握三代文明在河洛地区的兴衰，发掘本地区的资源特质。此外，我们也将新砦期考古学文化纳入研究，因为新砦期年代在龙山时代和二里头文化之间，在文明发展史上具有承上启下的作用。新砦期文化主要分布在豫中地区，在洛阳巩义一带也发现了这类文化的遗存，它们为探讨二里头文化来源具有不可或缺的作用。

在强调经济建设、政治建设、文化建设、社会建设和生态建设多位一体的背景下，我们还要"古为今用"，利用当前城市化建设、新农村建设和大型公共工程建设的机遇，探讨有效保护古代遗址和其他文物古迹的措施，以及发挥古代遗产在当代社会发展中的作用。同时，如何在法律层面使大遗址保护工作更加制度化、规范化也是我们要考虑的问题。总之，遗址保护和当地经济发展存在一定矛盾，如何将遗址保护和经济文化繁荣统一起来是研究的重点。鉴于此，我们较全面地收集了近年来有关河洛地区三代大遗址的基本材料，力求客观真实地反映其发掘、研究、保护、展示和利用状况，并以此为基础分析大遗址保护中的可取之处与不足之处，提出一些可行性建议，以期为以后的工作提供借鉴。

洛阳境内的大遗址具有规模大、等级高的特点，承载了大量厚重的历史文化信息，具有不可复制和无法比拟的优势。随着社会发展，原有的大遗址保护存在的问题也慢慢暴露出来，应分析洛阳大遗址的优势，积极面对大遗址保护所存在的现实问题，探讨切实可行的大遗址保护对策。

近年来，随着经济建设的加快和文化发展的需求，这些珍贵文化遗产受到的破坏也逐渐加大，如何实现大遗址保护从突击式、抢救性、应急式，向长效机制转变，成为摆在考古工作者和政府部门面前的一个重要课题。不管怎样，实施和解决这个课题的第一步也是最为重要的一步就是对大遗址文化遗产资源进行分析，以期实现大遗址的科学化规划和合理利用，一方面延续其学术研究价值，另一方面为经济建设服务。

第二章　洛阳历史文化资源概述

第一节　洛阳历史沿革

洛阳因地处洛河之阳而得名，位于黄河中下游的河南西部，北邻太行山，东依嵩山，西至秦岭，南望伏牛山，是国务院首批公布的历史文化名城和著名古都，也是河南省副中心城市，同时还是我国中部地区重要的工业城市。境内山川、丘陵交错分布，地形复杂多样；河渠广布，分属黄河、淮河、长江三大水系，黄河、洛河、伊河等河流蜿蜒其间。现辖7区7县，总面积1.52万平方千米，其中市区面积2274平方千米；总人口717万，其中市区人口230万。

洛阳历史悠久，文化遗产丰富，是华夏文明和中华民族的发源地之一，自古就有"天下之中"的美誉。有史以来的诸多王朝都有居"天地之中"并建立都城的理念，而伊洛河流域恰恰是"九州腹地"，成为历代王朝建都的核心区域。陈建在《建都论》中论述了建立都城的地形、位置、漕运等因素，认为洛阳"三善咸备"，明确提出古今天下都会有四，然论时宜地势，尽善尽美皆不如洛阳。洛阳有近4000年的建城史，1500多年建都史，可谓是"普天之下无二置，四海之内无并雄"。历史上先后有夏、商、西周、东周、东汉、曹魏、西晋、北魏、隋、唐、后梁、后唐、后晋十三个王朝建都于此，是我国建都最早、历时最长、朝代最多的城市。沿洛河一字排开的夏都二里头、偃师商城、东周王城、汉魏故城、隋唐洛阳城五大都城遗址举世罕见。

洛阳是河洛文化发祥地、儒学奠基地、道学产生地、佛学首传地、玄学形成地、理学渊源地，各类文化思想在此相融共生，以"河图洛书"为代表的河洛文化是海内外炎黄子孙的祖根文源。《易·系辞上》云："河出图，洛出书，圣人则之。"河图洛书被称为华夏文明的源头。传统儒学从启蒙、完善、成熟到弘扬传播都与洛阳地区和洛阳古圣先贤的努力密不可分，如宋明理学奠基人程颢、程颐就是洛阳嵩县人。两汉之际，佛教经印度传入中国后，作为全国政治、文化中心，洛阳成为内地佛教传播较早的地区之一。佛教传入后建立的第一座寺院即是洛阳境内的白马寺，其后佛教以白马寺为中心向全国扩散，不断发扬光大。

作为丝绸之路的东方起点和隋唐大运河中心，洛阳先后6次进入世界大城市之列。目前，洛阳境内有全国重点文物保护单位51处，馆藏文物40余万件。以洛阳为中心的河洛地区是中国古代文明的重要发祥地。远在五六十万年前的旧石器时代，已有人类在此繁衍生息。距今八九千年至四五千年的新石器时代，黄河中游两岸及伊、洛、瀍、涧等河流的台地上分布着许多氏族部落，中华人民共和国成立后于洛阳一带发现的孙旗屯、王湾、矬李等 200 多处聚落遗址便是当时人们居住、生活的地方。

禹划九州，其中河洛属古豫州。洛阳是夏代立国和活动的中心地域，文献记述的太康、仲康、夏桀皆与洛阳相关。

公元前 1600 年，商建立。商汤建陪都西亳于偃师，即二里头遗址东北约 6 千米的偃师商城遗址。

公元前 1046 年，西周代殷后，为控制东方地区，开始在洛阳营建国都。周公在洛水北岸修建王城和成周城，史称成王"初迁宅于成周"，"定鼎于郏鄏"。王城建成之后，周公迁殷民于成周，并以成周八师监督。当时的洛阳称洛邑、新邑、大邑、成周、天室、中国等，也称周南。

周平王元年（前 770 年），东迁洛邑，为东周，前后历 500 余年。

秦庄襄王元年（前 249 年），秦在洛阳置三川郡，治成周城。

汉王元年（前 206 年），项羽封申阳为河南王，居于洛阳。

汉高祖五年（前 202 年），刘邦建汉，始都洛阳，后迁长安，改三川郡为河南郡，治洛阳，辖河南（汉置，治王城）、偃师、缑氏、平（偃师西北）、平阴（孟津东北）、新成（伊川西南）、穀成（新安东）及巩、荥阳、新郑、中牟、开封等 22 县。汉武帝置十三州部刺史，河南郡属司隶。西汉末，王莽篡权，改洛阳为宜阳，设"新室东都"和"中市"。

汉建武元年（25 年），刘秀都洛阳，改洛阳为雒阳。建武十五年（39 年），更河南郡为河南尹。

魏黄初元年（220 年），魏文帝曹丕定都于洛阳，变雒阳为洛阳，设司隶校尉部。

晋泰始元年（265 年），司马炎代魏，仍以洛阳为都城。

北魏太延二年（436 年），于洛阳置洛州。太和十八年（494 年），孝文帝迁都洛阳。东汉、曹魏、西晋、北魏均以洛阳为都，共计 330 余年。

隋开皇元年（581 年），于洛阳置东京尚书省；次年置河南道行台省；三年废行台，以洛州刺史领总监；十四年于金墉城别置总监。大业元年（605 年），隋炀帝迁都洛阳，在东周王城以东、汉魏故城以西十八里处新建洛阳城。同年，改洛州（东魏改司州置）为豫州，三年又改河南郡，十四年复置洛州，辖河南、洛阳、偃师、缑氏、阌乡、桃林、陕、熊耳、渑池、新安、巩、宜阳、寿安、陆浑、伊阙、兴泰、嵩阳、阳城 18 县。

唐武德四年（621 年），置洛州总管府，辖洛州、郑州、熊州、穀州、嵩州、管州、伊州、汝州、鲁州九州，洛州辖洛阳、河南、偃师、缑氏、巩、阳城、嵩阳、陆浑、伊阙 9 县。贞观元年（627 年），分全国为十道，其中洛阳属河南道。显庆二年（657 年），置东都。唐代自高宗始以洛阳为都，称东都。

武则天称帝后，改国号为周，定都洛阳。光宅元年（684 年），改东都为神都，对都城进行扩建，修建了明堂、万国天枢等。另，武则天大规模开凿龙门石窟、整修白马寺，奉先寺卢舍那大像龛便是盛唐雕刻艺术的辉煌代表。

唐开元元年（713年），改洛州为河南府。开元二十一年（733年），在洛阳置都畿道。天宝年间，改东都为东京，洛州、河南府均治洛阳。

唐天祐四年（907年），唐室灭亡，其后中原相继出现梁、唐、晋、汉、周5个短暂王朝，史称五代。其中，梁、唐、晋均都洛阳，后汉、后周以洛阳为陪都。这一时期洛阳仍是全国政治、经济、文化中心。

除了以上正统王朝外，新莽末年更始帝、隋末王世充、唐中期安禄山都曾在洛阳立国。

宋代，以洛阳为西京，置河南府。朝廷设"国子监"于洛阳，名臣遗老和文人学士多会于此，赵普、吕蒙正、富弼、文彦博、欧阳修都曾居住于此。理学家程氏兄弟和邵雍等在洛阳著书讲学。司马光在洛阳完成《资治通鉴》。

金代，定洛阳为中京，改河南府为金昌府，并河南县入洛阳县。时因洛阳旧城毁弃，便在隋唐城东北角另筑新城，周围不足9里，即今日老城的前身，它仅是隋唐洛阳城的一小部分。

自元代始，洛阳不再为京，降为河南府治。

明代，河南府辖洛阳、偃师、巩县、孟津、登封、新安、渑池、宜阳、永宁、嵩县10县，同时也是伊王和福王封地。

清代，洛阳仍为河南府治。

民国元年（1912年），废河南府，设河洛道，道尹公署驻洛阳，辖洛阳和偃师等19县。民国九年（1920年），直系军阀吴佩孚驻扎洛阳，设置两湖巡阅使公署和陆军第三师司令部。民国二十七年（1938年）秋，河南省政府迁洛，洛阳第二次成为河南省会。

1948年，洛阳解放，洛阳市人民民主政府成立，析洛阳县城区为市，与洛阳县并置。次年12月，洛阳市人民民主政府改为洛阳市人民政府。1954年，洛阳市升格为河南省直辖市。

第二节　　洛阳历史文化资源的构成

多年的考古发掘资料表明，洛阳地区的古代文化发展序列十分清晰、完整。早在距今10万年前，洛阳境内就出现了"卢氏人"，这是中国发现较早的智人之一。进入新石器时代后，境内先后分布有裴李岗文化、仰韶文化和龙山文化，它们的连续存在使得洛阳地区在史前时代就处于文明发展的中心地带。进入国家文明以后，洛阳地区在华夏文明发展中的核心地位进一步得以确立，以二里头文化为代表的夏文化、以偃师商城为代表的早商文化以及西周、东周和之后各朝各代众多文化遗存的发现就是最直接的反映。

大量历史文化遗存的发现使洛阳具备了丰富的历史文化资源，包括古城址、古遗址、古墓葬、古建筑、石刻艺术以及近现代史迹等。可以说，洛阳的历史文化资源上迄数十万年前的旧石器时代，下至近现代，文化遗产种类齐全，内容丰富，准确地反映了该地区文明形成与发展脉络。

一、古　城　址

洛阳是我国著名的十三朝古都，留下了大量的古城址。其中，在洛河沿岸东西长约40千米的范围内集中分布着偃师二里头、偃师商城、东周洛阳城、汉魏洛阳故城和隋唐洛阳城五大都城遗址，俗称"五都荟洛"。这五座古城址规模大、等级高、价值突出，是建设大遗址公园的重要载体。二里头遗址、偃师商城遗址主要分布于偃师市境内，汉魏洛阳故城、隋唐洛阳城、东周王城集中分布于洛阳市区。根据考古资料，二里头遗址、偃师商城面积均在3平方千米左右，东周王城、隋唐洛阳城遗址面积几十平方千米，而汉魏洛阳故城面积则高达100平方千米左右。除了都城遗址，在洛阳境内还分布有很多其他类型的古城址，如宜阳故城、新安故城、滑国故城、伊阳故城等，它们环绕在五大都城周围，呈环形分布，与五大都城遗址一道构成了洛阳古城址的重要组成部分。

二、古　遗　址

洛阳地区的考古学文化发展序列完整，古代文化遗存十分丰富。经过科学发掘的古遗址数量较多，大部分遗址文化面貌清晰。从历年的考古调查、勘探和发掘情况来看，洛阳地区共有古遗址400多处。其中裴李岗文化遗址4处，仰韶文化聚落105处，龙山文化聚落95处，二里头文化聚落125处，商代文化遗址60处。经过科学发掘且文化内涵清晰的遗址有：孙旗屯遗址、王湾遗址、矬李遗址、小潘沟遗址、西干沟遗址、二里头遗址、西周铸铜遗址、战国粮仓遗址、函谷关遗址、东汉太学及灵台遗址、含嘉仓遗址等。

在洛阳的古遗址中，二里头文化时期的遗址数量最多，仰韶文化和龙山文化其次，遗址的重复使用率较高，多数遗址都被两个时期的聚落所占据使用。另外，由于受地理环境的影响，不同区域内聚落遗址的数量和变化也存在较大的差异。北部邙山地区的遗址变化显著，仰韶文化时期遗址数量众多，但龙山文化时期却急剧减少，到二里头文化时期又大幅增加。中部平原地区的遗址最为稳定，仰韶至二里头文化时期数目变化不大，仅在龙山文化时期略有增长。南部嵩山地区的遗址表现出稳步增长的态势，仰韶文化与龙山文化时期遗址的数目大体相当，但二里头文化时期遗址数量则大幅增长。由此看来，洛阳地区不同时期聚落遗址的变化一方面反映了古代环境的变迁，另一方面也体现了环境变化下人们居住方式的改变（表一）。

表一 洛阳地区主要的古城址、古遗址统计表

序号	名称	时代	地理位置	保护级别
1	汉魏故城	东汉—北魏	洛阳市市区（洛龙区）	国保
2	隋唐东都城	唐	洛阳市市区（老城区）	国保
3	二里头遗址	夏、商	偃师二里头村	国保
4	尸乡沟商城遗址	商	偃师市塔庄	国保
5	洛阳东周王城	东周	西工、涧西区	国保
6	刘国故城	春秋、汉	偃师市缑氏镇陶家村	国保
7	宜阳韩都故城	战国、秦、汉	宜阳县韩城镇东关村	国保
8	滑国故城	周	偃师市府店镇府店村	国保
9	七星坪遗址	旧石器时代	栾川县栾川乡七星坪村	国保
10	北窑遗址	旧石器时代	瀍河区上窑村	国保
11	王湾遗址	新石器时代	涧西区王湾村涧河南岸	国保
12	土门遗址	新石器时代	伊川县白元乡土门村	国保
13	新安函谷关	西汉	新安县城关镇东关村	国保
14	宋陵采石场	北宋	偃师市大口乡翟湾村、董村	国保
15	大运河	春秋至今	洛阳境内	国保
16	东马沟遗址	新石器时代	高新区东马沟村	省保
17	史家湾遗址	新石器时代	西工区红山乡史家湾村	省保
18	东干沟遗址	新石器时代	西工区东干沟村	省保
19	禄地遗址	新石器时代	洛宁县陈吴乡禄地村	省保
20	上店遗址	新石器时代	汝阳县上店镇西街村	省保
21	高平寨遗址	新石器时代	新安县铁门镇高平寨村	省保
22	南岗遗址	商	新安县铁门镇南岗村	省保
23	卦沟遗址	新石器时代	孟津县朝阳镇卦沟村西	省保
24	灰嘴遗址	新石器时代、夏、商	偃师市缑氏镇灰嘴村	省保
25	矬李遗址	新石器时代	洛龙区矬李村北	省保
26	上窑铸铜遗址	西周	瀍河区瀍河乡上窑村	省保
27	唐坡遗址	新石器时代	洛宁县涧口乡涧口村	省保
28	坡头遗址	商	洛宁县陈吴乡坡头村	省保
29	安乐遗址	新石器时代	新安县城关镇安乐乡	省保
30	邵窑遗址	新石器时代	宜阳县寻村乡邵窑村	省保
31	苏羊遗址	新石器时代	宜阳县张午乡苏羊村	省保
32	二里庙瓷窑遗址	宋	宜阳县城关乡二里庙村	省保

续表

序号	名称	时代	地理位置	保护级别
33	墁子头遗址	新石器时代	栾川县墁子头村	省保
34	白元遗址	新石器时代	伊川县白元乡白元村	省保
35	古严庄遗址	新石器时代	汝阳县古严庄东	省保
36	黄龙庙遗址	新石器时代	宜阳县丰李村	省保
37	圪瘩遗址	商、周	宜阳县丰李村	省保
38	瞿家屯建筑遗址	战国—汉	西工区瞿家屯村	省保
39	古湛城遗址	周—汉	吉利区	省保
40	水利设施遗址	唐	洛龙区文化路西	省保
41	瓦窑遗址	唐	洛龙区关林镇皂角树村	省保
42	金元洛阳故城	金—清	洛阳市老城区	省保
43	洛邑祭祀遗址	西周	瀍河区东关社区	省保
44	高崖遗址	新石器时代—周	偃师市高龙镇高崖村	省保
45	盆窑遗址	新石器时代—周	偃师市缑氏镇盆窑村	省保
46	寨湾遗址	新石器时代—周	偃师市大口乡曹寨村寨湾	省保
47	柿林遗址	新石器时代	孟津县白鹤镇柿林村	省保
48	寺河南遗址	新石器时代、东周	孟津县城关镇寺河南村	省保
49	新庄遗址	新石器时代	孟津县平乐镇新庄村	省保
50	新庄烧窑遗址	汉	孟津县平乐镇新庄村	省保
51	小潘沟遗址	新石器时代	孟津县会盟镇陆村	省保
52	薄姬岭遗址	新石器时代	孟津县麻屯镇薄姬岭村	省保
53	大洋河遗址	新石器时代—夏	孟津县城关镇寺河南村	省保
54	班沟遗址	新石器时代、商、周	孟津县小浪底镇班沟村	省保
55	蝙蝠洞遗址	旧石器时代	栾川县庙子镇高崖头村	省保
56	龙泉洞遗址	旧石器时代	栾川县城关镇兴华路	省保
57	孙家洞遗址	旧石器时代	栾川县栾川乡湾滩村	省保
58	北冶瓷窑遗址	宋、元	新安县北冶镇北冶村	省保
59	下村遗址	新石器时代、周、汉	新安县五头镇小庄村	省保
60	苗南烧窑遗址	唐	老城区苗南村	省保
61	古洛河河堤遗址	唐、宋、明	老城区洛河两岸河堤	省保
62	西陡沟遗址	新石器时代	西工区邙山镇西陡沟村西南	市保
63	冯庄遗址	新石器时代	西工区邙山镇冯庄村南	市保
64	五女冢遗址	新石器时代	西工区洛北乡五女冢村	市保

序号	名称	时代	地理位置	保护级别
65	寨坪遗址	新石器时代	西工区红山乡寨坪村南部	市保
66	白湾遗址	商、周	西工区红山乡白湾村	市保
67	九都路粮仓遗址	战国	西工区洛北乡瞿家屯村	市保
68	汉河南县城	汉	西工区六一三所社区	市保
69	林校遗址	新石器时代	瀍河区启明南路东西两侧	市保
70	唐寺门遗址	新石器时代	瀍河区瀍河乡唐寺门村东	市保
71	塔湾遗址	新石器时代、商	瀍河区瀍河乡潘家沟东	市保
72	十里铺遗址	新石器时代	瀍河区白马寺镇十里铺村	市保
73	西吕庙遗址	新石器时代	白马寺镇西吕庙村南铁路下	市保
74	护国迎恩寺（原古碑）	明、清	瀍河区夹马营社区夹马营	市保
75	古唐寺遗址	清	瀍河区瀍河乡唐寺门村	市保
76	解坡村观音堂遗址（原观音堂）	清	瀍河区白马寺镇拦沟村	市保
77	尚凹遗址	商	涧西区王湾村尚凹自然村	市保
78	东寨村西遗址	商	吉利区吉利乡东寨村西	市保
79	营花寨遗址	晋	吉利区吉利乡冶戍村东南	市保
80	马洞南遗址	新石器时代—商	吉利区吉利乡马洞村南	市保
81	孙旗屯遗址	新石器时代	高新区孙旗屯乡孙旗屯村	市保
82	西高崖遗址	新石器时代、商、周	高新区辛店镇徐家营村	市保
83	半个店遗址	新石器时代	高新区辛店镇白营村上	市保
84	同山寨遗址	新石器时代	高新区辛店镇柳行村	市保
85	柳行遗址	新石器时代—商	高新区辛店镇柳行村	市保
86	杨窑遗址	新石器时代	高新区辛店镇董窑村	市保
87	广化寺	唐	龙门街道办事处龙门村西	市保
88	黑王遗址	新石器时代、商	洛龙区白马寺镇黑王村	市保
89	齐村遗址	新石器时代	洛龙区李楼乡齐村西南农田	市保
90	夏庄遗址	新石器时代	洛龙区李楼乡夏庄村北	市保
91	凹杨遗址	新石器时代	洛龙区白马寺镇凹杨村西	市保
92	纲常遗址	新石器时代	洛龙区李楼乡纲常村	市保
93	皂角树遗址	新石器时代、商、周	洛龙区关林镇皂角树村北	市保

续表

序号	名称	时代	地理位置	保护级别
94	玉泉寺遗址	唐	偃师市李村镇苇园村	市保
95	司马光独乐园遗址	北宋	偃师市诸葛镇司马街村	市保
96	大谷关遗址	东汉	偃师市寇店镇水泉村	市保
97	罗圪垱遗址	新石器时代、夏、商、周	偃师市佃庄镇罗圪垱村南	市保
98	苏家窑西北遗址	新石器时代、夏、周	偃师市庞村镇九贤村	市保
99	北魏圜丘遗址（含禹宿谷堆石窟寺）	北魏	伊滨区李村镇南宋村	市保
100	古轩辕关遗址	东汉、清	偃师市府店镇唐窑村	市保
101	佛光寺遗址	北魏	偃师市府店镇佛光村	市保
102	保庄遗址	新石器时代、夏、周	偃师市首阳山镇保庄村北	市保
103	景阳岗遗址	新石器时代、夏、周	偃师市首阳山镇寺里碑村	市保
104	程子沟遗址	新石器时代、夏	偃师市缑氏镇程子沟村北	市保
105	石牛沟遗址	夏	偃师市高龙镇石牛沟村南	市保
106	汤泉沟遗址	新石器时代、周	洛阳市偃师市山化乡汤泉村	市保
107	韩村遗址	夏、商	偃师市大口乡韩村	市保
108	陶花店遗址	新石器时代—商	偃师市高龙镇陶花店村	市保
109	后李遗址	周	孟津县朝阳镇后李村	市保
110	朱寨遗址	新石器时代	孟津县送庄镇朱寨村	市保
111	双槐遗址	新石器时代	孟津县会盟镇双槐村	市保
112	东窑遗址	新石器时代	新安县铁门镇东窑村北	市保
113	阎湾北遗址	新石器时代	新安县磁涧镇阎湾村	市保
114	五头遗址	新石器时代	新安县五头镇五头村	市保
115	高沟遗址	新石器时代	新安县五头镇蔡庄村	市保
116	仓上遗址	周、秦、汉	新安县五头镇仓上村	市保
117	甘泉窑址	宋、元	新安县北冶乡甘泉村	市保
118	核桃园窑址	元	新安县北冶乡核桃园村	市保
119	柿树岭窑址	宋、元	新安县北冶乡柿树岭村	市保
120	孟庄北咀窑址	宋	新安县石寺镇西沟村	市保
121	古村遗址	新石器时代	新安县正村乡古村村	市保

续表

序号	名称	时代	地理位置	保护级别
122	安里遗址	新石器时代	新安县北冶乡安里村东北部	市保
123	新城故城	战国	伊川县城关镇平等乡古城村	市保
124	窑底遗址	新石器时代	伊川县城关镇窑底村	市保
125	槐庄遗址	新石器时代	伊川县彭婆镇槐庄村东北	市保
126	杨楼遗址	新石器时代	伊川县葛寨乡杨楼村南	市保
127	陈村遗址	新石器时代	伊川县白沙镇陈村	市保
128	伊川故城遗址	汉	伊川县平等乡古城村	市保
129	德亭遗址	新石器	嵩县德亭乡德亭村南坡	市保
130	渐水沟化石点	旧石器时代	嵩县德亭乡窑沟村	市保
131	北荆故城	东魏	嵩县库区乡桥北村	市保
132	南陆浑古城	东魏	嵩县田湖镇陆浑村	市保
133	火神庙遗址	新石器	嵩县车村镇火神庙村东	市保
134	九店遗址	新石器	嵩县九店乡九店村	市保
135	古城寨遗址	新石器时代、商、周、汉	汝阳县城关镇城东村	市保
136	圣王台遗址	新石器时代	汝阳县小店镇圣王台村	市保
137	柳沟遗址	新石器时代、商、周	汝阳县上下柳沟村之间	市保
138	南寺遗址	新石器时代、商、周	汝阳县陶营乡南寺村南	市保
139	杜康遗址	新石器时代、商、周	汝阳县蔡店乡杜康村	市保
140	柏树遗址	周	汝阳县柏树乡柏树村西	市保
141	张沟遗址	周	汝阳县蔡店乡张沟村	市保
142	红里遗址	新石器时代、夏、商、汉、唐	汝阳县刘店乡红里村	市保
143	台上遗址	新石器	栾川县秋扒乡北沟村	市保
144	鸡冠洞遗址	待定	栾川县栾川乡双堂村	市保
145	红洞沟李自成义军矿冶遗址	明	栾川县陶湾镇红洞沟村	市保
146	汤营神仙洞遗址	旧石器时代	栾川县潭头镇汤营村	市保
147	陈家门遗址	旧石器时代	栾川县城关镇陈家门村	市保
148	祖师庙麦秸窑洞遗址	旧石器时代	栾川县三川镇祖师庙村	市保

续表

序号	名称	时代	地理位置	保护级别
149	冷水遗址	旧石器时代	栾川县冷水镇冷水村	市保
150	龙王庙龙王洞遗址	旧石器时代	栾川县冷水镇龙王庙村	市保
151	牛栾鸽子洞遗址	旧石器时代	栾川县叫河乡牛栾村	市保
152	光明老母洞遗址	旧石器时代	栾川县石庙镇光明村	市保
153	三联丛葬遗址	旧石器时代	栾川县狮子庙乡三联村	市保
154	汤营石辟缝遗址	旧石器时代	栾川县潭头镇汤营村	市保
155	赤土店水帘洞遗址	旧石器时代	栾川县赤土店镇赤土店村	市保
156	黄石砭旧石器遗址	旧石器时代	栾川县庙子镇黄石砭村	市保
157	雷湾遗址	旧石器时代	栾川县栾川乡雷湾村	市保
158	百炉沟山顶洞遗址	旧石器时代	栾川县栾川乡百炉沟村	市保
159	张盘遗址	新石器时代	栾川县陶湾镇张盘村	市保
160	秋扒官坪遗址	新石器时代	栾川县秋扒乡秋扒街	市保
161	合峪窑场遗址	新石器时代	栾川县合峪镇合峪村	市保
162	古城三官庙遗址	新石器时代	栾川县潭头镇古城村	市保
163	石门遗址	新石器时代	栾川县潭头镇石门村	市保
164	石门前梁遗址	新石器时代	栾川县潭头镇石门村	市保
165	大王庙村遗址	新石器时代	栾川县潭头镇大王庙村	市保
166	君臣洞遗址	新石器时代	栾川县潭头镇重渡沟村	市保
167	赤土店遗址	新石器时代	栾川县赤土店镇赤土店村	市保
168	两河口遗址	新石器时代	栾川县庙子镇两河口村	市保
169	黄石砭新石器遗址	新石器时代	栾川县庙子镇黄石砭村	市保
170	湾滩遗址	新石器时代	栾川县栾川乡湾滩村	市保
171	养子口遗址	新石器时代	栾川县栾川乡养子口村	市保
172	段村遗址	新石器时代	宜阳县寻村镇段村村北	市保
173	兴泰宫遗址	唐	宜阳县赵保乡西赵村	市保
174	福昌遗址	新石器时代	宜阳县韩城镇福昌村	市保
175	柳泉遗址	新石器时代	宜阳县柳泉镇柳泉村西	市保
176	礼渠遗址	新石器时代	宜阳县莲庄镇礼渠村	市保
177	孙留遗址	新石器时代	宜阳县莲庄镇孙留村	市保
178	甘棠寨遗址	东周	宜阳县香鹿山镇甘棠村	市保
179	方村遗址	新石器时代	洛宁县赵村乡方村东	市保
180	西寨子遗址	新石器时代	洛宁县陈吴乡西寨子村	市保

序号	名称	时代	地理位置	保护级别
181	新村遗址	新石器时代	洛宁县陈吴乡新村	市保
182	古村遗址	新石器时代	洛宁县底张乡古村南坡	市保
183	古寨遗址	新石器时代	洛宁县河底乡河底村北	市保
184	崖底遗址	新石器时代	洛宁县城郊乡崖底村	市保
185	杨坡遗址	新石器时代	洛宁县杨坡乡杨坡村	市保
186	磨沟遗址	新石器时代	洛宁县东宋乡磨沟村	市保
187	河东遗址	新石器时代	洛宁县下峪乡河东村	市保
188	孟村遗址	新石器时代	洛宁县西山底乡孟村村北	市保

注：统计的城址、遗址皆为市级文物保护单位以上，截至 2017 年

三、古　墓　葬

洛阳北部的邙山自古以来就是帝王将相埋葬的首选之地，长期以来中国人就有"身在苏杭，葬在北邙"的说法。因此，这里的古代墓葬数量庞大。目前，邙山陵墓群分布着东周、东汉、曹魏、西晋、北魏、后唐六个朝代的帝王陵墓群及其陪葬墓，是中国古代陵寝分布最集中的区域。除了帝王陵寝之外，在洛阳境内还遍布名人墓，如伯夷叔齐墓、吕不韦墓、元怿墓、狄仁杰墓、安菩夫妇墓、杜甫墓、白居易墓等。洛阳境内的中小型墓葬更是星罗棋布，不计其数，典型的有中州路东周墓、烧沟汉墓等。可以说，洛阳地区的古墓葬时间跨度大，涵盖了人类在洛阳生存繁衍的全过程；种类齐全，从帝王陵寝、名人冢，到一般的平民墓应有尽有。一言以蔽之，洛阳的古墓葬就是古代各时期人们在洛阳生活的最生动形象的反映（表二）。

表二　洛阳地区主要的古墓葬统计表

序号	名称	时代	地理位置	保护级别
1	太子弘墓及石刻	唐	偃师市缑氏镇	国保
2	邙山陵墓群	东汉—北魏	洛阳市区、孟津、偃师	国保
3	范仲淹墓	宋	伊川县彭婆镇许营村	国保
4	洛南东汉帝陵	东汉	偃师市境内	国保
5	魏明帝高平陵	三国	汝阳县工业区茹店镇	国保
6	后晋显陵	五代	宜阳县盐镇乡石陵村	国保
7	程颐、程颢墓	北宋	伊川县城关镇	国保
8	杜甫墓	唐	偃师市前楼村和后楼村之间	省保
9	邵雍墓	北宋	伊川县平等乡西村	省保

续表

序号	名称	时代	地理位置	保护级别
10	壁画墓	西汉	洛阳古墓博物馆	省保
11	元乂墓	北魏	孟津县朝阳镇	省保
12	后梁宣陵	五代	伊川县白沙乡常岭村	省保
13	李际期墓	清	孟津县会盟镇老城村	省保
14	姚崇墓	唐	伊川县彭婆镇许营村	省保
15	苏秦墓	战国—唐	洛龙区太平庄村	省保
16	洛龙区壁画墓	五代	洛龙区龙门镇龙城社区	省保
17	周庄王陵	东周	老城区邙山镇营庄村庄王山北	市保
18	察罕帖木儿墓	元	老城区洛阳油脂公司西北角墙外	市保
19	五女冢村墓地	北魏	西工区洛北乡五女冢村北	市保
20	杨冢村墓冢	北魏	西工区红山乡杨冢村南	市保
21	唐屯村东南墓地	北魏	西工区红山乡唐屯村东南	市保
22	元怿墓	北魏	瀍河区瀍河乡北窑村西北	市保
23	马坡村墓地	东汉	瀍河区瀍河乡马坡村内	市保
24	史家湾村东北墓地	东汉	瀍河区瀍河乡史家湾村东北	市保
25	塔东村东北墓地	东汉	瀍河区洛阳机车工厂北约70米	市保
26	唐寺门村西墓葬	待定	瀍河区瀍河乡唐寺门村西南地	市保
27	马坡村东北墓地	北魏	瀍河区瀍河乡马坡村东北	市保
28	唐寺门村墓群	汉	瀍河区瀍河乡唐寺门村西南地	市保
29	杨文墓地	汉	瀍河区白马寺镇十里铺杨文村	市保
30	拦架沟墓地	汉	瀍河区白马寺镇拦架沟村	市保
31	宁老夫子墓地	清	高新区辛店镇大营村	市保
32	周灵王陵	东周	高新区孙旗屯乡土桥沟村南	市保
33	周三王陵	东周	高新区孙旗屯乡土桥沟村	市保
34	西石坝墓地	汉	洛龙区李楼乡西石坝村	市保
35	白碛墓地	晋	洛龙区李楼乡白碛村南菜地	市保
36	曹屯墓地	宋	洛龙区西南学校院内	市保
37	南王村墓地	隋	洛龙区关林镇南王村北	市保
38	焦寨墓地	宋	洛龙区李楼乡焦寨村	市保
39	花园墓群	汉	洛龙区龙门镇花园村东南	市保
40	白马寺村墓群	东汉	洛龙区白马寺镇白马寺村	市保
41	凹杨墓群	汉	洛龙区白马寺镇凹杨村	市保

续表

序号	名称	时代	地理位置	保护级别
42	下黄墓群	汉	洛龙区白马寺镇下黄村西南农田中	市保
43	张古洞墓地	汉	洛龙区白马寺镇帽郭村	市保
44	狄仁杰墓	唐	洛龙区白马寺镇白马寺村东北	市保
45	刘阁老墓	明	洛龙区古城乡位西村	市保
46	老贯庄村古墓	待定	洛龙区古城乡老贯庄村东	市保
47	白王村北墓	待定	洛龙区白马寺镇白王村	市保
48	毕都堂墓	明	洛龙区古城乡毕沟村南	市保
49	新门庄刑徒墓地	汉	偃师市庞村镇新门庄村	市保
50	颜真卿墓	唐	偃师市山化乡汤泉村小学北侧	市保
51	吕不韦墓	秦	偃师市首阳山镇大冢头村东	市保
52	王铎墓	清	偃师市山化乡石家庄村南	市保
53	许远墓	唐	偃师市城关镇西寺庄村小学校内	市保
54	周苌弘墓	东周、明、清	偃师市山化乡山化村	市保
55	唐昭宗陵	唐	偃师市顾县镇曲家寨村南	市保
56	杨体锐烈士墓	1974	孟津县小浪底镇班沟村	市保
57	北关吕氏墓地	明、清	新安县城关镇北关村	市保
58	伊厉王墓	明	新安县磁涧镇老井村	市保
59	张齐贤墓	北宋	伊川县酒后乡酒后村	市保
60	文彦博墓	北宋	伊川县城关镇罗村西	市保
61	元宣武将军克烈公墓	元	伊川县鸣皋镇鸣皋村北	市保
62	韩王墓	战国	嵩县德亭镇黄水庵村	市保
63	大安墓群	汉	汝阳县内埠乡大安村东北	市保
64	竹园墓群	汉	汝阳县十八盘乡竹园村	市保
65	南堡墓群	汉	汝阳县三屯乡南堡村村北	市保
66	杜康墓	清	汝阳县蔡店乡杜康村	市保
67	漫流古墓群	宋	宜阳县白杨镇漫流村	市保
68	隋炀帝杨广墓	隋	洛宁县东宋乡郭村东	市保
69	工部尚书宋礼墓	明	洛宁县东宋乡马村村北	市保
70	兵部右侍郎张鼎延墓	清	洛宁县城关镇凤翔村西	市保

注：统计的古墓葬皆为市级文物保护单位以上，截至 2017 年

四、古建筑、石窟寺、碑刻

洛阳地处中原腹地，饱受战乱影响，因此很多古代建筑无法得以保存，实在令人痛惜！因此，目前保留下来的古建筑就弥足珍贵。洛阳地区现存的古建筑及石窟寺数量较多，著名的有白马寺、香山寺、迎恩寺、上清宫、洞真观、吕祖庵、周公庙、关林、山陕会馆、潞泽会馆、齐云塔、文峰塔、龙门石窟、水泉石窟等。这些古建筑、石窟寺是我国古代先民智慧的结晶，具有极高的历史、艺术和科学价值（表三）。

表三　洛阳地区主要的古建筑、石窟寺、碑刻统计表

序号	名称	时代	地理位置	保护级别
1	白马寺	东汉—清	洛龙区龙门镇	国保
2	龙门石窟	北魏—唐	洛龙区龙门镇	国保
3	千唐志斋	唐—宋	新安县铁门镇	国保
4	升仙太子碑	唐	偃师市府店镇府店村	国保
5	万佛寺石窟	南北朝	吉利区吉利乡柴河村	国保
6	水泉石窟	南北朝	伊滨区寇店镇水泉村	国保
7	大宋新修会圣宫铭碑	北宋	偃师市山化镇李沟村	国保
8	潞泽会馆	清	瀍河区新街	国保
9	祖师庙	明	老城区北大街	国保
10	周公庙	明、清	老城区丁鼎南路	国保
11	关林	明、清	洛龙区关林镇	国保
12	河南府文庙	明	老城区文明街中段	国保
13	洛阳山陕会馆	清	嵩县田湖镇程村	国保
14	五花寺塔	宋	宜阳县三乡镇东村	国保
15	灵山寺	金—清	宜阳县凤凰山北麓	国保
16	洞真观	清	新安县铁门镇玉梅村	省保
17	洛阳安国寺	明	老城区敦志街南	省保
18	城隍庙	清	洛宁老城西街永宁东路北侧	省保
19	文庙	明、清	洛宁县老城西街永宁东路	省保
20	河南府城隍庙	清	老城区西大街西段	省保
21	平等寺造像碑	北魏	偃师市博物馆	省保
22	造像碑	北魏	偃师市博物馆	省保
23	防旱碑记	清	偃师市博物馆	省保
24	大唐三藏圣教序碑	唐	偃师市博物馆	省保

续表

序号	名称	时代	地理位置	保护级别
25	虎头寺石窟	北魏	宜阳县城关乡苗村	省保
26	铺沟石窟	北魏	嵩县田湖镇铺沟村	省保
27	寺沟造像碑	北魏	偃师市博物馆	省保
28	西沃石窟	北魏	千唐志斋博物馆	省保
29	拟山园帖石刻	清	孟津县会盟镇老城村	省保
30	石象	东汉	孟津县平乐镇象庄村	省保
31	老君山铁造像	明、清	栾川县南老君山顶	省保
32	石保吉、石保兴墓碑	宋	孟津县长袋乡石碑凹村	省保
33	牛心山石碑坊	清	偃师市大口乡	省保
34	孔子入周问礼碑	清	老城区东关大街	省保
35	福王府石狮	明	老城区青年宫文化广场南侧	省保
36	宋故赠中书令良僖李公神道碑	宋	偃师市李村镇袁沟村	省保
37	洛京猴山改建先天宫记碑	宋	偃师市府店镇府店村	省保
38	洛出书处碑	宋、清	洛宁乡长水乡西长水村	省保
39	谢家庄石窟	北魏	孟津县黄河公园内	省保
40	洛阳文峰塔	清	老城区东和巷	省保
41	九龙庙	清	偃师山化乡石家庄村	省保
42	魏家坡民居	清	孟津县朝阳镇魏家坡村	省保
43	洛宁隍城庙	元、清	洛宁县故县乡隍城村	省保
44	穆氏旧宅	清	洛宁县东宋镇大庄村	省保
45	张氏旧宅	清	洛宁县河底镇城村	省保
46	万氏旧居及万氏佳城	1927、1932	嵩县闫庄乡闫庄村	省保
47	下清宫	明、清	老城区邙山	省保
48	邵雍祠	清	洛龙区安乐窝村	省保
49	吕祖庙	清	老城区邙山	省保
50	玄奘故里	清	偃师市猴氏镇陈河村	省保
51	香山寺	明、清	洛宁县罗岭乡罗岭村	省保
52	伊川书院	清	伊川县鸣泉镇第四中学院内	省保
53	大觉寺	明、清	伊川县高山乡谷瑶村	省保
54	温氏宅院	清	伊川县吕店乡温沟村	省保

续表

序号	名称	时代	地理位置	保护级别
55	鸣皋南岳庙	明、清	伊川县鸣皋镇鸣皋村	省保
56	庆安禅寺	清	嵩县大坪乡枣园村	省保
57	伊尹祠	明、清	嵩县纸坊乡白土圆村	省保
58	张氏节孝坊	清	偃师市缑氏镇南家村	省保
59	唐僧寺	清	偃师市缑氏镇唐僧寺村	省保
60	东关清真寺	清	瀍河区东关社区	省保
61	天津桥石基	唐、宋	西工区西工村洛河河道内	省保
62	乔氏绣楼	清	偃师市府店镇夹沟村	省保
63	玉帝阁	清	偃师市山化镇寺沟村	省保
64	兴福寺大厦	明—民国	偃师市高龙镇高崖村	省保
65	鹞店古寨	清	孟津县平乐镇鹞店村	省保
66	上戈乔家大院	清	洛宁县上戈镇上戈村	省保
67	金山庙	明、清	洛宁县陈吴乡金山庙村	省保
68	马东村泰山庙	清	洛宁县马店乡马东村	省保
69	中原村清真寺	清	洛宁县回族镇中原村	省保
70	福昌阁	清	宜阳县韩城镇福昌村	省保
71	新安城隍庙	清	新安县城关镇东关社区	省保
72	新安文庙	清	新安县城关镇东关社区	省保
73	薛村吕氏宅院	清	新安县铁门镇薛村	省保
74	红椿寺旧址	清	嵩县车村镇高峰村	省保
75	观音寺	清	汝阳县小店镇圣王台西	省保
76	三官庙	清	老城区康乐巷街	市保
77	鼓楼	清	老城区鼓楼社区东大街	市保
78	李祖仁大院	清	老城区农校街社区	市保
79	张祥发大院	清	老城区农校街社区	市保
80	林家大院	清	老城区东城门社区里仁巷42号	市保
81	马家大院	清	老城区农校街社区西大街91号	市保
82	潘家大院	清	老城区农校街社区阜安街9号	市保
83	史家大院	清	老城区农校街社区营林街18号	市保
84	林家故居	清	老城公园巷社区仙果市街36号	市保
85	于家大院	清	老城义勇街社区义勇前街69号	市保
86	庄家大院	清	老城区农校街社区营林街27号	市保

序号	名称	时代	地理位置	保护级别
87	小石桥	明	老城区贴廓巷社区小石桥街	市保
88	上清宫	清	老城区邙山镇后洞村南翠云峰上	市保
89	妥灵宫	清	老城区鼓楼社区文明街东端	市保
90	丽景门旧址	民国	老城区西大街	市保
91	洛汭严关	明、清	老城区洛浦办事处滨河北路	市保
92	老子故宅	清	瀍河区通巷社区	市保
93	大石桥	清	瀍河区第一人民医院斜对面	市保
94	龙潭寺	古建筑	高新区辛店镇龙池沟村北	市保
95	黄年桥	宋	高新区辛店镇徐家营村	市保
96	太平萧家老宅	清	洛龙区李楼乡太平村	市保
97	大东村火神庙	清	洛龙区关林镇大东村	市保
98	潘寨关帝庙	清	洛龙区李楼乡潘寨村	市保
99	楼村郭家老宅	明	洛龙区李楼乡楼村幸福街	市保
100	孙村孙文周宅院	清	洛龙区白马寺镇孙村正街27号	市保
101	孙村孙家瑜宅院	清	洛龙区白马寺镇孙村正街23号	市保
102	孙村孙氏家庙	明	洛龙区白马寺镇孙村正街	市保
103	茹凹村韩家民居	清	洛龙区安乐镇茹凹村老西街	市保
104	练庄村石塔（原石塔）	待定	洛龙区关林镇练庄村	市保
105	李楼三官庙	清	洛龙区李楼乡三官庙村	市保
106	李王屯福胜寺	清	洛龙区丰李镇李王屯村	市保
107	丰李李氏祠堂	清	洛龙区丰李镇丰李村	市保
108	梁屯梁公祠堂	清	洛龙区古城乡梁屯村	市保
109	相公庄黄氏祠堂	清	伊滨区佃庄镇相公庄村	市保
110	吕蒙正读书窑旧址	明	伊滨区佃庄镇相公庄村	市保
111	王炳耀宅院	清	伊滨区庞村镇彭店寨村	市保
112	中共豫西特委梁村旧址	清	伊滨区诸葛镇梁村	市保
113	许文正公祠	清	伊滨区诸葛镇司马村	市保
114	中岳庙大殿	清	偃师市高龙镇高龙村西	市保
115	八路军豫西抗日独立支队队部旧址	民国	偃师市府店镇杨窑村	市保

续表

序号	名称	时代	地理位置	保护级别
116	新寨关氏望楼	明	偃师市府店镇新寨村	市保
117	游殿天爷阁	清	偃师市山化镇游殿村	市保
118	郭村老君庙	清	偃师市大口镇郭村	市保
119	扣马长嬴门	清	孟津县会盟镇扣马村内	市保
120	阎凹玄帝庙舞楼	明、清	孟津县朝阳镇阎凹村	市保
121	玉皇阁	明	新安县石井乡井沟村	市保
122	陈村古道观	清	新安县铁门镇陈村	市保
123	黛眉奶奶庙	清	新安县石井镇东山底村	市保
124	石板岭古寨	清	新安县曹村乡石板岭村	市保
125	白墙洪福寺	清	新安县正村乡白墙村	市保
126	庙头裴氏祠堂	清	新安县铁门镇庙头村	市保
127	李村龙王庙	清	新安县李村镇李村村	市保
128	王黑子楼	清	新安县仓头镇孙都村	市保
129	新安宝真观	清	新安县五头镇梁村	市保
130	王庄黄龙庙	民国	伊川县平等乡王庄村	市保
131	伊川净土寺	清	伊川县白元镇水牛沟村	市保
132	兴隆寨寨门	清	伊川县白沙镇白沙村	市保
133	自由县县衙旧址	民国	伊川县白沙镇白沙村	市保
134	财神庙舞楼	清	嵩县城关镇上仓村	市保
135	三圣殿并舞楼	清	嵩县库区乡安岭村	市保
136	竹林寺	明	嵩县纸房乡纸房村	市保
137	水泉寺	清	嵩县纸房乡高村太平沟	市保
138	顶宝石慧光寺	清	嵩县车村镇顶宝石村	市保
139	五顷寺双石塔	明	嵩县车村镇拜石村	市保
140	下云岩寺	清	嵩县白河乡下寺村	市保
141	朱村朱熹祠	清	嵩县闫庄镇朱村村西	市保
142	岱岳宫	清	嵩县何村乡闫村	市保
143	旧县城隍庙舞楼	清	嵩县旧县镇旧县村	市保
144	大章关帝庙	清	嵩县大章乡大章村	市保
145	龙驹寺	清	嵩县库区乡龙驹村	市保
146	龙兴寺	清	嵩县城北闫庄镇杨大庄村	市保
147	汝阳文庙	明	汝阳县城关镇北街村黉学街	市保

续表

序号	名称	时代	地理位置	保护级别
148	杜康庙	清	汝阳县蔡店乡杜康村袁克让家	市保
149	练溪寺	清	汝阳县城关镇武湾村	市保
150	宝应寺	清	汝阳县蔡店乡杜康村	市保
151	王凌汉庄园	民国	汝阳县蔡店乡蟒庄村	市保
152	李庄碉楼	民国	汝阳县上店镇李庄村	市保
153	张村刘海朝老宅	清	栾川县潭头镇张村	市保
154	潭头吉小法老宅	清	栾川县潭头镇潭头村	市保
155	汤营净安寺	清	栾川县潭头镇汤营村	市保
156	后寨陈氏祠堂	清	宜阳县三乡镇后寨村	市保
157	宜阳韩城城隍庙	清	宜阳县韩城镇东关村	市保
158	宋礼祠堂	清	洛宁县东宋乡马村村	市保
159	聚魁楼	明、清	洛宁县城关镇东关村老城	市保
160	龙泉观三清洞	明—清	洛宁县故县乡寻峪村	市保
161	中原寿安山古村落	清	洛宁县城郊乡余庄、王村乡	市保
162	上王召铁梁桥	清	洛宁县陈吴乡王召村北	市保
163	禄北安居寨	清	洛宁县陈吴乡禄北村	市保
164	崖底关帝庙	清	洛宁县城郊乡崖底村	市保
165	王范清真寺	清	洛宁县回族镇王东村	市保
166	福严寺	明	洛宁县城郊乡坞西村北	市保
167	程村双龙桥	清	洛宁县河底乡城村西南角	市保
168	山陕会馆	清	洛宁县河底乡河底村中学院内	市保
169	千佛寺	清	洛宁县杨坡乡牛渠村小学院内	市保
170	草庙岭民居	清	洛宁县底张乡草庙岭村	市保
171	草庙岭圣母庙	清	洛宁县底张乡草庙岭村	市保
172	石牌坊	清	老城区广平街 5 号钢木家具厂	市保
173	洛阳县界碑	明	高新区辛店镇延秋村	市保
174	豆府店碑刻（原古碑）	待定	洛龙区关林镇豆府店村	市保
175	司马光摩崖题记	北宋	偃师市李村镇苇园村南	市保
176	程震墓碑	元	偃师市缑氏镇程村	市保
177	焦村记叙荒年碑	清	偃师市大口镇焦村	市保
178	重修古夷齐碑记	明	孟津县会盟镇扣马村	市保

续表

序号	名称	时代	地理位置	保护级别
179	石佛寺石窟	北魏	伊川县鸦岭乡石佛寺村西	市保
180	吕寨石窟	唐	伊川县酒后乡吕寨村北	市保
181	王良臣墓碑刻	明	洛阳市伊川县平等乡四合头村	市保
182	十方海会普同之塔	明	嵩县白河乡五马寺村	市保
183	召伯听政处碑	清	宜阳县香鹿山镇甘棠村	市保

注：统计的古建筑、石窟寺、碑刻皆为市级文物保护单位以上，截至 2017 年

除了这些重要的历史文化遗迹之外，洛阳还保存有众多近现代史迹，它们是近代以来中国人民为反抗帝国主义、封建主义、官僚资本主义的压迫而进行的不屈不挠斗争的生动具体的写照，是中国人民在中国共产党领导下进行新民主主义革命、社会主义革命和社会主义建设的集中体现，因此具有极高的历史教育意义，是开展爱国主义教育、警示教育的最好场所（表四）。

表四　洛阳地区近现代史迹统计表

序号	名称	时代	地理位置	保护级别
1	八路军驻洛阳办事处	1938～1942	老城区南关贴廓巷	国保
2	洛阳涧西苏式建筑	1954	涧西区中州西路和景华路南北两侧	国保
3	洛阳西工兵营	1914	西工区中州中路 401 号院	国保
4	洛阳博物馆主展楼	1974	西工区中州路 298 号	省保
5	张钫宅院	近代	新安县铁门镇	省保
6	抱犊寨	1948	栾川县三川镇火神庙村	省保
7	靳家楼	近代	栾川县潭头镇重渡沟村	省保
8	常氏石刻	1934	栾川县君山西路河南村	省保
9	林森桥旧址	1936	老城区新生村	省保
10	潭头河南大学旧址	1943	栾川县潭头镇潭头村等	省保
11	洛阳宾馆 3 号楼	1953	老城区人民街 23 号	市保
12	五贤街桥	1959	老城区五贤街	市保
13	中国社会科学院考古研究所洛阳工作站门楼及三栋硬山式建筑	1956	老城区周公路 5 号院	市保
14	吴佩孚桥	1922	西工区洛北乡东下池村南	市保
15	瀍河牧师楼	民国	瀍河回族区兴隆街 73 号	市保
16	王仲伟等抗日英雄纪念地	民国	偃师市庞村镇彭店寨村东	市保

序号	名称	时代	地理位置	保护级别
17	偃师中学旧址	1938	偃师市缑氏镇缑氏村泰山庙	市保
18	东寺庄周总理视察纪念地	1958	河南省洛阳市偃师市城关镇东寺庄村	市保
19	佛光抗日十三无名烈士墓	1944	偃师市府店镇佛光村	市保
20	汉陵中学旧址	1943	孟津县白鹤镇白鹤高中院内	市保
21	金村烈士陵园	1965	孟津县平乐镇金村	市保
22	陈赓兵团居住旧址	1947	新安县城关镇北关村	市保
23	豫西政工学校旧址	1944	新安县曹村乡袁山村	市保
24	抗日民主政府旧址	1945	新安县曹村乡袁山村	市保
25	韩钧故居	1931	新安县北冶乡西地村	市保
26	洛阳地区行署旧址	20世纪40年代	新安县正村乡古村村	市保
27	白区地下活动办公室旧址	1937	伊川县吕店镇周沟村	市保
28	明辛学校旧址	1933	伊川县白元镇夏堡村	市保

注：统计的近现代史迹均为市级文物保护单位以上，截至2017年

第三节　洛阳历史文化资源的优势

作为丝绸之路的东方起点之一，古都洛阳不仅在中国都城史上具有重要的意义，而且在世界范围内也享有盛誉，代表了当时的政治、经济、文化发展高度。洛阳辉煌的历史背景为我们留下了丰富的文化遗产。总结起来，洛阳地区文化遗产的优势主要有以下几点。

一、资　源　充　裕

洛阳雄踞中原，"十三朝古都"的历史背景是其历史重要性的集中体现。从夏代所代表的二里头文化时期，一直到金代，洛阳都是古代统治者们首选的建都区域之一，这里的古代文化遗存生动形象地反映了古代中央王朝的历史文化面貌，为我们留下了丰富多彩的历史文物资源。据不完全统计，洛阳地区的世界文化遗产有3项6处，大遗址7处，全国重点文物保护单位51处54项，省级文物保护单位146处，市级文物保护单位263处，馆藏文物40万件[①]。这些历史文化遗产数目众多、年代跨度大、门类齐全，是保护工作的对象与基础，同时也是保护工作重要性的最好体现。

---

① http://www.wwj.ly.gov.cn.

二、专业支撑

历史文化遗产的发现与认识一般需要通过科学、全面的考古发掘工作进行支撑，洛阳地区也是中国考古工作开展较早、成果较为丰富的地区之一。著名的二里头遗址和偃师商城遗址等都经历过科学的调查、发掘，才发现了重大的历史文化遗存。目前，这些遗址的考古工作还在继续进行，新的重要发现不断涌现，如近年来对二里头遗址宫城东北部祭祀坑的发掘，使人们对遗址的布局与功能有了重新认识，对古代祭祀等礼仪生活的程序和内涵有了更加深刻的了解。再比如，随着近年来考古工作的不断推进，深埋于地下的隋唐洛阳城和汉魏洛阳城的神秘面纱被不断揭开，古都洛阳的历史面貌愈来愈清晰。在洛阳的考古发掘进程中，中国社会科学院洛阳考古队扮演着重要角色，做出了极大的贡献。坐落于周公庙街的洛阳工作站内常年有考古工作人员驻守，同时各地的考古文物研究者和爱好者也经常慕名而来，到这里进行学习研究，这些都很大程度上保证了洛阳地区考古工作的延续性、系统性与科学性。另外，学识渊博的专家学者也是文化遗产保护的重要力量，他们对文化遗产有着更加全面、深刻的理解和认识。偃师商城遗址的保护规划就是一个很好的例子，它是众多专家学者集体智慧的结晶，是中国古代遗址保护利用的最佳典范，2013 年 4 月中国社会科学院考古研究所等单位联合编制了《河南偃师商城考古遗址公园规划》，之后，遗址的保护利用严格按照规划的要求开展工作。时至今日，该项目的主体保护工程已基本完成，很好地体现了保护性展示的思路。

三、经验丰富

由于洛阳地区的考古发掘工作开展较早，考古成果也极为丰富，这样就为洛阳地区的文化遗产保护工作提供了坚实的基础。与发掘工作同时，洛阳地区的文化遗产保护经过长期的工作积累而具备了丰富的经验，"洛阳模式"已成为每个时代文物保护工作先进性、科学性、可持续性的代名词。20 世纪 80 年代洛阳提出的"先考古发掘后建设""远离旧城建新城"等口号，虽具有一定的时代局限性，但却也反映了洛阳地区对文化遗产保护的重视，是洛阳优良的历史文化保护传统的生动体现。位于洛阳北部邙山的古墓博物馆极具专业和艺术特色，在国内外享有极高声誉，是这一阶段文物保护工作的重要成果。它于 1985 年建成，集中展示了洛阳市发掘的从西汉至宋金时期的几十座典型墓葬。

在新的历史时期，"洛阳模式"也与时俱进，更加注重多学科研究，不断修正保护思路、方式和内涵，保护手段也越来越多样化、科学化。当然，在保护工作中，洛阳地区的文物工作者也从一些不太成功的例子中，积累经验教训，及时更正和转变保护理念、方法，起到了很好的效果。例如，偃师商城早期的原址保护并没有起到良好的效果，工程建设中的文物保护并不能全面展开等。近年来，洛阳市文物行政部门调整工作思路，积极与中国社会科学院文物保护中心联系，以文物保护中心为主导，从文物本体的保护出发，制定了科学合理的保护规划，有效地保障了保护工作的成功开展。面对新一轮的城乡建设浪潮，在文物保护与城市建设的重大矛盾下，洛阳市近年来的文物保护工作全面、深入地贯彻和执行了"政府主导、规划先行、考古前置、关注民生"的方针，又为全国的文化遗产保护工作提供了宝贵的经验。

四、政 府 重 视

历史文化遗产保护工作是一项系统的民生工程，涉及部门繁多，利益交织严重，因此离不开政府部门的高度重视和支持。一直以来，洛阳地区的城市规划都将文化遗产的保护工作纳入城乡建设规划中，并将文化遗产的保护规划放在首要的位置。洛阳人大、市政等部门也十分注重相关法律法规的制定，除了一些宏观的文件外，先后出台了《汉魏故城保护条例》《隋唐洛阳城遗址保护条例》《二里头遗址和尸乡沟商城遗址保护条例》《邙山陵墓群保护条例》以及《大运河遗产保护管理办法》等，为历史文化遗产保护提供了重要的法律依据。另外，洛阳市政府也对历史文化的保护工作给予充足的政策和财政支持，相关的文物部门机构建制工作不断完善，各类文物保护人才不断引进和充实，文物保护的宣传工作如火如荼地开展。在此背景下，2006年以来，洛阳相继启动了汉魏故城、隋唐城、偃师商城等大遗址保护展示工程，各类博物馆的建设快马加鞭，文物保护成果日新月异，受到了中央、省市等部门的高度赞扬，社会各界的一致好评。

第三章 河洛三代大遗址
文化遗产资源分析

洛阳地区历史文化资源丰富，价值巨大。对这些历史文化资源全部开发利用显然不切实际，因此必须在它们之中选择一些文化内涵丰富、保护利用前景广阔，而目前还没有进行过度开发的历史文化资源作为对象开展保护利用工作。参考这一标准，洛阳三代大遗址历史文化资源将成为首要考虑的对象。早在两千多年前，太史公司马迁在创作《史记》中就高度评价洛阳在夏商周三代中的地位："昔三代之居，皆在河洛之内。"中国考古学在洛阳的发现成果也充分印证了司马迁的话语。可以说，洛阳是我国三代历史文化资源最丰富、最集中且连续发展的地区。这里，三代时期的大型遗址数量众多，价值突出，是建设大遗址公园的理想场所。遍观洛阳三代大遗址文化资源，可以分为四个不同时期，下文便对这四个时期的文化资源进行重点分析。

第一节 新砦期大遗址文化遗产资源

新砦期，即新砦期考古学文化，其得名源于 1979 年新砦遗址的首次发掘。新砦期年代在龙山时代和二里头文化之间，在文明发展史上具有承上启下的作用。新砦期文化主要分布在豫中地区，在豫西的巩义一带也发现了这类文化的遗存，如花地嘴和稍柴遗址。

一、花地嘴遗址

（一）遗址概况

1992 年，河南省社科院河洛文化研究所和河南省巩义市文物保护管理所在对洛汭地区进行文物普查时，发现了花地嘴遗址[①]。当时的调查者将遗址划分为龙山文化晚期和二里头文化时期两个阶段。2001 年，郑州市文物考古研究所又对遗址进行了复查。2004 年，郑州市文物考古研究所与北京大学考古文博学院又联合对遗址进行发掘，发

---

① 河南省社科院河洛文化研究所、河南省巩义市文物保护管理所：《河南巩义市洛汭地带古代遗址调查》，《考古学集刊》（9），科学出版社，1995 年。

现了非常重要的文化遗存①。这次发掘正值"中华文明探源工程"期间，由于遗址具有特殊的文化内涵，对于研究早期夏文化具有重要意义，遂被列入"中华文明探源工程"之中。之后，"中华文明探源工程"第一阶段成果也刊出了遗址的部分发掘成果。

花地嘴遗址位于巩义市站街镇北瑶湾村，目前保存面积约35万平方米。花地嘴聚落由内外两重壕沟组成，并与伊洛河及其支流西泗河构成封闭的防御体系。发掘者将其与新砦遗址新砦期遗存对比，发现该遗址的"新砦期"文化遗存与新砦遗址第二组年代大体相当，即新砦二期早段。

花地嘴遗址的新砦期遗存发现的重要遗迹有环壕、祭祀坑、房址、陶窑、灰坑等。其中，环壕4条，内侧的3条形制基本相同，均为圆角方形，彼此之间相距较近；最外侧的距内侧第三条约9米，环壕较宽，宽度约12、深5～6米，剖面呈梯形。考古勘探表明，四条环壕东南部与外界连接，都在同一条西北至东南向的直线上。

祭祀坑3个。其中T40H138位于遗址西北部，为较深的袋状坑，现存口径3.5、底径4米，圆口，坑壁规整，斜直壁。坑内出土有玉器（图一，3）、陶器、家畜遗骸、贝壳、卜骨等。在坑内西南部发现有大量的完整陶器，其中一些陶器中装有农作物，一些陶器中装有动物遗骸，应当是有意埋藏的。在坑偏东部有近方形的生土柱，柱洞痕迹明显，土柱南段坡面及坑底南部、西部均有踩踏面，坑底多数地方也有明显的活动面。在坑底南部发现贝壳数枚，西北部还发现一块卜骨（图一，1、2）。

房址共有10多座，集中发现于遗址的中部、南部，西北部也有少量发现。大多房址为圆形或长方形的地穴式建筑；一些房址是在原房址的基础上修建的，少数房址相连为一体。房址中央有立柱，在柱洞中一般发现有用来垫底的料姜石和黄泥。房址门道不明，少数接近西南方向。灶往往凸出到墙外。

灰坑主要集中在房址周围，形状以圆形袋状者为主，另有部分平面呈长方形、圆角三角形等。陶窑发现的数量较少，仅有2座。窑室上端多被破坏，仅能看到"非"字形火道和袋状的火塘。

陶器数量十分丰富，制作精美（图二）。陶器质地分夹砂和泥质两类；颜色以灰陶为主，棕褐陶也占较大比例；纹饰以篮纹和方格纹为主，也有一定数量的绳纹、附加堆纹、指甲纹、刻划纹等。主要器形有深腹罐、鼎、斝、甗、盆形甑、高领罐、子母口瓮、附加堆纹瓮、浅盘豆、深盘豆、澄滤器、平底盆、三足盘、深腹碗、器盖、觚形杯、盉等。这些陶器中很多具有龙山文化的风格，既有延续本地龙山文化风格的鼎、罐、瓮、甗，也有东方龙山文化风格的瓮、鬶、三足盘、豆、甗、单耳杯、平底盆，还有豫西南地区龙山文化风格的盉等②。

① 郑州市文物考古研究所、北京大学考古文博学院：《河南巩义市花地嘴遗址"新砦期"遗存》，《考古》2005年第6期；顾万发、张松林：《巩县花地嘴遗址发现"新砦期"遗存》，《古代文明研究通讯》2003年第18期。

② 顾问、张松林：《花地嘴遗址所出"新砦期"朱砂绘陶瓮研究》，《中国历史文物》2006年第1期。

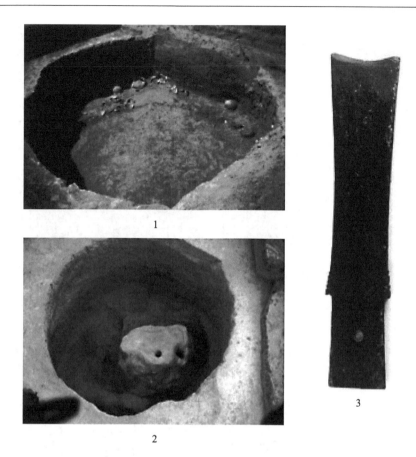

图一　花地嘴遗址祭祀坑遗迹及出土玉璋

1、2. 祭祀坑　3. 玉璋

（二）文化遗产资源分析

新砦期大致相当于文献记载的夏代早中期，且与夏代早中期的地望基本吻合，因此对探索早期夏文化具有重要意义。花地嘴遗址新砦期文化遗存的发现丰富和拓展了"新砦期"研究的内容和进展，改变了学术界"嵩山、万安山以北不存在新砦期"的看法，明确了何为真正的"新砦期"，为"新砦期"的分期提供了有力的证据。另外，花地嘴遗址"新砦期"遗存中包含的关中、晋南甚至东方龙山文化的因素，说明了新砦期二期早段早于二里头文化。花地嘴遗址与二里头遗址位置十分接近，二里头遗址是夏代中晚期重要的文化遗存。因此，花地嘴遗址新砦期文化遗存的发现对研究二里头文化的考古学年代、二里头文化的来源提供了重要的参考和依据，为研究"新砦期二期晚段"与二里头文化的关系提供了有力的证据。

花地嘴遗址灰坑中出土有两件陶瓮，造型完整，器身用朱砂绘出神像图案，十分奇特（图三）。关于这幅图案的奥义，有学者业已指出，陶瓮上的朱砂绘神物与权力、

图二　花地嘴遗址出土陶器

1. 高足鼎　2. 乳足鼎　3. 高领罐　4. 深腹碗

图三　花地嘴遗址灰坑中出土的朱砂绘陶瓮及纹饰展开图

族群信仰等精神观念密切相关，有利于从文化因素来源、信仰来源等角度探讨文化变迁与政治变迁问题[1]。

因此，无论是遗址本身还是出土器物，花地嘴遗址都具有重要的保护利用价值，对于学术研究与文化产业发展都有积极的意义。

二、稍柴遗址

（一）遗址概况

稍柴遗址位于河南巩义县芝田乡西稍柴村南坞罗河与伊洛河交汇的台地上（图四）。遗址现存面积约 60 万平方米，20 世纪 50 年代考古调查时总面积约 100 万平方米[2]。通过河南省文化局文物工作队和北京大学历史系先后两次对遗址的发掘可知，遗址文化层堆积厚薄不均，北面薄，向南逐渐增厚，一般在 3 米以上，最厚处可达 4 米，可分 4 层。遗址历年的发掘面积共计 690 平方米，发现的重要遗迹有房基 5 座、墓葬 7 座、灰坑 45 个，出土陶器、石器、骨蚌器等各类遗物 500 多件（图五）。

稍柴遗址的文化遗存可以分为四期。第一期以第 4 层和 F5、H2、H20、H35、M5、M6 为代表，主要遗迹有房基、墓葬、灰坑等。

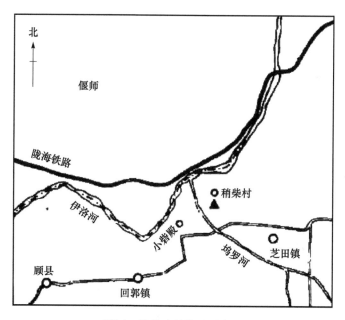

图四　稍柴遗址位置示意图

①　顾问、张松林：《花地嘴遗址所出"新砦期"朱砂绘陶瓷研究》，《中国历史文物》2006 年第 1 期。
②　河南省文物研究所：《河南巩县稍柴遗址发掘报告》，《华夏考古》1993 年第 2 期。

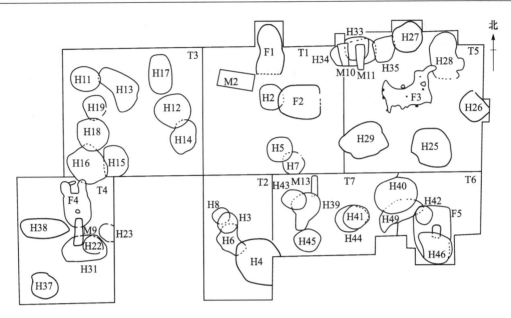

图五　稍柴遗址遗迹分布图

　　房基 1 座,即 F5,平面近长方形,边缘不甚规整。房基四周有 9 个柱洞,深度在 7～15 厘米。房屋地面有 5 层红烧土硬土,房屋中部偏北有长方形红烧土,当为灶的遗存。房基内部有 4 层垫土,每层间有薄石灰间隔,可能是多次修整留下的。

　　灰坑 11 个,平面有圆形、长方形、不规则形三种。其中,H20 位于 T1 的东部,坑口平面为不规则形,口径 3～5、坑深 2.73 米。四壁不甚规整,底平。坑内填土为深灰色,土质疏松。出土遗物十分丰富,可辨器形有陶深腹罐、圆腹罐、罐形鼎、深腹盆、豆、碗、器盖和石斧、铲、凿、刀、锛等。H35 开口于 3 层下,坑口平面为不规则形。坑口南北长 1.9、东西宽 1.58、坑深 1.44 米。四壁不规整,底部不甚平坦。坑内填土为深灰色,出土器物较多,可辨器形有陶深腹罐、圆腹罐、刻槽盆、豆、碗、豆、器盖和石斧、铲、凿等。

　　墓葬 2 座,其中 M5 为长方形竖穴土坑墓,墓主人为男性,仰身直肢葬,头朝南,无葬具;随葬品有陶豆、三足器、白陶鬶等。M6 无明显墓圹,墓主头朝南,面向西,仰身屈肢葬,上肢伸直,下肢弯曲;随葬陶罐和三足器等。

　　这一期的出土遗物包括陶、石、骨、蚌器等。陶器以泥质灰陶和夹砂灰陶为主,并有少量的磨光黑陶;器表纹饰以篮纹为主,其次为素面磨光、附加堆纹、细绳纹和弦纹,另有极少量的方格纹、几何形镂孔等。陶器以轮制为主,制作较规范,有些器物的鋬、足上有明显的手指印痕。主要器形有鼎、深腹罐、高领罐、平底盆、刻槽盆、豆、缸、三足盘、器盖、爵等。石器有石斧、铲、凿、刀等。骨器有凿、铲、镞、锥、匕等。

　　第二期文化遗存发现的遗迹有房基、灰坑、墓葬等。其中,房基 1 座,编号 F4,

半地穴式建筑，平面呈圆角长方形，长3.6、宽2、深0.4米。房基中部有一柱洞，可能用于支撑屋顶。底部平坦，周壁和居住面有被火烧过的痕迹。房基北部有长方形门道台阶，长0.82、宽0.56、高0.32米。台阶西面有一灶，簸箕形，口径0.73、底径0.59米。灶的底部和周壁均呈黑色，十分坚硬。灶的东北部有一土洞与灶壁相连，直径0.16、深0.48米，可能是烟囱。

灰坑9个，平面形状以不规则形为主，另有少量呈圆形和椭圆形。H15平面近椭圆形，口径1.75～2.36、深1.4米。坑壁规整，发现有工具挖过的痕迹，坑底平坦。填土深灰色，土质松软。出土遗物丰富，可辨器形有深腹罐、瓮、盆、三足盘、缸、豆、器盖、刻槽盆、三足器等陶器，也有一些石刀、骨笄等。H33平面呈不规则形，坑壁规整，底部平坦，出土遗物较多，计有鼎、花边罐、甗、豆、盆、碗、器盖等陶器，以及石铲、石斧、骨凿、骨匕、卜骨等。

墓葬数量较少，仅有1座，编号M10，长方形竖穴土坑墓，无葬具，墓主人仰身直肢葬，腰部随葬有三足器和浅腹豆等陶器。

这一时期的出土遗物包括陶器、石器、骨器、蚌器等。陶器以泥质灰陶和夹砂灰陶为主，泥质红陶和夹砂红陶次之，另有少量的白陶。纹饰包括篮纹、细绳纹、附加堆纹等，也有少量弦纹、素面。主要器形有鼎、深腹罐、甗、刻槽盆、三足器、豆、瓮、尊、碗、器盖等。陶器的制法以轮制为主，也有部分轮模合制和手制。石器有锛、斧、铲、凿、刀、镰等。骨器有凿、镞、锥、匕、笄、针等。蚌器有镰、刀、镞、贝等。

第三期文化遗存发现的遗迹有房基、灰坑、墓葬三种。其中，房基2座。F3平面为长方形，东面和北面破坏较为严重。房基的四周有墙，墙的建造办法是先在地上挖出沟槽，然后立柱，最后涂抹草拌泥。墙壁大部分已倒塌，只在西壁略有残留。房基东、西、南三面各有3个柱洞，房基中央也有1个柱洞。房基西南角有一灶，形状不规则，东西长1.1、南北宽0.7米。地面经过火烧，自西向东倾斜。房内出土有罐、瓮、大口尊等陶器残片。

灰坑7个，包括椭圆形和长方形两种，以前者为主。H17平面近长方形，东、西两壁较直，南、北两壁向内倾斜。坑内另有一小坑，不规则，小坑内填土呈深灰色，出土有陶盆、杯、瓮、碗、三足器等残片，另有石钻帽、骨锥等。

墓葬3座，编号分别为M9、M11、M13，均为长方形竖穴土坑墓，墓主人仰身直肢葬，头朝南，骨架保存较为完整。M13出土1件陶浅盘豆，M9、M11无随葬品。

这一时期出土的遗物有陶器、石器、骨器、蚌器四类。陶器以泥质灰陶和夹砂陶为主，另有少量的泥质红陶；纹饰以细绳纹或素面为主，少见篮纹和附加堆纹；主要器形有深腹罐、鼎、鬲、甗、盆、三足器、豆、缸、瓮、刻槽盆、碗、器盖等。石器数量不多，主要有锛、斧、铲、凿、刀、镰、钻帽、弹丸、网坠等。骨器包括凿、镞、锥、匕、笄等。

第四期文化遗存发现的遗迹有房基、灰坑、墓葬三种。其中房基1座，编号F1，半地穴式建筑，口大底小，口部平面略呈椭圆形，南北长3.86、东西宽1.94、深1.1米。房基呈南高北低的斜坡状，底部有3个柱洞。地面不甚平整，呈黄灰色硬面，由两次堆积而成，上层为深灰色土，下层为夹有草拌泥的黄色土。房基内出土少量的罐、盆、瓮、缸等陶器残片。

灰坑18个，包括圆形、椭圆形和不规则形三种形状，以圆形和椭圆形为主。H12为圆形袋状坑，周壁不甚规整，底部平坦。坑内填土呈黄褐色，土质较硬。出土有陶罐、鼎、瓮、盆、鬲、碗、甗等器物残片。H25平面呈不规则形，口径2.5～3.12、深0.98米。口大底小，周壁不规整，坑底不平整。坑内填土为灰黑色，土质疏松。出土遗物较为丰富，可辨器形有罐、盆、假腹豆、鬲、小口尊等，也有少量石镰、骨镞、卜骨等。

墓葬仅有1座，编号M2，长2.54、宽0.76～0.8、深1.66米。墓内填土经过夯打，十分坚硬。墓内有二层台，长2.64、宽1.2、高0.48米。墓主人为男性，仰身直肢，头朝西。头部放置陶簋1件、陶罐2件。墓底有一个长方形腰坑，长0.6、宽0.24、深0.16米，坑内殉狗一具。

这一时期出土的遗物有陶器、石器、骨器和蚌器等。陶器以泥质灰陶和夹砂陶为主，另有少量的泥质红陶；纹饰以绳纹为主，素面次之，另有少量的弦纹、乳钉纹、云雷纹、连珠纹、方格纹、附加堆纹等；主要器形有深腹罐、鬲、鼎、甑、甗、盆、簋、豆、器盖、瓮、大口尊等。陶器的制法以轮制为主，个别器鋬与小器物捏制而成（图六）。石器数量不多，主要器形有锛、斧、铲、凿、刀、镰、镞、纺轮等（图七）。骨器有凿、镞、锥、匕、针、笄等。蚌器有铲、刀、镰、镞、锯等。

稍柴遗址第一、二、三期的年代分别与二里头文化一期、二期、三期接近，是一处二里头文化一至三期的典型遗址，第四期属于郑州二里冈上层文化。当然，稍柴遗址出土的器物与二里头文化出土器物也表现出一定的不同之处，如稍柴第一、二期的陶器纹饰以横篮纹为主，绳纹较少，而二里头二期则以绳纹为主，篮纹数量较少。稍柴遗址陶器内壁饰麻点者少见，反之，二里头遗址的陶器内壁经常能够看到麦粒状的麻点纹。稍柴遗址中几乎不见二里头遗址中常见的单把鼎、单耳罐等器物。这些现象不仅表明了稍柴遗址的自身发展特点，也反映了其与二里头文化的差异。另外，稍柴一、二期中的一些陶器在临汝煤山龙山文化遗址中可以找到渊源，其形状与制作风格有颇多相似之处。

（二）文化遗产资源分析

稍柴遗址面积较大，文化遗存十分丰富，包含龙山、二里头、二里冈、晚商等多个时期的文化遗存。发现的遗迹种类繁多，包括房基、灰坑、墓葬、窑址等，出土有陶器、石器、骨器、蚌器等大量遗物。遗址所在的伊洛河流域是夏代先民的重要活动

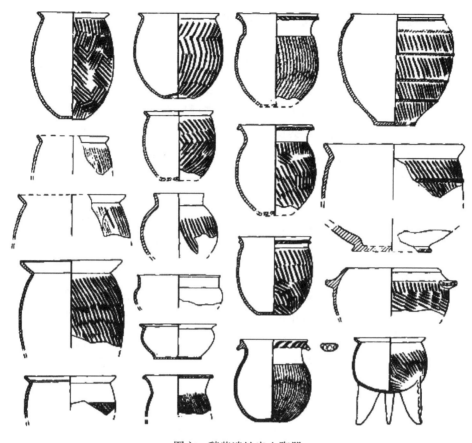

图六 稍柴遗址出土陶器

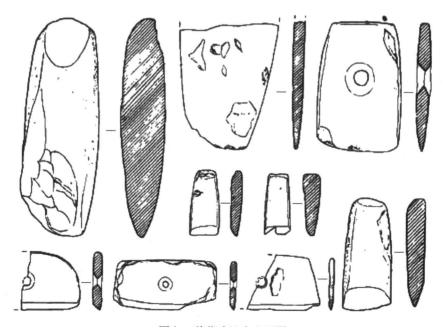

图七 稍柴遗址出土石器

区域，而稍柴遗址应该就是夏代先民在这里生活、居住留下的重要物证。稍柴遗址的发现与发掘具有极其重要的意义，对解决二里头文化的来源以及新砦期与河南龙山文化、新砦期和二里头文化的关系等学术问题提供了重要的依据。林秀贞、赵芝荃、袁广阔等学者纷纷撰文探讨，促进了二里头文化成因的研究[①]。

近年来，郑州地区的考古工作者又对遗址进行复查、勘探，确认遗址早在仰韶时期就有人类生活，后经龙山、新砦期、二里头、商、周等时期，一直延续至汉代。稍柴遗址作为古代人类生活的重要场所，是人类社会数千年发展的记录和见证，是研究古代人类社会文化与信息的重要渠道。

第二节　二里头时期大遗址文化遗产资源

二里头文化是中国青铜时代的考古学文化，因首先发现于郑州洛达庙遗址，早年学者曾将其称为"洛达庙类型文化"。后来，偃师二里头遗址的发掘发现了大量的重要遗迹，出土了丰富的遗物，具有重要的意义。鉴于二里头遗址的典型性和特殊性，夏鼐先生遂将"洛达庙类型文化"易名为"二里头文化"[②]。二里头文化以二里头遗址一至四期文化遗存为代表，年代介于中原龙山文化和二里冈文化之间，与河南龙山文化、二里冈商文化均有一定的联系，但又有着明显的差异性。二里头文化主要分布在豫西、豫中的洛阳附近和颍、汝诸水流域以及山西南部的汾水下游一带，目前已发现的遗址有近百处，除二里头遗址以外，重要遗址还有偃师灰嘴、洛阳东干沟、伊川南寨、吉利东杨村、洛阳皂角树、登封南洼等。下面以二里头遗址为例，对该文化进行介绍和分析。

（一）发掘历程

1959年夏天，著名古史学家徐旭生在率队调查"夏墟"的过程中发现了二里头遗址，基于遗址的范围、出土物和所在位置，徐先生认为其可能是商汤都城。这一发现引起了学术界的极大关注。当年秋季，河南省文化局文物工作队和中国科学院考古研究所（即今中国社会科学院考古研究所）洛阳发掘队分别对遗址进行考古发掘。之后的发掘全部由中国社会科学院考古研究所主持。经过考古工作者近60年的发掘和研究，二里头遗址的考古工作取得了丰硕的成果。时至今日，二里头遗址一共进行了四个阶段的发掘，即1959~1960年、1961~1978年、1980~1997年、1999年至今。

第一阶段的发掘主要是了解二里头遗址以陶器为核心的文化面貌，初步建立分期框架。最初的试掘发现了龙山文化晚期至"洛达庙类型商文化"时期的文化遗存，考

---

① 林秀贞：《试论稍柴下层遗存的文化性质》，《考古》1994年第12期。

② 夏鼐：《碳-14测定年代和中国史前考古学》，《考古》1977年第4期。

古学者将它们划分为早、中、晚三个时期，并推测了遗址的大致范围。1960 年，中国科学院考古研究所根据遗址所处地理位置，把遗址划分为"井"字形的 9 个工作区域，发现了 1 号宫殿基址。

第二阶段发掘了 1 号和 2 号宫殿基址，初步确认了其与都邑相称的性质。在 2 号基址下，考古学者发现了二里头二期的文化遗存，初步确定了宫殿基址的年代。在对 1 号和 2 号宫殿基址进行发掘的同时，对遗址其他区域的钻探和发掘工作也相继展开，先后发现了夯土基址 30 余处，发掘了与铸铜、制陶有关的手工业遗存和数个中型墓葬，出土了丰富的陶器、玉器和铜器。这一时期的一个重要发现就是确认了二里头文化第四期遗存的存在，将二里头文化的分期由三期改为四期。

第三阶段发掘了手工业作坊遗址、房址、墓葬等，显示了二里头遗址的重要内涵。铸铜作坊遗址、制骨作坊遗址、制陶作坊遗址先后被发掘，出土大量反映当时手工业发展水平的遗物。为配合基建进行的抢救性发掘，扩大了发掘范围，重新划定了 3 个工作区域，发现了二里头二期的夯土遗存、与祭祀有关的建筑遗存和墓葬，出土了青铜礼器、玉器、漆器、白陶器、绿松石器、海贝及外来器具等。

第四阶段的钻探和发掘围绕遗址的结构和布局展开。对遗址外围的钻探，搞清了遗址的范围；在宫殿区周围的钻探，查明了宫殿周围的道路分布；宫殿区东部的发掘，弄清了宫殿的布局及演变；在夯土基址群外围的钻探，发现了宫城城垣，廓清了其布局和范围，厘清了其具体年代。

随着二里头遗址的不断发掘，相关的考古学文化研究、年代学研究、墓葬研究、遗物研究、宏观态势研究、地理环境研究、聚落形态研究、文献与考古材料整合基础上的历史复原研究相继展开，明确了二里头遗址及由其命名的二里头文化在文明与国家形成史、夏文化与夏商王朝分界探索两大方面的重要学术意义[①]。

（二）遗址概况

1. 文化层堆积

二里头遗址位于河南省中部偏西的洛阳盆地内。从地势看，这里四面环山，北面是连绵的邙山，南面为伊阙，东面是嵩山余脉，西面为秦岭余脉周山及其丘陵，中间有伊河和洛河流过。这里冈峦起伏，更有成皋之险固，地理位置十分重要。遗址面积超过 300 万平方米，在中原地区可谓空前[②]（图八）。

二里头遗址的文化层在超过 3 平方千米的范围内均有发现，文化堆积十分丰厚，厚度在 1～3 米，大致可划分出 3～7 层，每层的厚度在 0.3～0.6 米，有的文化层厚度可达 1 米。堆积丰厚的文化层是展示二里头文化形成与发展的历程的重要资料。除文

---

① 许宏：《二里头遗址发掘和研究的回顾与思考》，《考古》2004 年第 11 期。
② 图片来源于中国国家博物馆、洛阳市文物考古研究院：《洛阳大遗址航空摄影考古》，文物出版社，2017 年。

二里头遗址航摄影像(镜向
205°，1996 年5月)

⬛ 斜射影像范围	斜射影像范围

斜射影像范围

制陶作坊

制骨作坊

贵族墓葬

现代村庄

遗址范围

道路

城墙

遗址分区

水渠河道

现代道路

图八　二里头遗址航拍及分布图

化层的堆积外，一些大型夯土基址内遗迹之间的叠压打破关系也极为重要，为二里头文化的分期提供了十分重要的资料。

2. 宫城遗址

二里头的宫城位于遗址东南部（Ⅴ区），总体略呈长方形，东、西墙的复原长度分别为 378、359 米，南、北墙的复原长度分别为 295、292 米，面积约 10.8 万平方米。宫城城墙沿着已探明的 4 条大路内侧修筑，这 4 条大路垂直相交，走向与 1、2 号宫殿基址方向基本一致，略呈"井"字形，显现出方正规矩的布局。路土最宽处达 20 米 [①]。宫殿区主要位于宫城之内。二里头宫城是目前中国发现的最早的宫城，开了中国古代宫城布局的先河。

3. 宫殿建筑

在二里头宫城内发现了很多大型宫殿建筑基址，其中 1 号宫殿基址位于二里头遗址的东南部，是一处二里头文化三期的大型宫殿建筑群基址。基址整体略呈正方形，坐北朝南。东西长约 108、南北宽约 100 米，总面积在 1 万平方米以上（图九）。台基夯筑而成，主殿堂位于夯土台基的北部正中，其长方形基座略高于周围台基，东西长 36、南北宽约 25 米。殿堂立于基座之上，也呈长方形，东西长 30.4、南北宽 11.4 米。殿堂前面是平坦宽阔的庭院。在殿堂和庭院的四周，有一组完整的廊庑建筑。夯土台基正南边缘的中间突出部分，有一排 9 个大柱洞，当是大门遗存，可复原为一座面阔 8 间的牌坊式建筑 [②]。

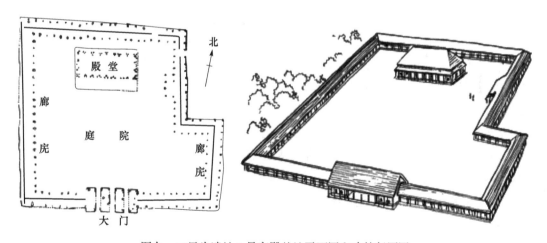

图九　二里头遗址 1 号宫殿基址平面图和建筑复原图

2 号宫殿建筑基址是一座兴建于二里头二期（原报告三期），一直使用到四期的大型夯土基址，西南距 1 号宫殿约 50 米（图一〇）。基址南北长 72.8、东西宽 57.5～58 米，包括围墙、廊庑、大门、庭院、殿堂和大墓等。四边有围墙，东、西、南三面

①　许宏、陈国梁、赵海涛：《二里头遗址聚落形态的初步考察》，《考古》2004 年第 11 期。
②　图片来源于洛阳市文物管理局：《洛阳大遗址保护与研究》，文物出版社，2009 年。

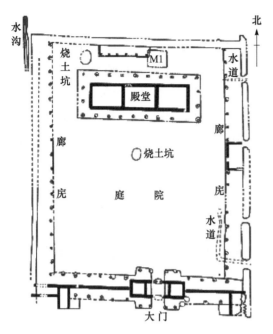

图一〇　二里头遗址 2 号宫殿基址平面图

有廊庑。中间围成一个庭院。南大门位于南墙中部偏东，是一座由木质内墙围成的东西三间一排，且前后皆凸出于左右复廊的庑式建筑。东西两室略呈正方形，可能是文献上所记载的东西"塾"或左右"塾"。大门里廊往北、外廊往南都有路土延伸。庭院东部有两处地下水道。殿堂位于庭院中央偏北处，是在整个宫殿夯土基址上再加筑夯土建成的，殿堂台基东西长 32、南北宽 12 米。殿堂台基四边各有一排柱础槽，柱洞里侧约 2 米处有一周长方形木骨墙，内有两道隔墙把长方形隔成三室。三室南面均开一门，隔墙上有门相通。室外为回廊建筑[①]。

2 号宫殿是继 1 号宫殿之后的又一重要发现。在建筑方法上，二者有许多相似之处，也有许多不同的地方。2 号宫殿的规模虽比 1 号宫殿要小，但有一些新的发现，如东、西、北三面有较宽的夯筑墙，南面有带东西或左右塾和穿堂的庑式大门，宫殿范围内有地下排水道，木骨墙槽内置横木承托木骨等，这都为研究我国古代建筑增添了新的资料。更重要的是，2 号宫殿遗址北部有一座与中心殿堂同时的大墓，大墓北距北墙近 1 米，南距中心殿堂台基 1.5 米，东距东廊 15.2 米，其中线向南延伸，正好通过南大门门道正中，大墓与南大门南北对应。由此推测，2 号宫殿遗址可能也属于宗庙之类的建筑[②]。

3 号宫殿修建于二里头文化二期，是一座（或一组）长逾 160、宽约 50 米的大型多院落建筑基址，内部排列着成组的中型墓葬，出土有铜器、玉器、漆器、白陶器、原始瓷器、绿松石工艺品、蚌制工艺品、海贝等大量随葬品。基址内还设有石砌渗水井，并发现水井、窖穴等遗迹（图一一，1）。

4 号宫殿修建于二里头文化三期。主殿是一座大型夯土台基，平面形状为圆角长方形，东西长 36.4、南北宽 12.6~13.1 米，总面积约 460 平方米。东庑建于基址主殿台基和宫城东墙之间[③]（图一一，2；图一二）。

除了 1~4 号宫殿，在二里头文化二期时还修建了 5 号宫殿，三期时又修建了 7、

① 中国社会科学院考古研究所二里头队：《河南偃师二里头二号宫殿遗址》，《考古》1983 年第 3 期。
② 杨育彬、袁广阔：《20 世纪河南考古发现与研究》，中州古籍出版社，1997 年。
③ 中国社会科学院考古研究所二里头工作队：《河南偃师市二里头遗址 4 号夯土基址发掘简报》，《考古》2004 年第 11 期。

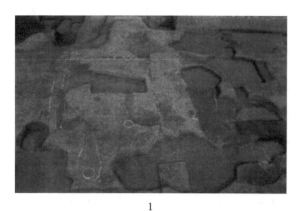

1　　　　　　　　　　　　　　　　　2

图一一　二里头遗址建筑基址

1. 3 号　2. 4 号

图一二　二里头遗址 4 号宫殿基址发掘现场

8 号宫殿，四期时修建了 6 号宫殿。尽管各类宫殿建筑基于不同的社会功能而形成一定的区划与布局，但都构成了二里头遗址都邑的重心。

4. 居址遗迹

多年的考古发掘资料显示，二里头遗址存在着一定的规划，贵族聚居区和一般平民聚居区是有意分开的。贵族聚居区位于遗址的东南部至中部一带，主要是一些中小型夯土建筑基址。例如，20 世纪 70 年代Ⅲ、Ⅴ区普探中发现的 30 余处夯土基址中的大部分[①]，较为集中地分布于宫城以东和东北一带，面积一般在 20～400 平方米，它们属于贵族居住区无疑。近年，二里头考古工作队又在这一带发现了 10 余处中小型夯土基址。

一般平民居住区位于二里头遗址的西部和北部，常见小型地面式和半地穴式房基，房基按形状可分为方形和长方形两类，既有单间，也有双间。方形房址中ⅣF1 保存较好，位于 F3 的东部，四角略圆，近方形，南北长 3.1、东西宽 2.9 米。门在北面。室内地面中部略低，四周稍高，东西两侧用黄土铺地，中部夯土奠基。长方形房址目前发现 7 座，分别为ⅢF2、ⅢF6、ⅢF7、ⅢF9、ⅣF4、ⅣF7、ⅣF8。它们大小不同，形制和建筑结构各异。室内地面有的铺草拌泥，有的铺垫料姜石粉末。柱础有的用石础，有的用夯土墩。

5. 墓葬遗迹

根据发掘者的初步统计，二里头遗址的正常墓葬中，大型墓 1 座，中型墓不过 20 余座（包括未发表者），数量多的是小型墓（图一三），乱葬墓 10 余座。其他遗址发现的二里头文化墓葬大都属于小型墓，也有乱葬墓[②]。

大型墓葬位于二里头遗址 2 号宫殿中心殿堂北面略偏东处，平面呈长方形，墓为竖穴土坑墓，东西长 5.2～5.35、南北宽 4.25、深 6.1 米。墓内有生土二层台。填土经过夯筑，夯层厚 5 厘米左右。该墓早期曾经被盗，中部有一大盗坑直通墓室，遗物荡然无存，仅存少量朱砂、蚌饰片、漆皮、涂朱陶龙头和红漆木匣，木匣内装一具狗骨架。

图一三　二里头文化墓葬

中型墓葬主要发现于二里头遗址，多数为长方形竖穴土坑墓。大多数墓葬用大量朱砂铺底，有的在朱砂下还铺有席子，墓内往往有较多数量的随葬品。例如，ⅢM2，南北长 2.55、东西宽 1.2、现存墓坑深 0.85 米。墓底铺朱砂，残存漆皮。墓底南部有一腰坑，腰坑东壁及北壁也满布朱砂。墓室西北部随葬有铜刀、铜爵、玉钺、玉圭、陶爵、陶盉、陶盆、圆陶片等，棺内有漆盒、漆豆、雕花残漆器、漆筒形器、绿松石片和云母片等。再如 K3，南北长 2.3、东西宽

① 中国社会科学院考古研究所：《偃师二里头：1959 年～1978 年考古发掘报告》，中国大百科全书出版社，1999 年；图片来源于中国国家博物馆、洛阳市文物考古研究院：《洛阳大遗址航空摄影考古》，文物出版社，2017 年。

② 中国社会科学院考古研究所：《中国考古学·夏商卷》，中国社会科学出版社，2003 年。

1.26、深 1.26 米。墓坑中挖有棺室，南北长 1.7、东西宽 0.74、深 1.44 米。棺室底部铺有朱砂，棺木腐朽严重，人骨无存。墓内随葬品分两层：下层在棺内，随葬器物有圆形铜器、玉戈、玉钺、玉铲、绿松石饰、骨串珠和海贝等；上层在墓坑内，随葬器物有铜爵、铜戚、铜戈、圆泡形铜器、石磬、玉柄形饰、陶盉和圆陶片等。从该墓的形制之大和随葬铜、玉、陶、石、骨器等种类之多及数量之丰富，可以看出墓主人当属奴隶主贵族[①]。

除此之外，2002 年在发掘二里头遗址宫殿区的 02VM3 时，考古学者发现了一件用 2000 余片各种形状的绿松石片组合而成的龙形器，绿松石片粘嵌或附着在有机物上（图一四）。这件用绿松石组成的龙形器在二里头遗址是首次发现，发掘者称之为"绿松石龙形器"或"绿松石龙"。"绿松石龙"整体保存较好，图案清晰，主要由龙头和龙身两部分组成，总长 0.7、头宽 0.15、身宽 0.04 米。龙头为扁圆形，巨首，吻部前凸，"臣"形双目，间有鼻梁和额面中脊。龙眼以圆饼形白玉为睛，龙鼻用蒜头形绿松石粘嵌，鼻梁和额面中脊用青、白相间的玉柱排列成纵长条形。龙身卷曲且呈波状起伏，象征龙鳞的菱形绿松石片遍布全身。

图一四　二里头 02VM3 绿松石龙形器

二里头文化的小型墓葬数量众多，一般为长方形竖穴土坑墓，面积 1～2 平方米，有些有木棺葬具，随葬器物主要是陶器，基本组合以鬶、爵、盉、圆腹罐、豆、平底盆为主，少见或基本不见青铜器、玉石器。

6. 手工业作坊遗迹

二里头遗址的铸铜作坊区位于遗址南部偏东（Ⅳ区）、宫殿区之南 200 余米处，面

---

① 中国社会科学院考古研究所：《偃师二里头：1959 年～1978 年考古发掘报告》，中国大百科全书出版社，1999 年。

积在 1 万平方米以上。经多年的历次发掘，发现了若干与青铜冶铸有关的遗迹，出土了丰富的遗物。作坊区南部有一处壕沟，宽 16 米以上，深约 3 米，已知长度超过 100 米。在作坊区的灰坑、窖穴、地层和建筑物内发现有大量的陶范、石范、熔炉碎片、铜矿石（孔雀石）、铜渣、木炭、骨料和小件铜器等。另外，在二里头遗址Ⅳ～Ⅵ区的不同地点也发现了铜渣、熔炉碎块、陶范等相关遗物（图一五）。

图一五　手工业作坊遗址出土绿松石废料及陶范

二里头青铜作坊的发现具有重要的意义，《中国考古学·夏商卷》一书曾将二里头文化青铜冶铸业的成就和特点总结为以下几个方面。第一，大型专业青铜作坊与青铜器工业中心出现。二里头遗址的青铜作坊规模相当大，延续时间长。第二，铸铜技术水平提高与青铜礼器初创。二里头文化由多块内、外范拼合而铸造的青铜器的大量出现，在中国古代金属铸造工艺史上是个飞跃，为商周灿烂的青铜文明的形成奠定了物质技术基础。二里头文化青铜礼器的出现，改变了以往以玉器和特殊陶器为主要礼器的局面，开始形成以青铜器为中心的礼器群，这一规则为商、周礼仪制度所继承并加以发展，青铜礼器遂成为中国青铜文明的核心和重要特征。第三，二里头文化青铜冶铸技术在龙山时代铸铜技术的基础上有了很大发展，达到了空前的高水平。但是，与商代青铜冶铸技术相比，还有其原始性[①]。

7. 祭祀遗迹

二里头遗址的祭祀活动区位于遗址中、东部的宫殿区北部和西北部一带，这里集中分布了一些可能与宗教祭祀有关的建筑和其他遗迹，如乱葬坑、祭祀坑等，其中最主要的就是圆形地面建筑和长方形半地穴建筑。这些建筑基址或祭坛类建筑，呈东西

---

① 中国社会科学院考古研究所：《中国考古学·夏商卷》，中国社会科学出版社，2003 年。

向排成一线，目前已经发现东西连绵二三百米①。祭坛为平面大致呈圆形、凸出于地表之上的土坛，坛径一般在 5 米以内。坛上布列着一圈或两圈圆形土墩。坛面和坛下有路土，坛的周围是平整干净的场地②。

8. 重要遗物

二里头文化墓葬中出土的各类铜器中，最引人注目的是青铜礼器，包括爵、斝、盉、盉等酒器，鼎仅见 1 例，另有牌饰和乐器铃等。铜鼎编号 1987YLVM1：1，折沿，薄唇，内附一加厚边，沿上立二环状耳。腹部，微外鼓。平底，空心四棱锥状足。腹饰带状网纹。器壁较薄，内壁底部有铸残后的修补痕迹。铜爵制作规整，器壁厚薄均匀，已采用多合范的方法铸造，从铸痕上看，至少用了 4 块范（图一六）。

图一六　二里头遗址出土铜鼎、铜爵

二里头遗址出土的绿松石铜牌饰工艺精良，纹饰奇特。历年发掘共出土 4 件，加上国外博物馆藏，目前一共有 9 件。这些铜牌饰可分为圆角近方形和圆角方形两种。前者两侧各有两个带孔的纽，凸面上以长条形、方形和三角形的绿松石小片镶嵌成兽面纹样，圆眼圆睛；后者束腰，绿松石镶嵌的动物头部近似狐狸面部，梭眼圆睛。由于这些牌饰上都有兽面纹饰，因此，学术界通常称之为"兽纹铜牌"（图一七，1～4）。铜牌饰多出土于死者胸前，有的铜牌背面还附着麻布纹。另外，出土铜牌饰的墓葬一般等级较高，随葬品丰富。由此看来，铜牌饰也是一种体现等级身份的礼器。

二里头文化出土的陶器种类丰富，形式多样，按照使用功能大体可分为五类：炊器、饮食器、水器、盛贮器和杂器等，其中炊器主要为烹饪器具，主要器形有鼎、深腹罐、圆腹罐、甑、甗、斝、鬲等；饮食器主要为饮酒、盛食器具，主要器形有豆、

① 许宏、陈国梁、赵海涛：《二里头遗址聚落形态的初步考察》，《考古》2004 年第 11 期。
② 中国社会科学院考古研究所：《中国考古学·夏商卷》，中国社会科学出版社，2003 年。

图一七　二里头遗址出土铜牌饰及陶器

1～4. 铜牌饰　5～7. 陶器

图一八　二里头遗址出土玉器

三足盘、鬶、瓿、爵、盉、簋、杯、平底盆、圈足盘等；水器为盛水器具，包括四系壶、捏口罐、贯耳壶等；盛贮器为贮存粮食或酒水的大型器具，包括尊、罐、瓮、缸、盆等；杂器用途各异，包括刻槽盆、透底器、鼓、器盖、水管等（图一七，5～7）[①]。

玉器在二里头文化的大型遗址中均有出土（图一八）。其中，二里头遗址出土的玉器数量丰富，种类繁多，体形较大的器形有刀、钺、璋、圭、戚、戈等，这些玉器都是重要的礼器，有的器形十分硕大，如1975年出土于二里头遗址Ⅱ区的玉刀，长达65厘米，有扉齿和规整的几何纹饰。大型玉器的刃部均不见使用痕迹，应是于特定礼仪场

---

① 图片来源于洛阳市文物管理局：《洛阳大遗址保护与研究》，文物出版社，2009年。

合使用的。体形较小的有柄形器、镞、铲、凿、镯、环、坠饰、纺轮等，另有绿松石制品中的坠饰、串珠和镶嵌物等。

（三）文化遗产资源分析

二里头遗址的发现，填补了龙山文化晚期与二里冈商文化之间文化序列发展的空白，奠定了夏商文化探索的基础，是三代考古学文化研究的圭臬[①]。遗址的发掘时间之长、规模之大、规格之高、遗存之丰富、大众的了解度和关注度之重在夏代考古中具有独一无二的地位。二里头遗址是 20 世纪中国考古学的重大发现之一，也是夏商考古的圣地，对探究中国古代国家的形成与发展具有重要的价值，是最为重要的大遗址类文化遗产资源之一。

从文献记载来看，二里头遗址所在的地理位置是探索夏文化的最重要的区域。《史记》载："自洛汭延至伊汭，居易毋固，其有夏之居。"《逸周书·度邑》载："自洛汭延于伊汭，居阳无固，其有夏之居。"今本《竹书纪年》载："帝（太康）即位，居斟鄩，田于洛表；羿入居斟鄩……"《括地志》曰："故鄩城在洛州巩县西南五十八里。"另外，《汉书》《汉志》《水经注》《河南府志》《巩县志》等都有夏都在伊洛河之间的记载。二里头遗址正好处于文献记载的伊洛河之间，其年代大致相当于夏代中晚期，因此，它是夏代先民在此居住和生活的重要见证。

从时间上看，以二里头遗址为代表的二里头文化处在龙山文化与二里冈文化之间，填补了这一历史时间的空白。早在 20 世纪 20 年代，河南境内龙山文化与二里冈文化之间的年代和文化面貌的衔接就是学者们探讨的重要课题之一。二里头遗址的发现和发掘，为这一重要课题的解决提供了直接的证据，形成了较为完整的时间和资料证据链，二里头文化也为社会各界所接受。

从学术发展看，二里头遗址是夏商文化论战的主战场，其参与学者之多、论著数量之丰富、争论之激烈、持续时间之长，在中国学术史上绝无仅有、史无前例。随着二里头遗址考古发掘和研究的深入，学者们敏锐地意识到二里头文化与夏文化有关。学者们在二里头文化的分期、夏都、汤都西亳等重要的学术观点上长期对峙，引发了学术界旷日持久的学术论战。

从二里头遗址考古发掘的遗迹和遗物来看，宫殿建筑、居住基址、手工业遗存、祭祀遗迹及大量精美文物的发现，有助于我们全面了解和认识中国古代早期都城聚落形态和模式、城市规划布局、经济生活、手工业发展、文化状况、对外交往等问题，为研究夏商社会形态的变化提供了重要的实物材料。2004 年"中华文明探源工程"正式开始，二里头遗址作为最重要的遗址和研究对象，又为众多专家和学者进行多学科、多角度、多手段、全方位的研究提供了重要依据。

---

① 张国硕、李昶：《论二里头遗址发现的学术价值与意义》，《华夏考古》2016 年第 1 期。

从人才培养来看，二里头遗址是我国考古学人才培养的摇篮，见证和促进了一大批考古专家、学者的成长。这里走出了徐旭生、夏鼐、邹衡、安金槐、李伯谦等老一辈考古学先驱，走出了赵芝荃、郑光、王巍、杜金鹏、郭大顺、许宏等著名考古学专家和学者。直到现在，二里头遗址还是国内各个大学考古、文博、历史等相关专业的学生教学观摩和考察的基地，不少学生以二里头遗址和二里头文化研究作为毕业论文主题，取得相应学位，并逐渐成长为专业的工作者。

从文化发展来看，随着社会生产力的发展，人们的物质生活水平不断提高，广大人民群众对精神文化生活的需要不断增加，人们对文化产品、文化服务提出越来越高的要求。在全媒体和自媒体时代，电视、网站、微博、微信公众号等媒体资源对二里头遗址的发掘过程、现存遗迹、出土遗物、研究成果及时跟踪报道，越来越多的人有意识地关注二里头遗址的发掘和研究进展。与 10 年、20 年前相比，目前二里头遗址已开始逐渐地深入人心。考古学家许宏的《最早的中国》《何以中国》两本符合民众口味的既有学术内容又通俗易懂的著作受到了大众的关注和推崇，二里头遗址已成为公众考古的重镇之一。

第三节　商代大遗址文化遗产资源

商代是中国历史上第一个有直接文字记载的王朝，甲骨卜辞、古本《竹书纪年》均有关于商代历史的明确记载。目前考古发现的商代都城遗址有郑州商城、偃师商城、焦作府城遗址、殷墟、小双桥遗址等。其中，偃师商城位于河洛之间，是一处商代早期二里冈文化时期的都邑性遗址，为商汤灭夏后所都，即商代西亳城的遗址。它是我国唯一保留下来的一处完整的商代早期都城遗址，是夏商文化的界标。因此，下文便对该遗址进行详细的说明和介绍。

（一）遗址概况

偃师商城遗址坐落于洛阳盆地东部，偃师市区以西，城关镇大槐树村与塔庄村之间，北靠邙山，南临洛水，西距汉魏洛阳故城 10 千米，西南距二里头遗址约 6 千米，东距郑州商城约 110 千米。遗址总面积约 2 平方千米（图一九）。

1983 年，中国社会科学院考古研究所首次发现该遗址，当年就开展了试掘工作。截至目前，已对遗址进行了二十多次有计划的考古发掘。随后考古工作的不断展开和深入，基本上廓清了遗址的布局、结构与演变，弄清了宫城、小城、大城三部分的布局和范围。历年的考古发掘出土了丰富的遗物，包括陶器、铜器、玉器、石器、骨器、蚌器和原始瓷器等。对于偃师商城的研究工作自其发现以来便已展开，目前也取得了丰硕的成果。这些都为复原中国早期历史提供了宝贵的实物资料。

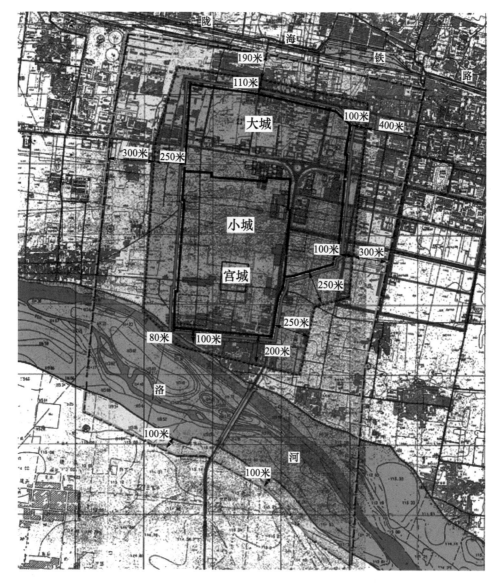

图一九　偃师商城遗址平面图

1. 大城

大城平面略呈长方形，南北长 1700 余、北部宽 1215、中部宽约 1120、南部宽 740 米，面积约 190 万平方米。城墙系夯土筑成，城外有排水沟和护城河。南城墙已被洛河冲毁，西城墙、北城墙、东城墙现存各一千多米。城门共发现 7 座，其中北面 1 座，东西两面各 3 座（图二〇）。在城内发现东西向大路 5 条，南北向大路 6 条，路面宽 6～10 米。城内主干道纵横交错，并有用石块砌筑的方形排水道，一些道路与城门方位基本对应。城内大型的重要建筑大都集中分布于南部，由此可知南部是当时王室贵族聚居地和官署区。在大城东北部，发现大面积的灰土堆积以及一些形制比较简单的中小型房屋、陶窑、水井等。它们分布比较密集，可能是普通民众的聚居区和重要的手工业作坊区。在大城城墙内侧，发现了比较集中的小型墓葬，随葬品较少，部分内有随葬品，显示其墓主人身份较低，可能是一般民众[1]。这充分反映了当时社会等级的差别。

图二〇　偃师商城城门遗迹
1. 西二城门遗迹　2. 东一城门遗迹　3. 东一城门排水设施

　　在大城的东部、东北部，经过多年的发掘，发现了城壕、城墙、夯土围墙、排水沟、道路、车辙、墓葬、灰坑等遗迹及窑址、铸铜作坊等手工业遗存，出土了一批包括铜器、陶器和与青铜冶炼有关的陶范、铜渣等在内的商代遗物[2]。1996 年发现 3 个圆形锅底状灰坑（H8～H10），开口于城墙附属堆积之下，填土中夹杂木炭、陶范、铜矿渣和铜块等。城东城墙中段内侧商代文化层中出土坩埚片、铜片、木炭、石范残块。骨器数量少、种类多，未找到作坊遗存，但在宫殿祭祀区出土不少人工切割骨料[3]。

①　王学荣：《偃师商城布局的探索和思考》，《考古》1999 年第 2 期。
②　中国社会科学院考古研究所河南第二工作队：《河南偃师商城东北隅发掘简报》，《考古》1998 年第 6 期。
③　中国社会科学院考古研究所：《偃师商城》（第一卷）下册，科学出版社，2013 年，第 723 页。

2. 小城

小城位于城内南部，平面呈长方形。南北长约 1130、东西宽约 766 米，总面积约 86 万平方米。城墙宽度大多 6~7 米。基槽开口宽度一般为 6.6~7.7、深 0.2~0.3 米，部分深度可达 0.5 米。小城城墙毁坏严重，西墙较好，墙体保存高度在 1.5 米左右。各面城墙都有凹凸曲折的现象，北城墙中部内凹，东城墙中部外凸。西城墙和南城墙包裹在大城城墙之中，按照大城城墙的曲折判断，西城墙中部内凹，南城墙中部外凸。由此可见，城墙的凹凸是南北、东西相互对应的[①]。由于大城是在小城的基础上加宽和扩建的，因此，有的小城城墙因夯筑大城的需要，两侧被切割成台阶状。

在小城的西北角，发现有大城时期的道路直接叠压在小城道路和城墙之上，这是确认大城时间晚于小城的直接证据之一。于小城北城墙外发现一处壕沟，距小城北城墙约 3.5 米，南北宽约 2.5 米，沟内堆积可分三层，出土一些细碎的陶片[②]。

3. 宫城

宫城位于小城偏南，平面基本呈正方形，每面长 200 余米，面积约 45000 平方米。宫城四周有 2 米多厚的夯土围墙，南面留有大门，城内有 5 座大型建筑基址（图二一、图二二）。其中，Ⅰ 号宫殿居中，面积最大，其余 4 个分布于 1 号宫殿基址四周。宫城中有一条直通南门的平坦大道。

位于宫城西南的 Ⅱ 号建筑群基址和 Ⅲ 号建筑群基址均有围墙，内有无论纵向还是横向皆可成排或成列的大型夯土建筑基址，并有纵横交错的网状排水系统。二者呈拱卫之势位于宫城的西南和东北方位，性质可能为屯兵之所、仓储之所或府库[③]（图二三）。

Ⅱ 号建筑群基址位于城址的西南部，西距大城西墙约 4 米，南距大城南墙约 8 米。平面大体呈方形，仅西北角受城墙影响而内凹，边长约 220 米，面积约 4.7 万平方米。外围有基槽，宽 3~3.3 米，墙体为宽 2~2.2 米的夯土围墙。东围墙中部有一宽约 4 米的豁口，北围墙中部也发现一宽约 2 米的豁口，应当是府库的门道。围墙内发现有纵向或横向皆可成排或成列的大型夯土建筑基址，以东西向为排，南北共 6 排，每排一般有 18 座基址。基址与基址之间、基址与围墙之间、排与排之间的距离都十分接近。通过发掘证实，绝大多数基址都存在上、下两层建筑遗迹（部分存在三层，其中层相当于只有两层者的上层）。下层建筑夯土台基的间距是 4.5 米，上层建筑夯土台基间

①　中国社会科学院考古研究所：《偃师商城》（第一卷）上册，科学出版社，2013 年，第 175 页。
②　中国社会科学院考古研究所：《偃师商城》（第一卷）上册，科学出版社，2013 年，第 209 页。
③　赵芝荃、徐殿魁：《偃师尸乡沟商代早期城址》，《中国考古学会第五次年会论文集（1985 年）》，文物出版社，1988 年。

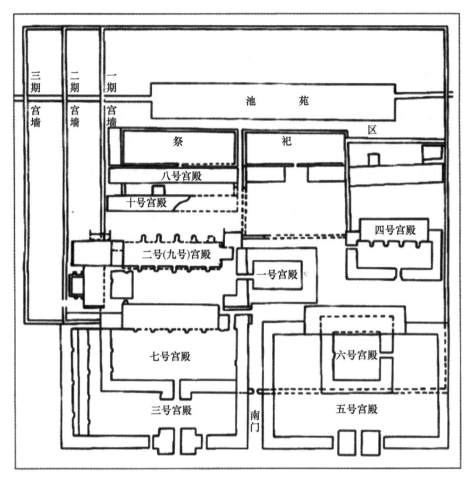

图二一　偃师商城宫城平面图

图二二　宫城池苑及汲水、排水设施

距5.5米。每座建筑基址的四周，约略基址与基址的中分线上，开挖有宽0.8～1.2、深0.3～0.4米的小沟，形成纵横交错的网状排水系统。尽管围墙内规划了106座建筑的位置，但并不是在每个位置上都建造了房屋，比如在由北向南第3排中部发现了一处方向大小与周围建筑基址相同的水池。另外，夯土围墙亦有早晚两期，早期围墙与围墙内下层建筑类同，晚期围墙与围墙内上层建筑类

图二三　偃师商城府库建筑基址

同①。府库就功能而言应是宫城的附属建筑，其他大型建筑基址大多分布在宫城和府库周围，应当属于宫城或府库的配套建筑。

（二）文化遗产资源分析

偃师商城遗址是目前唯一保留下来的一处未遭严重破坏的商代早期都城遗址，是夏商文化断代的界标，是中华民族宝贵的文化遗产。偃师商城有着重要的学术和科研价值。首先，偃师商城遗存丰富，是研究我国古代城市发展的重要资料。偃师商城经历了始建和使用、继续使用和大规模扩建、衰落及废弃三个时期，城墙遗迹保存完整，城址内有大城、小城、宫城三重城垣。小城先建设，大城在小城基础上依据地形、地势扩建加筑，排水沟、大渠、支渠等排水设施一应俱全，手工业作坊、小型平房和地穴式建筑布局有序，与小城内建筑形成"前朝后市"的布局结构。这种宫城内宫庙分离、前"朝"后"寝"的布局，对后世有深远影响。宫殿建筑基址，有的自成一体，有的左右对峙，形制规整，错落有序，组成了一个庞大的宫殿建筑群。另外，这里发现了最早的引水造景工程。商城出土大量的陶器、骨器、石器、蚌器、铜器、玉器等商代前期的遗物，有很多都是同时代同类器物中的精品，对于研究当时人们的社会生产和生活具有极其重要的意义。其次，偃师商城为汤都亳的位置之争提供了新的证据，是引起学术争论和解决学术争论的重地之一。"早商文化研究与夏文化探索"是二十余年来学术界极其关注的问题之一，围绕这一课题学者们展开了热烈的讨论，先后发表了数以百计的文章。偃师商城发现之前，关于商代"亳都"的具体位置是围绕着二里头遗址展开的，先后有"西亳说"与"郑亳说"之争。偃师商城发现及发掘资料公布后，学界围绕偃师商城的始建年代、城址布局和演变、文化分期、商城性质等问题进行了详细的研究。由于偃师商城的年代与郑州商城的年代大体相当，且与文献记载"西亳"的位置接近，因此，原先持二里头遗址为"西亳说"的学者一部分开始沉默，

---

① 中国社会科学院考古研究所：《偃师商城》（第一卷）上册，科学出版社，2013年，第233、234页。

一部分转而认为偃师商城为西亳。这样，学界的焦点开始集中到夏商分界上。最后，偃师商城遗址发掘持续时间长、发掘面积大、考古实物内涵丰富，是研究夏商文必不缺少的内容和资料，不仅是历史学、考古学研究的需要，也为民族学、民俗学、社会学、人类学等学科的研究提供了重要的材料。

自 1983 年发现至今，各级文物部门对遗址的保护工作十分重视。当地政府一直以来就高度重视遗址的保护，并采取控制遗址范围内村庄、道路与企业的发展规模，逐步迁移保护区部分居民等措施对遗址进行科学保护，也取得了丰硕的成果。但是，由于偃师商城遗址地处城乡接合部，周围居民多、人流量大，现代人类生活、生产和建设活动对遗址的保护造成了潜在的威胁，而近年来城镇化的快速发展又给遗址的保护造成了一定的影响。

偃师商城位置适中、交通便利，距离周边的遗址、旅游景点较近，具有较大的保护利用潜力。偃师商城西南距二里头遗址约 6 千米，西距洛阳市约 30 千米，310 国道从其西侧通过，陇海铁路跨其东西，距洛阳飞机场约 35 千米，正在修建的洛阳环城高速把偃师商城包围在内，极大地方便了商城周围的交通。另外，偃师商城与洛阳市东线诸多旅游点连成一片，构成了龙门石窟、白马寺、杜甫墓、偃师商城博物馆、商城遗址、汉魏洛阳故城、灵台遗址等这一闭合旅游观光线。还可以构成洛阳、小浪底风景区、白马寺、偃师商城博物馆、商城遗址、唐恭陵、少林寺、中岳庙这一较远的旅行线路[①]。

偃师商城遗产资源是大遗址保护利用模式的典型案例之一，是中国大遗址保护和展示理念的探索和提升。偃师商城属于全国重点文物保护单位，2013 年遗址已入选国家考古遗址公园立项单位。目前，遗址公园建设工作正在开展。偃师商城遗址保护展示根据不同遗址要素，采取了不同的展示方式。对于城墙，采取在地面堆土上种树与局部地上模拟展示相结合的做法；对于城门，是在原址上模拟展现实存状况，并标明地下城门的位置；对于水系，主要是复原护城河、宫城内池苑与输水道，再现古人构筑人工水系的状况；对于府库和手工作坊，采用模拟展示和实物展示的方式；对于墓葬，则是选择部分有价值的土坑竖穴墓，维持遗址原状，其上覆以玻璃顶供游人参观；对于宫城区内的 2 号、4 号、8 号等宫殿，规划重建；为了保护原有遗址，商朝早期王室贵族祭祀遗址群和皇家池苑也将模拟展示，建筑均悬空建设。

2016 年杜金鹏、于成龙、李志鹏三位知名研究者撰写的《前世·今生——偃师商城遗址考古与保护》一书出版[②]，全书以图册的形式全面介绍了偃师商城的发现发掘过程、主要研究成果和重大历史内涵，在介绍遗址历史、科学、艺术、社会多重价值的

① 郭洪涛：《偃师商城遗址的主要考古成果与开发利用》，《洛阳大学学报》2001 年第 1 期。
② 杜金鹏、于成龙、李志鹏：《前世·今生——偃师商城遗址考古与保护》，科学出版社，2014 年。

基础上，重点分析了偃师商城的保护和展示的理念。从遗址保护模式创新、考古遗址公园概念推广、大遗址保护工程、国家考古遗址公园建设、参与遗址建设和保护的考古和文物工作者等方面总结了偃师商城遗址公园建设的历程，为大遗址的保护和利用作有益的探索和尝试。

第四节　东周大遗址文化遗产资源

西周末年，周幽王无道，申侯联合犬戎攻破宗周镐京，杀幽王于骊山下。太子宜臼即位，即平王。公元前 770 年，平王在郑武公、晋文侯、卫武公、秦襄公的拥护下，东徙洛邑。平王东迁，标志着东周的开始。东周历二十五王，时间长达五百余年之久。东周时期周王都城所在地就是现在洛阳市西工区王城公园一带的东周王城遗址。其南临洛河，西跨涧水，呈不规则矩形，城墙夯土筑成。

其实"王城"之名，由来已久，在历史文献中早有记载。《春秋经·昭公二十二年》载："秋，刘子、单子以王猛入于王城。"《令彝》铭文中也有"成周"和"王"的记载。唐兰先生据此认为，《汉书·地理志》所说西周时期的成周（在洛阳）、王（在河南）是两个城邑。陈梦家先生更提出："西周时期东都有东、西两城，东面是成周，是宗庙之所在；西面是王城，是宫寝之所在。"由于令彝属西周第四王康王时期的彝器，因此"王城"之名应不晚于康王时期。

（一）遗址概况

20 世纪 50 年代初，考古工作者在洛河以北、涧河两岸发现了东周时期的文化层堆积，并确定了洛河以北涧河入洛处为东周王城遗址（图二四）。此后，在配合城市建设以及有针对性的考古发掘工作中，这里的重大发现层出不穷。

1954 年中国科学院考古研究所洛阳发掘队对遗址的考古发掘，基本上搞清了王城所在的位置、城圈的基本形状、宫殿区的位置，并于西工段发掘出 260 座东周墓。1974 年在王城东南部发掘东周墓葬 500 多座及 2 座车马坑。2001 年发掘了 200 多座东周墓和十几座车马坑，出土的"天子驾六"独一无二，举世瞩目（图二五）。2004 年在洛阳瞿家屯，即东周王城南城墙外又发现了大型夯土基址。经过半个多世纪的发掘，迄今为止，考古工作者已经在东周王城遗址发现了城垣、作坊、仓窖、建筑、墓葬、陪葬坑等重要遗迹，并出土了大量精美的遗物。这些为深入研究东周时期的洛阳提供了重要资料，对于探究东周历史、中国都城史、中国建筑史都具有重要的价值。

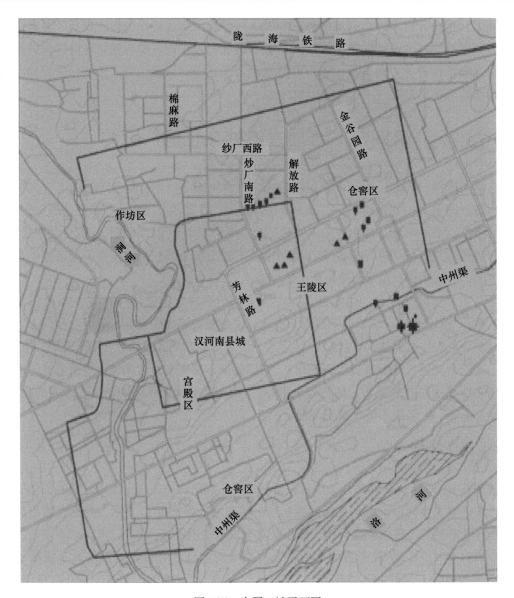

图二四　东周王城平面图

（二）重要遗存

1. 东周王城

东周王城的外郭城近方形，西北角在今东干沟村北，东北角在今洛阳火车站东约1千米，西南角在今兴隆寨村西北，东南角被洛河冲毁。东墙南段可能被涧河冲毁，仅留北段，残长约2000、宽约15、残高1.5米，估计总长约3000米。南墙西起洛阳工业高等专科学校南院，向东至洛河岸边，残存西段，残长约800、宽度约14米，总长约

图二五　东周王城车马坑及"天子驾六"遗迹

3400 米。西墙呈曲折状，沿涧河东西两岸，北端从纱厂西路涧河桥东南角开始，沿涧河南行，至王城公园南墙附近折向西行，过涧河又向南行，止于洛阳工业高等专科学校南院南围墙内，宽约 5、残高 15 米，总长约 4000 米。北墙位于今纱厂西路一带，西起纱厂西路涧河桥东南角，至 801 仓库西围墙内，保存较好，墙外有深约 5 米的城壕，宽度为 8～10、残高 0.8～1.65 米，全长近 3000 米。王城城墙周长约 15 千米，大部分城墙建筑在生土上面，夯筑之前先由地面向下挖一浅槽，然后在槽内打好墙的基础，最后由底往上逐层夯实，采用分段平夯或分块夯筑而成。城墙的始建年代应在春秋中期，战国晚期又经过一次大规模的增筑和修补，以后也有小规模的修补和利用[①]。

———————————

① 潘付生：《洛阳东周王城布局研究》，郑州大学硕士学位论文，2007 年。

2. 宫殿区

1960 年、1999 年、2004 年分别发现了东周时期的大型建筑基址，可能与东周王城的宫殿建筑基址或与宫殿建筑有关。

1960 年发现的东周时期建筑基址是王城内的主要建筑之一。北组建筑四周有长方形的夯土围墙，正面可能有门，在围墙内部有两块长方形夯土基址，南北并排，相距约 6 米，它们应是本组建筑的主体。在主体建筑的西南面有一块面积较大的长方形夯土基址，可能是台阶之类的建筑。南组建筑紧靠北组建筑，整体也是长方形。在夯土建筑的东部有南北向的大路。

1999 年发现的大型夯土基址位于西工区行署路与临涧路交叉口西南侧，西距涧河约 250 米，东部和南部紧邻战国粮仓遗址区。基址呈长方形，南部墙基的基槽部分地段用一排竖砖包边；东北部的沟槽内板瓦、筒瓦整齐竖埋，可能起装饰或隔离作用；在排瓦北部，与排瓦并行的地方，发掘数排柱洞。柱洞排列整齐，间距一致，大小柱洞存在早晚关系，应为两个时期所使用。

2004 年在瞿家屯发现了东周特大型夯土建筑基址，发掘面积约 7000 平方米。主要遗迹现象位于发掘区的北半部分，有夯土墙、夯土台基及与之相关的散水、排水管、水渠、水池、仓窖等（图二六）。

图二六　瞿家屯建筑基址全景及排水系统

通过多年的考古发掘，目前可以证实王城的宫殿区主要位于西南部，即现在的瞿家屯一带。由于这一地带处于洛阳市区，发掘面积难免会受到一定的限制，再加上自然河流的破坏，目前对宫城的布局与结构还不是十分清楚。宫城西部为涧河故道，紧邻涧河故道的东侧发现有不规则的夯土墙，宽约 4 米，南北走向，与涧河故道走势一致。宫城以郭城南墙、西部的涧河故道和西墙、北部的城垣和城壕、东部的古河道为防御体系，这种"就地利"的城墙建置，既保证了宫城用水安全，又防止了洪水季节对宫城安全的危及。

王城建成后，在不同时期都有发展。春秋时期宫城内西至涧河、东至仓窖区东侧的河道均应属宫城的宫殿分布区。战国时期，宫城范围缩小，其西半部分有夯土城墙和壕沟、河道构成的独立城圈；东半部分也是由壕沟、河道和城垣构成的独立单位——仓城，仓城内钻探出 74 座粮仓；战国晚期在东周王城南城墙以南、涧河和洛河交汇处瞿家屯村东南部修建了周赧王所居住的宫室建筑[①]。

3. 王陵区

东周王陵可分为王城陵区、金村陵区和周山陵区三个陵区[②]，金村陵区也有学者称为成周陵区[③]。

王城陵区从今周王城天子驾六车马坑博物馆开始，南至西工体育场的东周王城东南部一带，这里属于春秋王陵区。考古发掘已经确认 5 座为春秋国君墓。2001 年清理的 C1M10122 "亚"字形墓为周王陵墓，C1M10123 "中"字形大墓和另外 1 座未发掘的 "中"字形大墓可能是其夫人墓。这三座墓的年代为春秋初期，这是首次在洛阳地区发现组合关系明显的周王室墓。1995 年清理的 C1M5239 春秋晚期大墓平面呈 "甲"字形，也是周王室墓。这座墓的发现，显示春秋时期东周王室的丧葬制度发生了一定的变化，春秋早期的 "亚"字形和 "中"字形等多墓道被春秋中晚期至战国时期的 "甲"字形单墓道所取代[④]。除此之外的 "甲"字形大墓还有 74C1M4、XM66、XM153 等。

洛阳西郊发现的 M1～M4 均为战国墓，墓葬全部为 "甲"字形，随葬品丰富。M1 中出土了一件有墨书 "天子"二字的石圭，有学者认为以这些墓葬为核心的陵墓区是西周君陵区，应葬有桓公、威公、惠公、武公[⑤]。

金村陵区在考古和文物界中声名远播。个中缘由，并非因为确信东周王陵的存在，而是缘于 20 世纪 20 年代一场规模庞大的盗墓活动，以及由此所引起的大量珍贵文物的流失。加拿大人怀履光在其撰写的《洛阳古城古墓考》一书中对这些事项均有介绍。据该书记述，金村共发现 8 座有较长墓道的大墓，由北向南排成两列，第 1 列 6 座，第 2 列 2 座。其中 5 号墓的墓室长、宽各约 12 米，深约 14 米，墓道长 70 余米。木构椁室的周围有积石积炭，有门与墓道相通。金村古墓出土的随葬品中，有青铜器、漆器、玉器、金银器等，有的器物制作极为精美，如错金银的鼎、敦、壶等铜礼器，透雕龙虎的大玉璧，错金银狩猎纹的铜镜，以及铜和银质的人物像等，均为十分难得的

① 徐昭峰：《试论东周王城的宫城》，《考古与文物》2014 年第 1 期；徐昭峰、朱磊：《洛阳瞿家屯东周大型夯土建筑基址的初步研究》，《文物》2007 年第 9 期。
② 黄明兰：《洛阳历代皇陵》，《中原文物》1987 年第 7 期特刊。
③ 李德方：《东周王陵分区考辨》，《中原文物》1987 年第 7 期特刊。
④ 吴迪、李德方：《东周王城内大墓与东周王陵》，《中国古都研究》（第二十三辑），三秦出版社，2008 年，第 412 页。
⑤ 潘付生、李惠君：《洛阳西周君陵墓位置探析》，《中原文物》2011 年第 6 期。

艺术珍品。从出土的带铭文器物来看，这批古墓的年代为战国时期，下限到战国晚期。从墓葬的形制、规模及出土器物的工艺水平分析，金村古墓应为东周王室墓葬，或称之为东周王陵。

周山陵区没有进行过考古发掘，但从文献记载可知，这里有周王的陵墓。《皇览》云："周灵王葬于河南城西南，周山上。盖以王生而神，故谥曰灵，其冢，人祠之不绝。"《水经注》"洛水条"有云："经周山，上有周灵王冢。"

4. 手工业遗存

王城的手工业作坊区位于宫殿区以北的今王城公园、小屯一带。从发掘的情况看，这些作坊涵盖了制陶、制玉、制石、制骨等多个领域，应该能够完全满足当时的需要。另外，在这一区域也发现了很多窑场，从种类看分为制陶、制瓦、制砖、制坩埚等。20世纪50年代，在小屯村北、东干沟村东北，发现了一片规模很大的战国时代烧制陶器的窑场遗址（图二七）。这片窑场从战国中叶一直沿用到西汉初年。在窑场的附近，还发现一座属于战国时期的房子，应该是当时制作陶器的手工业作坊或陶工的居址。在窑场的南方，地面上残存很多经过锉磨的骨料。在窑场的西南方，发现了制作铜器的陶范，范上还附着炼铜渣。这些遗迹现象充分说明这一带应该是手工业作坊的集中区域。1992年，在这一区域又清理了一座烧造冶炼工具的古窑址。1998年，又发现了18座战国时期的陶窑，清理了其中的17座（Y9未清理），但是这些窑址大部分都较小，以圆形和椭圆形为主。

图二七　东周王城窑址遗迹

5. 仓窖群

仓窖区位于东周王城南城墙的北边，宫殿区的东南部，汉代河南县城南城墙中段南部一带。这里地势较高，土质坚实，雨水容易流泄；地理位置优越，南距洛河很近，漕运也很方便。

考古发现的仓窖群共74座仓窖，分布在南北长约400、东西宽约300米的范围内。它们分布密集，由东向西、由南向北大体成行成排。仓窖为圆窖，口大底小，纵剖面呈倒置的等边梯形。一般口径 10 米左右，深 10 米左右。筑窖程序大致为先清出灰坑，然后填土夯实，再挖窖、修壁，最后铺设防潮设施。仓窖的使用年代应为战国中期至晚期。从仓窖的数量和规模可以看出，东周时期的居民数量以及农业生产力水平应该是相当高的。另外，在这一区域内，还勘探出大量的夯土堆积、宽阔的道路和东断崖下的河道迹象。

（三）文化遗产资源分析

东周王城遗址位于现代城市的商业和生活中心，受到城市发展建设的威胁十分严重，除了西北角的一段城墙裸露在地表，受到自然和人类活动的破坏之外，其余城墙全部叠压于现代城市之下。因此，考古发掘区域有限，大遗址的保护工作面临很多困难。

东周王城遗址作为洛阳的五大都城遗址之一，无论在中国古代的政治、经济、文化、军事等方面，还是在城市的布局建设等方面都有着其他遗址不可替代的作用。因此，只有厘清东周王城的历史沿革、城市布局、结构及演变等基本概况，才能够全面、真实地了解和掌握东周历史、中国古代都城发展史，同时，也有助于对东周王城遗址的保护利用。

对东周王城遗址的考古发掘和研究，有助于正确认识王城的布局、范围和演变。对于东周王城的结构布局，过去的人们依据《周礼·考工记》关于古代城市建筑技术，画出了东周王城的复原图，并称它是世界上有史以来第一座经过详细规划的城市。另外，清代戴震《考工记图》《玉海》所附王城示意图也是依据《周礼·考工记》画出的复原图形。基于此，有的古文献甚至标示出东周王城四面共 12 座城门，每面各有 3 个，每座城门均有 3 个通道，城内设经、纬大道各 9 条。南有圉门，北有乾祭门，东有鼎门等。王宫建在中央大道上，王宫前面建有殿庭，后面建有商贸市场；王宫的右侧建有神坛社稷，左侧建有宗庙祖堂，城南三十里建有明堂。这是我国古代典型的"前朝后市、左祖右社"的建筑布局。但这种"理想化"的布局和考古勘探、发掘的结果有很大的偏差。经过 50 多年的考古发掘和许多考古工作者的研究，现在对东周王城的布局与范围已经有了比较深入的认识。

东周王城宫殿区的布局具有承前启后的特征。根据考古发掘资料，可将东周宫殿建筑的特点和宫殿的布局概括为以下几个特征。第一，夯土基址和夯土墙基都建造在生土上，遇到灰坑和虚土就清理干净，以此来增加夯土建筑的坚固性。这一现象并不少见，如在郑州商城遗址的城墙建筑中就有发现。另外，有的夯土墙基直接建筑在夯土基址上，这样有更强的坚固性。第二，为了增加夯土墙基的耐用性，有的用鹅卵石铺散水，有的用板瓦、筒瓦加以保护。第三，夯土基址内都有排水管道或与之相关的排水设施，既便于生活，又利于夯土基址的保护。第四，用人工沟渠、自然河流将夯土建筑外围墙与其他区域隔开，这样有利于保障宫殿和王室贵族们的安全。第五，宫殿区以主体殿堂为中心，左右对称布局，自成一体。主体殿堂一般为四阿重屋式的建筑，左右有对称的厢房。在整个封闭性的院落内又分成许多相对独立的小单元，这些小单元呈四合院形，一般也以中轴线为中心左右对称。这些特征在偃师二里头宫殿基址、郑州商城宫殿基址、偃师商城宫殿基址、汉代长安城宫殿基址中都有所反映，其承前启后的作用不容忽视。

王陵探索的研究在历代考古当中都具有十分重要的地位，东周王城也不例外。但是，与历史时期浩瀚如烟的文献记载不同，关于东周王陵的文献资料却少得可怜。《水经注》卷十五《洛水注》记载："（洛水）枝渎又东，径周山，上有周灵王冢……又东北，径三王陵，东北出焉。三王或言周景王、悼王、定王也。……今陵东有石碑，录赧王以上世王名号，考之碑记，周墓明矣。"此条文献所说周山，位于今洛阳市西南，东北距东周王城遗址约 3.5 千米。周山顶部现存 4 座高大的封土堆，东西一字排开，东边三座连为一体（中间一座略高于两侧），俗称"三王冢"或"三山"；西边一座独立，俗称"灵王冢"，相传为周灵王的陵墓所在。考古工作者曾对这些封土堆进行钻探，发现它们并非自然形成。重要的是，在这些封土堆下发现有斜坡墓道的迹象。这充分说明其为古代高级别的墓葬无疑，结合有关文献记述，它们属于东周时期王陵的可能性较大。

东周王城陵区的探索与发现始于 20 世纪 50 年代，且全部通过考古的途径来进行。早在 1957 年，中国科学院考古研究所洛阳发掘队就在洛阳小屯村东北，汉代河南县城东北城角外，发掘了一座战国时期的带有长墓道的大型墓葬。通过在该区域的钻探发现，同样级别的大墓共有 4 座，且相互毗连，墓道全部为南北向。之后，随着考古发掘工作的持续开展，新的考古材料不断涌现。通过半个多世纪的努力，截至目前，基本上可以认为，在东周王城遗址的东部，沿城墙内侧南北一带，就是王城陵区所在地，同时也为王室贵族墓葬的分布区。近年来，大量陪葬坑在这一区域发现即是佐证。

关于洛阳东周墓葬的考古分期，也是学界关注的热点之一。目前，东周墓葬的分期主要是根据洛阳中州路（西工段）82 座东周墓中随葬的成组陶器进行的。这些陶器大多为明器，按其用途可分为炊具、盛食器、水器、盥洗器四类，其中炊具有鬲、鼎、甗、釜，盛食器有盆、簋、盒，水器有罐、壶、杯、缸，盥洗器有盘、匜等。每座墓中陶器的组合虽然不一定总有盥洗器，但一般都有炊器、盛食器和水器三种。在全部随葬陶器的东周墓中，三类俱全、器形分明的共 82 座，按其种类和器形形制的不同，可分为 34 种不同的组合。根据罐、鬲、豆、壶、盒等几种主要器类不同形制出现的早晚先后，大体上可以将这 34 种组合归纳划分为先后联系发展的七种组合。每一个组合都为一个时期，这样整个东周墓就可分为七期：一期为春秋早期，二期为春秋中期，三期为春秋晚期，四期为战国早期，五、六期为战国中期，七期为战国晚期。

目前，东周王城的城垣轮廓、内部布局、范围已经比较清晰地反映出来。但是，仍然有许多关键的环节无法解决，如城门、道路等，还有待进一步考古发掘和研究。

东周时期是中国历史上的一个大变革时期。一方面，平王东迁，王室衰微，周王的影响力和号召力不可同日而语。另一方面，诸侯强大，礼崩乐坏，社会上出现了许多崭新的、进步的因素。这一时期，也是中国古代文化最活跃、最繁荣的一个时期，诸子百家相继诞生，而百家争鸣又极大地促进了社会的发展。这些变革和发展在东周王城中都有着比较明显的反映，因此，东周王城在中国古代政治、经济、文化、军事等方面都具有极其重要的地位。保护利用东周王城独有的历史文化资源，对于全面、深刻地认识当时的社会变革具有极其重要的意义。

第五节　河洛三代大遗址文化遗产资源的优势

洛阳三代大遗址延续时间长，既有关联性又有自身的特点。每个遗址都代表和反映着一个朝代、一个时期的社会发展史。洛阳具有 1500 多年的建都历史，二里头遗址、偃师商城遗址、东周王城遗址、汉魏洛阳故城遗址、隋唐洛阳故城遗址五大都城遗址见证了中国夏、商、周、汉、魏、晋、隋、唐、五代等多个朝代的兴衰更替，是中国古代三千年历史的见证（图二八）。与其他地区的大遗址相比，洛阳的大遗址历史文化资源又具有以下几个优势。

图二八　洛阳五大都城遗址

一、洛阳大遗址规模大、分布集中

洛阳的大遗址主要包括二里头遗址、偃师商城、东周王城、隋唐洛阳城、汉魏洛阳故城、邙山陵墓群。其中，在洛河两岸东西不足 50 千米的范围内，分布着五大都城遗址，面积约 3 万平方千米的二里头遗址和偃师商城遗址、面积约 10 万平方千米的东周王城遗址、面积有 100 万平方千米的汉魏洛阳故城、面积约 47 万平方千米的隋唐洛阳城。邙山陵墓群主要分布在邙山南部。这六处大遗址中邙山陵墓群汇集了两周、两汉、曹魏、西晋、隋、唐、五代、宋、金、元、明、清等各个时期、各种类型的古代墓葬,即使在世界范围内也极为罕见。

二、洛阳大遗址等级高

由于洛阳大遗址多为都城和陵墓群性质,因此它的等级也是别的遗址难以匹敌的。二里头遗址、偃师商城、东周王城、汉魏洛阳故城、隋唐洛阳城均为都城遗址,规模大、等级高,俗称"五都荟洛"。它们都是当时中国的政治、经济、文化中心,这是其他一般的城址无法比拟的。邙山陵墓群的规模更是庞大,涵盖了20多个乡镇,西至孟津县常袋乡酒流凹村—洛阳市郊红山乡杨冢村一线,东至偃师山化乡南游殿村—山化乡忠义村一线,大致呈东西向长条形分布,邙山陵墓群面积为756平方千米。邙山陵墓群集中了六个朝代的帝王陵墓及陪葬墓,包括8座东周时期的王墓、5座东汉帝陵、1座曹魏帝陵、5座西晋帝陵、4座北魏帝陵、1座五代后唐帝陵。

三、洛阳大遗址价值突出、内涵丰富

洛阳地区的大遗址不仅规模大、等级高,而且蕴含了巨大的历史文化价值、科学文化价值、艺术价值和社会价值。洛阳大遗址以都城为主。都城作为国家的政治、经济、文化中心,反映了那个时代的手工业、科学技术、文化艺术的发展水平。都城遗址的发现事关中华文明起源和发展的重要问题。二里头遗址的发现,改变了夏文化研究的领域和视野,二里头文化主体为夏人遗存、二里头是夏王朝中晚期都城的观点逐渐成为主流,二里头遗址对研究华夏文明的渊源、城市的起源、国家的兴起、王都建设、王宫定制等重大问题都具有重要意义。偃师商城作为我国发现得最早的、保存最完整、文化内涵最丰富的商代早期都城遗址,是夏、商王朝的分界线,是夏商文化发展的见证,其都城规划、布局是中国古代都城制度的典范,在我国古代都城建筑史上有承前启后的作用。汉魏洛阳故城是我国所有都城遗址中定都时间最长、规模最大且保存较为完整的古城遗址,对研究当时社会的政治、经济、军事、交通、文化等都具有无可替代的意义。另外,邙山陵墓群现存的多个朝代的帝陵及陪葬陵,也是研究古代陵寝制度、宗法礼制、埋葬习俗等问题的重要实物资料。

四、洛阳大遗址考古发掘深入、研究成果丰富

考古发现和发掘是大遗址保护工作的前提,为编制科学规划和实施保护提供了前期准备和科学依据,是开展大遗址保护工作的坚实基础[①]。洛阳的大遗址从首次发现

① 洛阳市文物管理局:《洛阳大遗址研究与保护》,文物出版社,2009年。

到现在，在考古发掘方面均取得了丰硕的成果，许多成果已经成为中国考古学的里程碑。二里头遗址发掘面积 4 万余平方米，是目前可以确认的中国最早的都城遗址，有着"华夏第一都"之称，相关的研究文章达 800 多篇。偃师商城被列为 1983 年世界十七大考古发现，2001 年被评为"中国 20 世纪百项考古大发现之一"。考古工作者经过二十多次有计划的科学发掘，在偃师商城范围内发现了大城、小城、宫殿三重城垣以及多组宫殿建筑基址、房址、手工业作坊、墓葬等遗迹，为商都"西亳说"提供了重要依据。东周王城遗址的发掘，厘清了王城的具体位置、布局和范围以及演变过程，六马驾一车的车马坑遗存印证了古文献中"天子驾六"的记载。

第六节　洛阳三代大遗址都城文明研究的学术价值与意义

近年来，洛阳大遗址的考古发现和发掘工作捷报频传。这些充分的考古工作和丰富的田野资料，为进一步探讨河洛三代都城的文化内涵提供了翔实的实物资料；同时既有的基础性和整合性研究又有助于深入、系统地开展研究。另外，随着洛阳大遗址发掘报告的相继出版，目前，三代都城的范围、布局形制及其发展变化等问题已基本廓清，学界对三代都城有了更加深入、全面的认识，这为重建三代历史搭建起了框架雏形。

洛阳三代大遗址文化遗产资源丰富，对这些文化遗产进行研究，发掘它们的价值一直以来都是学术界关注的重要课题之一。在众多的研究成果中，三代都城文明研究一直是国内外学者关注的焦点，目前已经取得了令人瞩目的丰硕成果，主要表现在以下几个方面。

一、新砦期遗存推动早期夏文化的进一步探索

夏代是中国古代最早建立的王朝。根据《史记·夏本纪》和《竹书纪年》的记载，夏代自禹开始至桀灭亡，历 14 世 17 王，共 470 余年。根据文献记载，与夏人的活动密切相关的区域有两个：一是河南西部洛阳附近的伊、洛河下游地区；二是山西西南部的汾水下游、涑水附近。因此，寻找和探索夏文化的工作，主要应在夏人活动的这两个地区进行。目前学术界多将二里头文化作为夏文化探索的对象，如邹衡提出"二里头文化一、二、三、四期为夏文化"[1]。但是，二里头文化的 ^{14}C 测年数据显示，其上限不会超过公元前 1900 年，最新的测年数据甚至更晚，这与公认的夏王朝开始于公元前 21 世纪还有一定的差距。因此，二里头文化绝对不是全部的夏文化，只是中晚期的

---

① 邹衡：《夏商周考古学论文集》（再续集），科学出版社，2011 年。

夏文化，或者说夏文化的一部分。那么夏人究竟从何而来？早期夏文化又会是哪些考古学文化？这些问题就成为近年来学界关注的重点。其实，很早以来，安金槐、杜金鹏、李伯谦等先生就认为龙山文化晚期已经进入夏代纪年，处于河洛地区的王湾三期文化和新砦期文化应该成为人们探索夏文化的对象。王湾三期文化和新砦期文化与二里头文化有着明显的传承关系，尤其是新砦期文化，不仅与夏族活动地望相符，而且一些遗址在聚落规模、形态结构、社会经济发展等方面都表现出明显的"王都"气象。特别是新密新砦、巩义花地嘴等新砦期大型中心聚落的发现，为进一步探索早于二里头文化时期的夏代早期文化创造了条件，有力地推动了早期夏文化的研究和探讨。

二、二里头遗址与中国早期国家的确立

新砦期文化之后，进入二里头文化时期，社会发展到一个崭新的阶段，中原地区第一次进入一个文化面貌比较统一的时期。此时作为国家出现的主要要素在二里头文化都已经完备，主要表现如下。

（1）遗址方面，出现了总面积达300万平方米的大型中心遗址，如二里头遗址。二里头遗址规模大、等级高、布局严谨、层次分明，具有十分明显的"王都"气象。

（2）宫城和大型宫殿建筑基址群方面，在二里头遗址发现了方形的宫城遗址，在宫城之中已经发现了将近10座大型宫殿基址。宫城的兴建是社会等级分化、阶级矛盾加剧、国家诞生的一个重要表现。从此，高高耸立的城墙将统治阶级和社会大众严格区分起来，在城墙之内统治阶级高高在上，作威作福；城墙之外，社会大众卑躬屈膝，苟延残喘。

（3）墓葬方面，二里头遗址发现了大批墓葬，这些墓葬可划分出明显的等级序差。就目前的情况来看，二里头时期的王陵还没有发现，二号建筑基址北面的大型墓葬是否为王陵仍有很大的疑问。现在发现的等级最高的墓葬应该是随葬大量的青铜器和玉器的贵族墓葬，在这些墓葬里，发现的随葬品包括成组青铜容器和兵器、镶嵌绿松石的铜牌饰、精美玉器、漆器、陶礼器等。除此之外，二里头文化还发现了大量随葬一般器物的墓葬，甚至无任何随葬品的墓葬和乱葬，它们应该是平民和奴隶的墓葬。二里头文化的墓葬显示二里头从上至下存在着王—贵族—平民—奴隶四个阶层，它们就像金字塔一样，稳定而牢固，这是社会进入文明阶段的突出表现。

（4）青铜器方面，在二里头遗址不仅发现了大型青铜冶铸作坊遗址，还出土有成组的青铜容器和兵器，如鼎、爵、斝、盉等，使中国真正进入到青铜时代。因此，二里头文化也是我国最早的青铜文化。

（5）其他礼器方面，二里头遗址不仅发现了具有等级色彩的青铜礼器，还出土了很多其他材质的礼器。二里头文化的陶质礼器十分丰富，主要是作为酒器的鬶、盉、爵、盉，它们制作精细，往往采用稀有的白陶制作，显然是高等级的贵族才能使用的

物品。玉礼器也极为重要，典型的器物有玉璋、多孔刀、圭、钺、戚、琮等。陶礼器、玉礼器和青铜礼器一道构成了二里头文化的礼器群，彰显了中国古代独有的礼乐制度的厚重与久远。礼器是礼制的物化变现形式之一，正所谓"器以藏礼"。礼器发挥着"辨等差、明序列"的重要作用，是中国古代国家，尤其是夏商周三代政治制度的一个重要表现。

（6）文字方面，尽管目前二里头文化还没有发现明确的文字迹象，但是在很多器物上发现有刻划符号，这些刻划符号已经具备了文字的某些功能。当然，如果从殷墟甲骨文的发展成熟度推测，二里头文化具有文字是毋庸置疑的。目前考古没有发现文字，最大的原因当是文字的载体不易保存。

（7）社会结构方面，二里头文化的社会结构十分稳定。在二里头都城遗址之外，目前还发现有一些中型的城址，如郑州大师姑、新郑望京楼、夏县东下冯等，而在这些中型遗址之外又分布有密集的面积 10 万平方米左右的小型遗址。都城遗址、中型遗址和小型遗址形成了"都、邑、聚"结构齐全的聚落结构，是社会进入国家的一个重要表现。二里头文化这种稳定的结构也是我国古代文献中"贡赋制度"的一个重要反映。

毫不夸张地说，二里头文化已经进入到早期国家阶段，这是东亚地区目前已知的最早的广域王权国家。准确地说，二里头文化所代表的国家就是文献中记载的夏王朝。

三、偃师商城与夏商分界、早商都城制度的探讨

^{14}C 测年数据显示，二里头文化的末段已经跨入商代纪年，处在夏商更替的重要历史时期，研究二里头文化晚期与二里冈文化的关系也是二里头文化研究的一个重点，对于解决夏商文化的关系具有重要意义。在这一问题上，偃师商城的发现具有里程碑的意义。

第一，偃师商城小城始建年代的确立，是判断夏商分界的一个重要标志。夏商分界历来是学术界争论的一个焦点，大家聚讼已久，莫衷一是。二里头文化的每个期段之间都有学者认为是夏商的分界。这些认识大多基于考古学文化因素的研究，因而带有很大的主观性和臆造性。但是，偃师商城小城的建立将夏商分界的问题提升到军事的斗争、政权的更替等方面进行考虑，然后再结合文献记载，更能得出准确、真实的答案。可以说，偃师商城在洛阳地区的出现，已经无可辩驳地表明商王朝的军事势力已经伸入和渗入夏王朝的统治中心。统治中心既已被敌酋占领，那么这个王朝离灭亡只是朝夕之事。所以，偃师商城最早的小城的建立就应该是夏商王朝的分界。

第二，偃师商城布局与结构的廓清对于探讨商城的性质以及商代早期的都城制度有着重要的借鉴意义。夏王朝既已灭亡，但是偃师商城并没有废弃。这就充分说明，偃师商城并不是临时性的军事据点。从目前的考古发现来看，偃师商城和郑州商城所

处的时间大体相同。我们知道，郑州商城无论从规模、等级，还是从出土遗物来看，毫无疑问都是都城遗址。准确地说，郑州商城是亳应该是没有多大问题的。郑州商城是亳都，那么偃师商城的性质又如何呢？这一问题学界也是争议不断，有军事重镇说、西亳说、桐宫说、陪都说等。从目前的考古发现来看，偃师商城遗迹丰富，遗物不多，应该不是当时商王朝的政治中心，很有可能就是当时的一个军事中心，但在某些时期也具备都城的功能。

四、对都城制度方面的探讨将进一步深化

古代都城作为国家的政治中心和文化礼仪活动中心，其重要物化载体就是政治统治活动平台的宫殿宗庙及其他礼制建筑。作为文化礼仪活动平台的宫殿、王陵及祭祀遗址的分布位置、建筑形制的变化，都与都城的社会形态变化密切相关。宫殿建筑是当时最高营造技术的展现，是手工业发展的缩影，古代文献为三代都城文明的研究提供了重要线索。目前对河洛三代都城文明的研究大多停留在都城形制的描述以及史料验证阶段，除了解都邑范围、年代分期之外，有必要将重点放在探讨都城布局形制、发展变迁原因等方面，并结合手工业作坊、其他族居遗址等整体考虑，然后结合古代文献资料对三代都城制度进行深入探讨。

五、洛阳三代都城形态对中国古代都城制度的影响

三代王朝是中国古代王朝的发端，都城制度开启了中国古代都城建制的先河，也是此后汉唐时代都城形态的祖形。然而迄今为止在中国古代都城研究领域，研究课题所涉及的范围大多局限于商代之后、战国以来的成熟形态都城研究，而较少关注古代成熟形态都城的源头——夏商时期都城形态对中华文明的影响。夏商周时期的都城二里头遗址、偃师商城、周代王城等主要集中在洛阳盆地之中，且延续关系明确。因此对它们的研究必将有助于解决夏商都城之间的相互关系以及夏商时期都城的建制形式。在此基础上可以探讨三代都城在中国古代都城形制完善过程中的作用和影响。此外，对它们的研究有助于我们从国际视野下，利用多角度研究中国早期王朝国家都城形态对东亚古代都城制度的影响。当然，在三代都城文明的研究中，一定要结合世界上先进的理论和方法。例如，根据人骨材料进行人口、年龄、性别、病理和聚落人口结构的分析，推断三代居民的健康状况、劳动习惯和饮食文化；利用图像技术复原三代建筑、都城规划，探究都城迁移原因，解释都城发展演变机制等。

六、大遗址保护和利用的可持续发展研究

在国家文物局的高度重视下，《偃师二里头遗址保护方案》《偃师商城的考古发掘

现场保护方案》都已经做好，当地政府和民众对于遗址的重要性都有深刻的认识。但如何使这些遗址发挥巨大的社会效益，即在继续推动学术进步的同时，很好地发挥弘扬传统文化、教育鼓舞群众、促进当地社会全面发展，已成为以后必须解决的一个重大问题。这也是三代都城文明研究的最终目标，我们将在全面了解河洛地区当前大遗址保护现状的基础上，找到适于河洛地区三代遗址保护的途径，发挥大遗址在区域建设中的作用，探索大遗址保护的有效途径。

可以说，三代都城文明的研究在传承华夏文明，向世界展示悠久的中华传统文化，促进大遗址所在地社会经济文化发展等方面发挥着重要作用，对于推动地区经济和社会发展，也具有多方面的重要意义。

第四章　洛阳大遗址保护的原则、依据和价值评估

第一节　洛阳大遗址保护的原则

由于历史文化资源是前人留给我们的宝贵财富，具有不可再生性、不可替代性、稀缺性和整体性等特点，这就要求我们在对历史文化的保护过程中，一定要坚持特定的原则。

1. 整体性

所谓整体性，就是从城市全局和城市的整体发展来做好历史文化的保护工作，而不是单纯地考虑保护一些历史遗迹和历史建筑。一个历史文化遗存是连同其环境一同存在的，因此对它的保护不仅是保护历史遗存本身，还要保护其周围的环境，特别对于城市、街区、地段、景区、景点，要保护其整体的环境，这样才能体现出历史遗存的原有风貌。

整体性体现在两个层面，一方面是范围的完整，文化遗产自身是一个整体，又和周围的环境相互依存、和谐共生，少了任何一部分都会损其价值，这就要求我们既要保护文化遗产本身，又要保护其依存的环境，不能只关注单个的"点"而形成"孤岛"现象。另一方面是文化意义上的完整，这就要求我们不能只保护物质的实体，还要关注相关联的历史文化，将物质文化的保护与非物质文化的保护紧密结合起来，做到有声有色，有形有韵。

2. 原真性

又可称作原生性、真实性、正确性，主要有原始的、原创的、非复制的、非仿造等方面的意思，要求在历史文化的保护中不能改变城市文化遗产的历史原状。在文化遗产的保护、维修、整治和修复中，要"整旧如故"，"以存其真"，应该使其"延年益寿"，而不是"返老还童"。保护各种形式和各历史时期的文化遗产要基于遗产的价值，而人们认识这价值的能力相当一部分要依赖于这些与价值有关的信息源的可信性和真实性，因此就有原真的要求。信息源包括形式与设计、材料与物质、使用与功能、传统与技术、位置与环境、精神与感受以及其他内在的、外部的因素，用这些信息源来检验文化遗产在科学、历史、艺术及社会等方面的详尽状况。其中，有形文化遗产不

能再生、无可替代，一毁损便永远失去，保护此类遗产就是要保护它的原真性，保护其在产生发展过程中所获得的有意义的科学、历史、文化和情感信息，保护其所置的自然人文环境，不能使其脱离所依存的环境而孤立存在。无形文化遗产保护的基点也在原生性和真实性，只是更注重承传，是一种以人为本的动态延续。

3. 可持续性

可持续性是历史文化保护的最高原则，要求既要满足当代人需要而又不妨碍后代人的需要能力，包括经济、社会、文化和生态等诸方面的内容。因此，在历史文化的保护中，要协调好与经济建设、政治建设、社会建设、生态文明建设的关系，达到城市物质文明、精神文明、政治文明的协调发展。历史文化的保护就是要保护其历史、科学、艺术和情感等方面的价值不被破坏，并能够传承给子孙后代，在保护的基础上探求合理的发展利用方式，而不是将其封闭起来为保存而保存，而且从某种程度上讲，对历史文化的合理利用将有利于它的保护。

4. 可读性

历史文化反映的是历史时期人们的社会生产与生活状况，这就要求在历史文化的保护中，一定不能毁坏它的历史痕迹，抹掉它的"历史年轮"，要使人们通过欣赏历史遗存而能够直观、准确地领略到它的历史文化。另外，历史文化的保护也要具备一定的观赏性和层次性，以满足不同层次人群的需要，如既可激起科学家探究的兴趣，也可满足旅游者的好奇心理。

第二节 洛阳大遗址保护的依据

历史文化保护是城市文化建设的一项重要内容，关系到社会主义文化的大发展、大繁荣。因此，历史文化的保护就一定要体现近年来国家关于文化建设的导向，并在相关的法律规范、理论体系内进行。

1. 政策

①《中共中央关于深化文化体制改革推动社会主义文化大发展大繁荣若干重大问题的决定》，②《国务院关于支持河南省加快中原经济区建设的指导意见》，③《国务院关于加强文化遗产保护的通知》，④《国务院办公厅关于进一步加强文物安全工作的实施意见》，⑤《国务院关于进一步加强文物工作的指导意见》，⑥《河南省人民政府关于进一步加强文物工作的通知》，⑦《河南省人民政府关于落实文物保护工作"五纳入"的通知》，⑧《河南省人民政府关于加强大遗址保护工作的通知》，⑨《河南省人民政府办公厅关于进一步加强文物安全工作的实施意见》。

2. 法律法规

①《中华人民共和国文物保护法》，②《中华人民共和国文物保护法实施条例》，③《中华人民共和国城市规划法》，④《保护历史城镇与城区宪章》，⑤《考古遗产保护与管理宪章》，⑥《国家考古遗址公园管理办法（试行）》，⑦《河南省历史文化名城保护条例》，⑧《河南省实施〈中华人民共和国文物保护法〉办法》。

3. 规划策划方案

①《二里头遗址展示设计方案》，②《偃师商城遗址保护总体规划》，③《河南偃师商城考古遗址公园规划》。

4. 理论体系

①遗产学理论体系，②历史学、考古与博物馆学理论体系，③民俗学、宗教学理论体系，④城市规划学理论体系，⑤旅游学理论体系，⑥地理学理论体系，⑦建筑学理论体系，⑧生态学理论体系。

第三节　洛阳大遗址历史文化资源价值评估

价值评估是开展历史文化保护利用工作的重要环节。由于历史文化资源在年代、规模、内涵、属性、保存状况等方面存在诸多不同，这就决定了其价值也有很大差别。因此，只有在准确评估各类历史文化资源价值的基础上，才能对其进行科学、合理的保护，做到重点突出、层次分明、全面系统。文物古迹是历史文化资源的核心，同时也蕴含着丰富的历史文化信息。因此，对洛阳历史文化资源价值的评估其实就是对文物古迹价值的评估。价值评估是探讨文化遗产保护相关问题的基础。目前，国内外都建立起了文化遗产价值评估体系，形成了较为统一的判断标准。

《世界文化遗产公约实施指南（1987）》认为文化遗产的价值首先体现在其真实性上，可供参考的价值有情感、文化、使用价值。《中华人民共和国文物保护法》强调文化遗产的三大基本价值，即历史、科学与艺术价值。吴美萍概括的文化遗产的普遍价值除了与上述六种价值相同的提法外，单列出了经济、社会、生态、环境价值，但基本都包含在《世界文化遗产公约实施指南（1987）》和《中华人民共和国文物保护法》的内容之中[①]。许抄军以历史文化古城为研究对象，将其价值总结为利用价值与非利用价值两大类，利用价值是指"利用历史文化古城进行科学研究、文化教育、休闲游憩及居住所产生的经济效益"，非利用价值是指历史文化古城客观存在的以及供子孙后代或自己将来利用、现在没有直接使用的价值，"包括存在价值、遗产价值和选择

---

① 吴美萍：《文化遗产的价值评估研究》，东南大学硕士学位论文，2006 年。

价值"①。

　　洛阳的文化遗产资源大都经过科学发掘和调查，保存完整，尤其是偃师商城，经过发掘，我们可以了解其从始建年代到城市布局发展的全部历史信息，这体现出真实、全面的整体性价值。

　　在独特性和多样性方面，洛阳很好地体现了中国古代城市重叠式发展的历史特点，传统的格局和建筑形式延续至今。境内文化遗产资源丰富、类型多样，不仅有二里头等单个遗址，也有偃师商城、东周洛阳城、汉魏洛阳故城等大型遗址，具有涵盖新石器时代到明清遗存的独特价值。由于地理位置的特殊性和重要性，洛阳在历史上饱受自然和人为，如战争攻城的双重破坏，城市面貌不断变化，再加上中国传统的土木结构建筑不易保存，能形成今天洛阳的现状实属难能可贵。随着时间的推移，这些文化遗产资源的珍稀性会越来越凸显。

　　1964年《威尼斯宪章》就提出纪念物最重要的价值是它对人类历史的见证作用，不仅见证了它被创造时的社会经济、政治、文化等各方面的内容，而且它所经历的使用、修缮、改造，也见证了它存在的整个岁月中社会的发展与变迁。从这个角度看，历史价值是纪念物的核心价值。洛阳的文化遗产资源涵盖新石器时代到明清的遗存，不仅见证了"天下之中"，更重要的是对洛阳整个历史的见证。

　　《保护世界文化和自然遗产公约》指出，遗产是当前和将来文化的丰富与和谐发展的一个源泉，即其文化价值所在。洛阳代表了新石器时代中原仰韶文化和龙山文化、夏商周汉隋唐都城文化、明清地方行政中心文化发展的高峰，这些遗存共同奠定了今天洛阳深厚的文化根基。

　　洛阳丰富的文化遗产资源可供考古学、历史学、人类学、社会学、民俗学、建筑学、环境学等多学科开展研究。

　　综合来看，我们认为洛阳文化遗产资源的价值主要体现在真实性、完整性、独特性、多样性、珍稀性和历史文化价值、科学艺术价值、经济价值、环境价值、情感价值、实践价值等方面。

　　不同的主体对文化遗产的价值有着不同的认知，但这些价值彼此联系、相互依存，蕴含在文化遗产资源中。按照《中国文物古迹保护准则》规定，文物古迹的价值包括历史价值、科学价值、艺术价值三个方面，而每一种价值都有相应的评估内容。

　　历史价值的评估内容包括：①由于某种重要的历史原因而建造，并真实地反映了这种历史实际；②在其中发生过重要事件或有重要人物曾经在其中活动，并能真实地显示出这些事件和人物活动的历史环境；③体现了某一历史时期的物质生产、生活方式、思想观念、风俗习惯和社会风尚；④可以证实、订正、补充文献记载的史实；⑤在现有的历史遗存中，其年代和类型独特珍稀，或在同一类型中具有代表性；⑥能够展

---

① 许抄军：《历史文化古城游憩利用及非利用价值评估方法与案例研究》，湖南大学硕士学位论文，2004年。

现文物古迹自身的发展变化。

可将以上六个方面的评估内容细分为八个评价标准：本体变化、典型代表、建造原因、历史事件、重要人物、政治生活、社会经济、文化习俗。

艺术价值的评估内容包括：①建筑艺术，包括空间构成、造型、装饰和型式类；②景观艺术，包括风景名胜中的人文景观、城市景观、园林景观，以及特殊风貌的遗址景观等；③附属于文物古迹的造型艺术品，包括雕刻、壁画、塑像，以及固定的装饰和陈设品等；④年代、类型、题材、形式、工艺独特的不可移动的造型艺术品；⑤上述各种艺术的创意构思和表现手法。

可将以上五个方面的评估内容细分为六个评价标准：布局艺术、造型艺术、装饰艺术、景观艺术、创意构思、表现手法。

科学价值的评估内容包括：①规划和设计，包括选址布局、生态保护、灾害防御，以及造型、结构设计等；②结构、材料和工艺，以及它们所代表的当时科学技术水平，或科学技术发展过程中的重要环节；③本身是某种科学实验及生产、交通等的设施或场所；④在其中记录和保存着重要的科学技术资料。

可将以上四个方面的评估内容细分为六个评价标准：选址布局、生态保护、灾害防御、结构设计、技术水平、科研场所。

下面我们从历史、艺术、科学三大价值的二十个评价标准入手，对洛阳重要的文物古迹进行价值评估（表五）。

根据以上的评价体系，我们可以看出二里头遗址、偃师商城遗址、东周王城遗址、汉魏洛阳故城遗址、隋唐洛阳城遗址的价值最为突出，得分都在 90 分以上，它们理应成为建设大遗址公园考虑的对象。除了这些重大遗址之外，还有王湾遗址、西高崖遗址、孙旗屯遗址、东干沟遗址、灰嘴遗址、矬李遗址、小潘沟遗址、伊阙城遗址等遗址的得分在 70 分以上，它们的价值也十分突出，是建设小型遗址公园、博物馆、纪念馆优先考虑的对象。剩下的遗址得分在 70 分以下，数量众多，目前来说，对于它们应以保护为主，保持其原貌，免遭进一步的破坏。

表五　洛阳市重要文物古迹价值评估统计表

遗址	历史价值								艺术价值						科学价值						合计
	本体变化	典型代表	建造原因	历史事件	重要人物	政治制度	社会经济	文化习俗	布局艺术	造型艺术	装饰艺术	景观艺术	创意构思	表现手法	选址布局	生态保护	灾害防御	结构设计	技术水平	科研场所	
二里头遗址	5	5	4	5	5	5	5	4	4	4	4	5	5	5	5	5	4	5	5	5	94
尸乡沟商城遗址	5	5	5	5	5	5	5	5	5	4	5	4	5	5	5	4	5	5	4	5	96
洛阳东周王城	5	5	5	5	5	5	5	5	5	4	4	5	4	4	5	4	4	5	4	5	93
隋唐东都城	5	5	5	5	5	5	4	4	5	4	5	5	5	5	4	5	4	5	5	5	95
汉魏故城	5	5	5	5	5	5	5	5	5	5	4	5	5	4	4	5	5	5	5	5	97
刘国故城	5	4	4	3	4	4	3	4	4	4	4	3	4	4	5	4	4	4	3	4	80
宜阳韩都故城	5	5	4	5	4	5	3	4	4	4	4	3	3	4	4	3	3	4	3	3	78
北窑遗址	5	5	4	4	4	4	4	4	3	3	3	3	4	3	4	4	3	4	3	4	75
王湾遗址	5	5	5	5	5	4	5	5	4	3	4	4	4	4	3	3	3	4	4	4	81
土门遗址	3	5	5	5	4	4	4	4	4	3	3	3	3	4	3	4	3	3	4	4	77
新安函谷关遗址	5	5	5	5	5	5	5	5	5	5	4	4	3	4	5	4	4	4	4	4	90
东马沟遗址	3	4	3	4	3	3	4	3	3	3	3	3	3	3	3	4	3	3	3	4	64
史家湾遗址	3	4	4	4	3	3	4	5	3	3	3	3	3	3	3	2	3	3	3	4	65
东干沟遗址	3	4	3	4	4	4	3	4	4	4	3	3	3	4	4	4	3	4	4	5	72
禄地遗址	4	4	4	4	4	4	4	3	4	3	3	3	3	3	3	3	3	4	3	1	67
上店遗址	4	4	4	4	4	3	3	3	3	3	4	3	3	4	3	4	3	3	3	0	64
高平寨遗址	5	4	3	4	4	3	3	3	3	3	3	3	3	3	3	3	3	3	3	0	62
南岗遗址	3	4	5	5	5	3	3	3	3	2	3	3	3	3	3	3	2	3	3	0	62
邙沟遗址	3	4	3	3	3	3	3	4	3	3	3	3	3	3	3	3	3	4	3	0	61

续表

遗址	历史价值								艺术价值							科学价值					合计
	本体变化	典型代表	建造原因	历史事件	重要人物	政治制度	社会经济	文化习俗	布局艺术	造型艺术	装饰艺术	景观艺术	创意构思	表现手法	选址布局	生态保护	灾害防御	结构设计	技术水平	科研场所	
灰嘴遗址	4	4	4	4	4	4	3	3	4	4	4	4	3	4	4	3	4	4	4	4	76
樊李遗址	4	4	4	4	4	4	3	3	4	4	4	4	3	4	4	3	4	3	4	4	75
唐坡遗址	3	4	3	3	4	4	3	3	3	3	3	3	3	3	3	3	3	3	3	0	60
坡头遗址	4	4	3	4	3	4	3	3	3	3	3	3	3	3	3	3	3	3	3	0	61
安乐遗址	4	3	4	4	3	4	3	3	3	3	3	3	3	3	3	3	3	3	3	0	61
邵窑遗址	4	4	5	5	4	4	3	3	3	4	4	3	3	4	4	3	3	3	3	0	66
苏羊遗址	5	5	4	4	4	4	3	3	4	3	3	3	3	4	4	3	3	3	3	0	67
塌子头遗址	4	3	4	4	4	4	3	3	3	3	3	3	3	3	3	3	3	3	3	0	63
白元遗址	4	4	4	4	4	4	3	3	4	3	4	3	3	4	4	4	4	4	4	4	74
古严庄遗址	4	5	5	5	4	4	3	3	4	3	3	3	3	3	2	3	3	3	3	0	65
黄龙庙遗址	4	5	4	3	4	4	3	3	4	3	3	3	3	3	3	3	3	3	3	0	64
挖塔遗址	4	4	4	4	4	4	3	3	3	3	3	3	3	3	3	3	3	3	3	0	63
瞿家屯建筑遗址	3	4	4	4	3	4	3	3	4	3	3	3	3	4	3	3	3	3	3	0	63
古滏城遗址	5	5	4	4	4	4	3	3	4	3	3	3	3	3	3	3	3	3	3	0	65
水利设施遗址	4	5	4	4	4	4	3	3	3	3	3	3	3	3	3	3	3	3	3	0	63
瓦窑遗址	4	4	4	3	4	4	3	3	3	3	4	3	3	3	3	4	3	3	3	0	65
高崖遗址	4	4	4	4	4	4	3	3	4	4	3	3	4	4	3	3	4	4	4	4	79
盆窑遗址	5	5	5	4	4	4	3	3	3	3	3	3	4	3	3	3	2	3	3	0	66
寨湾遗址	4	5	4	4	4	4	3	3	4	4	3	3	3	3	3	4	3	3	3	0	66

续表

遗址	历史价值								艺术价值						科学价值						合计
	本体变化	典型代表	建造原因	历史事件	重要人物	政治制度	社会经济	文化习俗	布局艺术	造型艺术	装饰艺术	景观艺术	创意构思	表现手法	选址布局	生态保护	灾害防御	结构设计	技术水平	科研场所	
柿林遗址	4	4	4	4	4	4	3	3	3	3	3	3	3	3	3	3	3	3	3	0	63
寺河南遗址	3	5	4	4	4	4	3	3	3	3	4	3	3	3	3	3	2	3	3	0	63
新庄遗址	4	4	4	4	4	4	3	3	3	3	3	3	3	3	3	3	3	3	3	0	63
新庄窑窖遗址	4	4	4	4	4	4	3	3	3	3	3	3	3	3	3	3	3	3	3	0	63
小潘沟遗址	5	5	4	4	3	4	3	4	4	4	4	3	4	3	4	3	3	3	3	2	70
薄姬岭遗址	4	4	5	4	4	4	3	4	3	5	3	3	3	3	3	4	3	3	3	0	67
大洋河遗址	4	4	4	3	4	4	4	3	5	3	3	3	3	3	3	3	3	3	3	0	63
班沟遗址	4	3	4	4	4	4	3	3	5	3	4	3	3	3	3	3	3	3	3	0	62
蝙蝠洞遗址	4	4	5	4	4	4	3	3	3	3	4	3	3	3	3	2	3	3	3	0	64
龙泉洞遗址	4	4	5	5	5	5	5	5	5	5	5	5	5	4	4	4	4	3	4	0	87
孙家洞遗址	4	4	4	4	5	4	4	3	4	3	3	3	4	3	4	4	3	3	3	0	67
北冶窑窖遗址	4	4	4	4	4	4	4	3	3	3	3	3	3	3	3	3	3	3	3	0	64
下村遗址	4	4	4	4	5	4	4	3	3	3	3	3	3	3	3	3	3	3	3	0	65
苗南绕窖遗址	4	4	4	4	5	4	4	3	3	3	3	3	3	3	3	4	3	3	3	0	65
西陡沟遗址	4	4	4	4	5	4	4	3	3	3	3	3	3	3	3	3	3	3	3	0	65
冯庄遗址	4	4	4	4	5	4	4	3	3	3	3	3	3	3	3	3	3	3	3	0	65
五女冢遗址	4	4	4	4	5	4	4	3	3	3	4	4	3	4	3	3	4	4	3	4	74
寨坪遗址	4	4	4	4	5	4	4	3	3	3	3	3	3	3	3	3	3	3	3	0	65
白湾遗址	4	4	4	4	5	4	4	3	3	3	3	3	3	3	3	3	3	3	3	0	65

续表

遗址	历史价值								艺术价值						科学价值						合计
	本体变化	典型代表	建造原因	历史事件	重要人物	政治制度	社会经济	文化习俗	布局艺术	造型艺术	装饰艺术	景观艺术	创意构思	表现手法	选址布局	生态保护	灾害防御	结构设计	技术水平	科研场所	
汉河南县城	5	5	5	4	5	4	4	5	4	4	4	4	5	3	4	3	4	4	3	0	79
林校遗址	4	4	4	4	5	4	4	4	4	5	4	4	4	3	4	4	4	4	3	0	77
唐寺门遗址	4	4	4	4	5	4	4	3	3	3	3	3	3	3	3	3	3	4	3	0	66
塔湾遗址	4	4	4	4	4	4	4	3	3	3	3	3	3	3	3	3	3	3	3	0	64
十里铺遗址	4	4	4	4	4	4	4	3	3	3	3	3	3	3	3	3	3	3	3	0	64
西吕庙遗址	3	3	4	4	4	4	4	3	3	4	3	3	3	3	4	3	3	3	3	0	64
古甫寺遗址	4	4	4	3	4	4	4	3	3	3	3	3	3	3	3	3	3	3	3	0	63
尚回遗址	4	3	4	4	4	4	4	3	3	3	3	3	3	3	3	3	3	3	3	0	63
东寨村西遗址	3	4	4	4	4	4	4	3	3	3	3	3	3	3	3	3	3	3	3	0	64
营花寨遗址	4	4	4	4	4	4	4	3	3	3	3	3	3	3	3	3	3	3	3	0	64
马洞南遗址	4	4	3	4	4	4	4	3	3	3	3	3	3	3	3	3	3	3	3	0	63
孙旗屯遗址	4	4	4	4	3	4	4	3	3	3	4	4	4	3	3	4	4	3	3	4	72
西高崖遗址	3	4	4	4	3	4	4	3	3	3	3	3	3	3	3	3	3	3	3	0	63
半个店遗址	4	4	4	4	3	4	4	3	3	3	3	3	3	3	3	3	3	3	3	0	63
同山寨遗址	4	4	4	4	4	4	4	3	3	4	3	3	3	3	4	4	3	3	3	0	65
柳行遗址	4	4	4	4	5	4	4	3	3	3	3	3	3	3	3	3	3	3	3	0	65
杨岔遗址	3	4	4	4	4	4	4	3	3	3	4	3	3	3	3	3	3	3	3	0	64
广化寺	4	4	4	4	5	4	4	3	3	4	3	3	3	3	4	3	3	3	3	0	66
黑王遗址	4	4	4	4	5	4	4	3	3	3	3	3	3	3	3	3	3	3	3	0	65

续表

遗址	历史价值								艺术价值						科学价值						合计
	本体变化	典型代表	建造原因	历史事件	重要人物	政治制度	社会经济	文化习俗	布局艺术	造型艺术	装饰艺术	景观艺术	创意构思	表现手法	选址布局	生态保护	灾害防御	结构设计	技术水平	科研场所	
齐村遗址	4	4	4	4	5	4	4	3	3	3	3	3	3	3	3	3	3	3	3	0	65
夏庄遗址	4	5	4	4	3	4	4	5	5	5	5	5	5	4	4	4	4	4	4	0	82
凹杨遗址	4	5	4	4	3	4	4	5	5	4	5	5	5	4	4	4	4	4	4	0	81
纲常遗址	4	5	4	4	5	4	4	5	5	5	5	5	5	4	4	4	4	4	4	0	84
皂角树遗址	4	4	4	4	3	4	4	5	5	5	5	4	5	4	4	4	4	4	4	0	80
玉泉寺遗址	4	4	4	4	3	4	4	5	5	5	5	4	5	4	4	4	4	3	4	0	80
大谷关遗址	3	4	4	3	3	4	4	4	4	5	5	4	5	4	4	4	4	4	4	0	80
罗圪垱遗址	3	3	4	3	3	4	3	4	4	4	4	3	4	3	3	3	3	4	3	0	67
苏家窑西北遗址	4	3	3	3	5	4	4	4	4	3	4	4	4	3	3	4	3	3	3	0	66
古轩辕关遗址	3	3	3	3	3	3	4	3	4	4	4	4	4	3	3	3	3	3	4	0	66
佛光寺遗址	3	3	3	3	3	4	4	4	4	4	4	4	4	3	3	4	3	3	3	0	66
保庄遗址	3	3	4	3	3	4	4	4	4	4	4	4	4	3	4	3	3	4	3	0	66
景阳岗遗址	3	3	3	3	3	3	3	4	4	3	4	3	4	3	3	3	3	3	3	0	64
程子沟遗址	4	3	3	3	4	4	4	4	4	4	4	4	4	3	3	4	3	4	3	0	66
石牛沟遗址	3	4	3	3	3	3	3	4	4	4	4	4	4	3	3	3	3	3	3	0	66
汤泉沟遗址	3	3	4	3	3	4	3	4	4	4	4	4	4	3	4	3	3	3	3	0	65
韩村遗址	3	3	3	3	3	4	4	4	4	4	4	3	4	3	3	4	3	3	4	0	66
陶花店遗址	3	3	4	3	3	4	4	4	4	4	4	4	4	3	3	3	3	3	3	0	65
后李遗址	3	4	3	3	4	4	3	4	4	4	3	4	4	3	3	3	4	3	3	0	65

续表

遗址	历史价值								艺术价值						科学价值						合计
	本体变化文化	典型代表	建造原因	历史事件	重要人物	政治制度	社会经济	文化习俗	布局艺术	造型艺术	装饰艺术	景观艺术	创意构思	表现手法	选址布局	生态保护	灾害防御	结构设计	技术水平	科研场所	
朱寨遗址	4	3	3	3	3	4	4	4	3	4	4	4	4	3	3	3	3	3	3	0	65
双槐遗址	4	4	5	5	5	5	5	5	5	5	5	5	5	5	4	4	4	4	4	3	91
东窑遗址	5	4	5	5	5	5	5	5	5	5	5	5	5	5	4	4	3	4	4	0	88
阎湾北遗址	4	4	5	5	5	5	5	5	5	5	5	5	5	5	4	4	4	3	4	0	87
五头遗址	5	4	5	5	5	5	5	5	5	5	5	5	5	5	3	4	4	4	4	0	88
高沟遗址	4	3	4	4	3	4	4	4	3	3	3	3	4	3	4	3	3	4	3	0	66
仓上遗址	4	4	4	4	4	3	4	4	3	3	3	3	4	4	3	3	4	3	3	0	67
甘泉窑址	4	3	4	4	5	4	4	4	3	3	4	3	4	3	3	3	4	3	3	0	67
核桃园窑址	4	3	4	4	5	3	4	4	3	3	3	3	3	4	3	3	3	3	3	0	66
柿树岭窑址	4	3	4	4	5	4	4	4	3	3	3	3	4	4	3	3	3	3	3	0	67
孟庄北口窑址	4	3	4	4	4	5	4	4	3	3	3	3	3	4	3	3	3	3	3	0	66
古村遗址	4	4	3	4	5	4	4	4	3	3	3	3	3	4	3	3	3	4	3	0	66
安里遗址	4	4	4	5	5	5	5	5	5	5	5	5	5	5	4	4	4	4	4	0	88
新城故城	4	4	3	4	4	5	4	4	3	3	3	3	4	4	4	3	4	3	3	0	69
窑底遗址	4	4	4	4	4	4	4	4	3	3	4	3	4	4	3	3	3	3	3	0	68
槐庄遗址	4	4	4	5	4	4	4	4	3	4	3	3	4	3	3	3	4	3	3	0	69
杨楼遗址	4	5	4	4	4	3	4	4	3	3	3	3	4	4	3	3	3	4	3	0	68
陈村遗址	4	4	4	4	4	4	4	4	3	3	3	3	4	4	3	3	3	3	3	0	67
伊川故城遗址	3	3	4	3	4	4	4	4	3	3	3	4	4	4	3	4	3	3	3	0	66

续表

遗址	历史价值								艺术价值						科学价值						合计
	本体变化	典型代表	建造原因	历史事件	重要人物	政治制度	社会经济	文化习俗	布局艺术	造型艺术	装饰艺术	景观艺术	创意构思	表现手法	选址布局	生态保护	灾害防御	结构设计	技术水平	科研场所	
德亭遗址	4	4	4	4	3	4	4	4	3	3	3	3	3	4	3	3	3	3	3	0	65
渐水沟化石点	4	4	3	4	4	4	4	4	3	3	3	3	4	4	3	3	3	3	3	0	66
北窑西周故城	3	4	4	4	4	3	4	4	3	4	3	3	4	3	3	3	4	3	3	0	66
南陆浑古城	4	3	4	4	4	4	4	4	3	3	3	3	4	4	3	3	3	3	3	0	66
火神庙遗址	4	4	3	4	4	4	3	4	3	3	3	3	3	4	3	4	3	4	3	0	66
九店遗址	3	4	4	3	4	4	4	4	3	3	4	3	4	3	3	3	3	3	3	0	66
古城寨遗址	4	4	4	4	4	4	4	4	3	3	3	3	4	3	3	4	3	3	4	0	68
圣王台遗址	4	4	4	3	4	5	4	4	3	3	3	3	4	3	3	3	4	3	3	0	67
柳沟遗址	4	3	4	4	4	5	4	4	3	4	3	3	4	4	3	3	3	3	3	0	68
南寺遗址	3	4	4	3	4	5	4	4	3	3	3	3	4	3	3	3	3	3	3	0	65
杜康遗址	4	3	4	4	4	5	4	4	4	3	3	3	3	3	3	3	3	3	3	0	66
柏树遗址	4	4	3	4	4	5	4	4	3	4	3	3	4	3	3	3	3	3	3	0	67
张沟遗址	4	4	4	4	4	5	4	4	3	3	3	3	4	4	3	3	3	3	3	0	68
红里遗址	3	3	4	4	4	5	4	4	4	4	4	3	3	4	3	4	3	4	3	0	67
台上遗址	4	4	3	4	4	5	4	4	3	4	3	3	4	3	4	3	3	3	3	0	67
鸡冠洞遗址	4	4	4	4	5	4	4	3	3	3	3	3	3	3	3	3	3	3	3	0	65
张盘遗址	4	4	4	4	5	4	4	3	3	3	3	3	3	3	4	3	3	3	3	0	65
秋扒官坪遗址	5	5	5	4	5	4	4	5	4	4	4	4	5	3	4	3	4	4	3	0	79
合峪容场遗址	4	4	4	4	5	4	4	4	5	5	4	4	4	4	4	4	4	4	3	0	77

续表

遗址	历史价值								艺术价值						科学价值						合计
	本体变化	典型代表	建造原因	历史事件	重要人物	政治制度	社会经济	文化习俗	布局艺术	造型艺术	装饰艺术	景观艺术	创意构思	表现手法	选址布局	生态保护	灾害防御	结构设计	技术水平	科研场所	
古城三官庙遗址	4	4	4	4	5	4	4	3	3	3	3	3	3	3	3	3	3	4	3	0	66
石门遗址	4	4	4	4	4	4	4	3	3	3	3	3	3	3	3	3	3	3	3	0	64
石门前渠遗址	4	4	4	4	4	4	4	3	3	3	3	3	3	3	3	3	3	3	3	0	64
大王庙村遗址	3	3	4	4	4	4	4	3	3	4	3	3	3	3	4	3	3	3	3	0	64
君臣洞遗址	4	4	4	3	4	4	4	3	3	3	3	3	3	3	3	3	3	3	3	0	63
赤土店遗址	4	3	4	4	4	4	4	3	3	3	3	3	3	3	3	3	3	3	3	0	63
两河口遗址	3	4	4	4	4	4	4	3	3	3	3	4	3	3	3	3	3	3	3	0	64
黄石砭遗址	4	4	4	4	4	4	4	3	3	3	3	3	3	3	3	3	3	3	3	0	64
湾滩遗址	4	4	3	4	3	4	4	3	3	3	3	3	3	3	3	3	3	3	3	0	63
养子口遗址	4	4	4	4	3	4	4	3	3	3	3	3	3	3	3	3	4	3	3	0	65
段村遗址	3	4	4	4	3	4	4	3	3	4	3	3	4	3	3	3	3	3	3	0	63
兴秦宫遗址	4	4	4	4	3	4	4	3	3	3	3	3	3	3	3	3	3	3	3	0	63
福昌遗址	4	4	4	4	4	4	4	3	3	3	3	3	3	3	3	4	3	3	3	0	65
柳泉遗址	4	4	4	4	5	4	4	3	3	3	3	3	3	3	3	3	3	3	3	0	65
礼渠遗址	3	4	4	4	4	4	4	3	3	3	4	3	3	3	4	3	3	3	3	0	64
孙留遗址	4	4	4	4	5	4	4	3	3	3	3	3	3	3	3	3	3	3	3	0	66
甘棠寨遗址	4	4	4	4	5	4	4	3	3	3	3	3	3	3	3	4	3	3	3	0	65
方村遗址	4	4	4	4	5	4	4	3	3	3	3	3	3	3	3	3	3	3	3	0	65
西寨子遗址	4	3	4	4	4	4	4	4	3	3	3	3	4	4	3	3	3	3	3	0	66

续表

遗址	历史价值								艺术价值						科学价值						合计
	本体变化	典型代表	建造原因	历史事件	重要人物	政治制度	社会经济	文化习俗	布局艺术	造型艺术	装饰艺术	景观艺术	创意构思	表现手法	选址布局	生态保护	灾害防御	结构设计	技术水平	科研场所	
新村遗址	4	4	3	4	4	4	3	4	3	3	3	3	3	4	3	4	3	4	3	0	66
古村遗址	3	4	4	3	4	4	4	4	3	3	4	3	4	4	3	3	3	3	3	0	66
古寨遗址	4	4	4	4	4	4	4	4	3	3	3	3	4	3	3	4	3	3	4	0	68
崖底遗址	4	4	4	3	4	5	4	4	3	3	3	3	4	3	3	3	4	3	3	0	67
杨坡遗址	4	3	4	4	4	5	4	4	3	4	3	3	4	4	3	3	3	3	3	0	68
磨沟遗址	3	4	4	3	4	5	4	4	3	3	3	3	4	3	3	3	3	3	3	0	65
河东遗址	4	3	4	4	4	5	4	4	3	3	3	3	3	4	3	3	3	3	3	0	66
孟村遗址	4	4	3	4	4	5	4	4	3	4	3	3	4	3	3	3	3	3	3	0	67

第五章 河洛大遗址可持续发展的经验与问题

在社会各界的共同努力下，洛阳的大遗址保护取得了显著的成果。著名的"洛阳模式"将工业项目的选址适当地偏离了遗址所在区域，保护了洛阳丰富的地下文化遗存。20世纪80年代，洛阳市提出的"洛阳方式"要求先考古发掘后建设，明确了城市建设中文物保护工作的地位。2009年通过的《大遗址保护洛阳宣言》更进一步声明要主动进行大遗址保护工作。然而，当今社会已进入城镇化高速发展的时期，在此背景下，城市建设、居民生产生活与大遗址保护的矛盾愈加突出，洛阳大遗址保护利用仍然存在许多问题。

第一节 洛阳大遗址保护的经验

洛阳市委、市政府十分注重依托历史文化遗产，大力发展文化产业。针对性地对偃师商城考古遗址公园、天子驾六博物馆等实施精品战略，深入挖掘产业要素，实现文物资源优势转化，使发展文化产业和繁荣文化事业互为依托、协调发展，在促进文化遗产可持续发展的过程中，积累了很多值得借鉴的经验。

注重保护与利用相结合。在保护历史文化遗存方面，十分注意让历史文化内涵真正融入洛阳人的生活。这是作为中国古都之一的洛阳，在建设现代城市文明、培育现代城市气质、促进文物保护的持续发展方面一贯坚持的原则。在坚持"保护第一"的前提下，把文物资源的内涵及其部分外延逐步向社会推介，通过建立博物馆、考古遗址公园等形式，充分挖掘、展示文物内涵，将文物的价值以不同形式表现出来，把它变成可供群众欣赏和游览的活体。这样，就可以让文物走出历史，让文物活起来，使公众在了解文物的过程中大大增加文物本身的社会影响力和市场价值。

为充分发挥古都洛阳丰富的历史文物资源优势，促进社会经济发展。洛阳文物部门一方面积极与旅游业紧密合作，对现有的历史文物资源进行整合宣传，规划、建设了一批富有地方特色的文化项目，如二里头遗址考古博物馆、以偃师夏商遗址为核心的商城遗址公园、以史前文明为特色的洛阳王湾原始文化生态园、以汉魏文化为主要内容的汉魏文化生态苑等。通过大力发展文化遗产旅游和特色旅游，为洛阳社会经济的发展注入新的动力。另一方面，针对一些市场前景广阔、保护利用过程中损坏程度较小的历史文物资源，洛阳积极寻求直接保护利用的方式和途径，进行了一些有益的尝试，并取得了一定的收获。

为了了解洛阳地区各个历史时期大遗址保护利用的现状，以及社会公众对大遗址的认知参与程度，我们在洛阳市区天子驾六博物馆附近集中发放调查问卷。现将调查情况介绍一下。

（一）受访者基本情况

本次调查的基本方法是随机向参观天子驾六博物馆的观众发放调查问卷，同时在观众填写问卷的过程中适当进行询问，以求了解更多有价值的信息。

本次调查共发放问卷 139 份，有效问卷 138 份。其中男性受访者 67 人，女性受访者 71 人，分别占 48.55% 和 51.45%。年龄构成为：0～18 岁占 11.59%，18～40 岁占 75.36%，41～65 岁占 12.32%，66 岁以上占 0.72%。受教育程度为：初中及以下占 6.52%，高中 18.12%，大专或本科占 65.22%，研究生及以上占 5.8%，未作答的占 4.35%。受访者职业：学生占 44.2%，其次是私企员工、教育行业、自由职业及国企员工，分别占 10.87%、10.14%、10.14%、8.7%。受访者中无收入的占 44.2%，这与受访者中学生占很大比例有关。收入构成为：3000 以下的占 33.33%，5000 左右的占 13.04%，8000 左右和 1 万以上分别占 2.17% 和 5.07%。从调查统计数据来看，参观博物馆的意向和收入不成正相关，即与我们通常认为的收入愈高、精神文化需求愈高的情形不符。受访者中近半数是洛阳本地游客，占到 45.65%；河南其他地市占 8.7%，江苏、上海、浙江、四川分别占 7.97%、5.07%、4.35%、3.62%，来自中国香港的占 2.9%，韩国的占 2.9%。由此可见，除本地观众外，外地观众多来自经济发达地区，四川和山东还可能包含其本身是人口大省的因素。

（二）调查结果

（1）是否喜欢参观博物馆。51.45% 的受访者选择喜欢，并携带家人同行；18.12% 的人偶尔会去一次；14.49% 是随旅行团参观；几乎不去的和没时间去的占 14.49%（图二九）。所以，超过一半的观众喜欢参观博物馆，另一些观众则是被动地参观博物馆。

（2）关于"大遗址"和"遗址公园"。33.33% 的受访者听说过，并且去过；听说过，但不清楚的和根本不知道的占 63.77%（图三○）。由此我们不难推断，广大社会公众对"大遗址"和"遗址公园"的认识还比较模糊。尽管近些年关于"大遗址"的讨论渐多，但却往往停留在相关研究人员关注的层面，社会公众对"大遗址"和"遗址公园"的概念与内涵还缺乏了解和认识。

（3）参观天子驾六博物馆次数。有 74.64% 的受访者是第 1 次来天子驾六博物馆参观；12.32% 是第 2 次来此参观；第 3 次来此参观的占 11.59%。结合观众的构成情况可以得出，有 28.26% 的当地人也是第 1 次来此参观。天子驾六博物馆所在的河洛文化

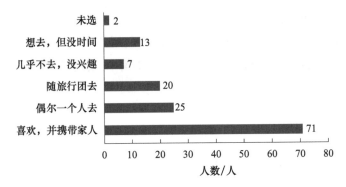

图二九　关于是否喜欢参观博物馆的调查情况

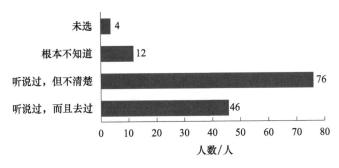

图三○　关于对大遗址或遗址公园的了解情况

广场，处在洛阳城市的核心区域，区位优势明显，交通便利。近年来，洛阳推出的洛阳旅游年票中包括天子驾六博物馆、龙门石窟在内的 31 个景点。但为何仍有接近 30%的本地人也是第一次参观天子驾六博物馆呢？我们调查中一道题目的设置可以提供一些线索。我们了解了观众是通过什么渠道知道天子驾六博物馆的，其中有两位当地的参观者说，自己是当地人，不需要什么渠道就知道这个博物馆。从他们的话语中我们可以看出，天子驾六博物馆作为洛阳的城市名片之一，在当地有很高的知名度。但是，这又与本地人的实际参观情况不符，其中缘由，耐人寻味，当然这肯定是今后我们需要进一步深入探讨的问题。

（4）观众感兴趣的方面。主要包括遗址原貌、文明与国家的起源、洛阳都城变迁、古代生活风貌等方面。因为我国的古代建筑主要为土木结构，很难完好地保存下来。因此，考古工作者清理出来的大多都是被土掩埋后的遗迹现象，如房基、灰坑、窖穴等。从观赏的角度来说，这些是比较枯燥、乏味的。因此在对历史文物资源的保护利用上，一定要采取多种手段和方式，如三维复原、景观再现等，以满足观众的需求。文明与国家的起源是近些年学术界讨论的一个热点问题，广大社会公众对这个问题也抱有浓厚的兴趣，应该说与文化部门的宣传密不可分，同时也体现了公众文化素质的提高。结合河洛地区三代大遗址来看，二里头遗址承载了观众感兴趣的多个项目，因此二里头遗址的规划展示应当是工作的重点（图三一）。

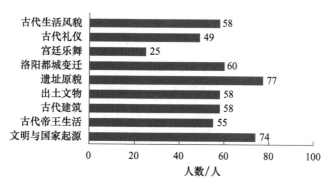

图三一　公众对展示内容喜好程度的统计

第二节　洛阳大遗址保护面临的问题与对策

　　悠久的历史造就了洛阳丰厚的历史文化遗产，这是历史留给洛阳的一笔宝贵财富。但是，如何把这些历史文化资源转化为旅游资源及文化品牌，是值得我们认真规划和周密整合的重要任务。目前，在洛阳，龙门石窟、洛阳博物馆、关林、白马寺等已经成为洛阳市旅游产业的支柱，游客眼中洛阳的第一旅游目的地。但是，蕴含丰富历史文化信息的河洛三代大遗址，二里头、偃师商城和天子驾六博物馆等文化资源，却像闺中少女，少人问津，至今还完全没有发挥出它们在社会经济建设中的应有作用。当然，深究这一现象的原因，可能也与洛阳在历史文化保护中所产生的诸多问题不无关系。

　　根据调查问卷反映的情况，可将洛阳文化遗产保护利用面临的问题归结为以下几点。

　　（1）洛阳的既有的历史文化景观和景点大多各自为战，没有发挥整体的优势。因此，今后在历史文化遗产可持续发展的过程中，洛阳的相关部门，尤其是文化和旅游部门一定要制定可持续发展的规划，将这些分散的文物资源进行科学整合，依据各自特色和地理位置划分成若干区域，组建多条线路，构建出整体旅游框架。可喜的是，随着近年来国家行政部门的精简、合并，各级的文化和旅游部门都已合为一体，这为以后的统筹规划奠定了坚实的基础。

　　（2）遗址所处位置大多不便于开展保护利用工作，矛盾重重。洛阳大遗址大多处在人口聚居区甚至是经济发达区，这种重叠的状况使遗址的保护与城市建设发展之间存在较大的冲突。另外，洛阳大遗址规模庞大，大多都在数百万平方米以上。现代城市、村庄不同程度地叠压在遗址之上，使得遗址不再完整，且面临着进一步破坏的风险。大遗址具有不可逆性，一旦破坏，将永远无法修复。再则，生态环境的恶化也导致和加剧了遗址内涵的减损，遗址的自然背景日趋消失。这一方面严重影响了我们对遗址的解读，另一方面也直接对遗址造成了破坏。因此，洛阳地区大遗址的保护工作刻不容缓。

　　针对这些问题，我们首先必须加强对大遗址的宣传工作，凝练出洛阳独有的宣传口号：古都洛阳、神采飞扬；历史辉煌、令人向往！然后，借助各种平台，协调各地媒体间的宣传方式，如拍摄电视专题片，制作生动的影像片等，让中国和全世界都知道古都洛阳的辉煌历史。洛阳要充分把握八大古都联谊处设在洛阳的便利条件，通过组织历史文化论坛、古都论坛等活动，加强与其他古都之间的交流，从而更加深层次地宣传洛阳。另外，可以创建"古都洛阳网"等，充分利用网络无国界的优势，将洛阳优秀的文化遗产以多种语言的形式宣传出去。

　　虽然近几年大遗址公园的建设进行得如火如荼，国家在政策和资金方面也都给予了很大的支持，已建成的大遗址公园也均面向社会公众开放。但是广大社会公众对"大遗址"的概念和内涵依然十分陌生。我们知道，大遗址公园建设的最终成果是要走向社会公众。社会公众是大遗址公园真正的主人，只有让他们更清楚地了解大遗址、大遗址公园的内涵，我们的工作才能得到更多的支持与认可。

　　其次，在规划方面应突破行政区划界限，在更广阔的视野下探究河洛地区大遗址的特点。河洛大遗址既具有区域性片状分布的特点，又具有各个遗址呈点状分布、独立性较强的特点，因此我们的研究不仅要照顾全面，还要突出重点。

　　最后，在强调经济文化等建设多位一体的前提下，我们要充分利用当前城市化建设、大型公共工程建设和新农村建设的机遇，探讨有效保护古代大遗址的措施，以及发挥古代遗产在当代社会发展中的重要作用。具体而言，可以从以下几个方面做起。

　　（1）人为破坏，树立保护规划先行的原则。

　　大遗址的不可移动性和不可替代性决定了遗址的保护利用必须在原址上进行，并坚持"保护为主、抢救第一、合理利用、加强管理"的原则。不过，大遗址的破坏大多数与当地经济发展活动直接相关。洛阳地区大遗址规模大、分布集中，且有四处分布在洛阳市区内，与洛阳当地的经济、生活、环境有着紧密的联系。因此，在对洛阳大遗址进行保护规划的时候，务必要将其纳入城市整体规划之中。一般而言，规划的好坏决定了一个城市发展的品位。大多高质量发展的城市在规划时都按一定比例设置了数量众多、各具特色的绿地公园。洛阳享有得天独厚的遗址资源，可以将市区内的大遗址规划为遗址公园，这样既满足文化遗产保护的需求，又使得城市建设更加协调、合理。

　　（2）自然破坏，加强绿地建设。

　　大遗址同普通的遗址保护不同，范围广，覆盖面积大，特别是已进行考古发掘研究且有重大发现而不便回填的大遗址，目前的做法往往是露天保护，这样就很容易遭受到自然力的破坏。比如城墙的风化、冬天的冻土，甚至水土流失等问题，都会影响遗址的本体及其整体风貌。在对邙山陵墓群的保护中，洛阳就提到了开展绿化保护工程，探索建设"河南省洛阳周山省级森林公园"大型考古遗址公园，这种模式值得借鉴。

（3）考古工作必须科学合理。

想要开展大遗址的保护利用工作，首先要全面、系统地了解大遗址的内涵。因此，制定科学全面的考古发掘工作必不可少。洛阳大遗址往往与现代城市互相重叠，不能因为对某一处遗址的单独发掘，而造成对其他遗址的破坏。因此，对洛阳地区的遗址进行考古发掘一定要采取系统、立体的方式。只有考古发掘工作充分、扎实，才能为大遗址保护提供详细的基础资料，为全面进行大遗址保护利用规划提供翔实的内容，这样也有利于有目的、有针对性地对遗址整体和重要遗迹单位制定科学的保护利用规划。洛阳在这方面，既有成功的经验，也有失败的教训。例如，正是在汉魏洛阳故城多年开展的扎实的考古工作的基础上，充分了解城址的布局、城内主要功能设施的建制和区划、主要建筑遗存的位置和概况，汉魏洛阳故城的保护利用才取得了令人瞩目的成绩。与之相反，由于邙山陵墓群缺乏历史文献的记载，目前对现存的 24 座帝陵的对应关系尚不确定；另外，学界也缺乏对邙山陵墓群的学术研究。在此基础上开展的考古发掘工作只是了解个别的墓葬，并没有充分掌握整个陵墓群的历史信息，这就限制了对邙山陵墓群大遗址的有效规划和保护。

（4）遗址监管需要进一步加强。

对于一些重要遗址，尤其是墓葬类遗址、远离密集人群的遗址，监管问题十分棘手。受人员不足和地理因素的制约，处于远郊或荒野的遗址，尤其是墓葬遗址，往往成为监管的盲区，也是文物盗窃犯罪的重灾区。邙山墓葬群十墓九空的现状不仅仅是历史积累的问题，监管部门鞭长莫及也是其中的一个重要原因。在争取扩大监管队伍的同时，健全重要遗址或遗址区的定期巡查制度，避免重要遗址确定为国家文物保护单位后长期无人问津，遭受盗掘后经群众举报方进行抢救发掘的局面。另外，严格文物市场管理，严厉打击损坏、盗掘文化遗产的违法犯罪行为，加强文物保护法治宣传，增强全民自觉保护意识，增强对侵害文化遗产犯罪的打击威慑效应，也是保障文化遗产安全的有益手段。

（5）文化价值导向一定要准确、真实。

大遗址相比于其他各类文化遗产而言，具有独特的文化价值，它是古代文明生活的真实再现，是文明发展的完全记录者。但是，在具体的大遗址开发过程中，许多大遗址的管理者似乎忽略了这一点，仅仅是为了掌握大遗址作为旅游项目的经济资源，没有深入发掘大遗址背后所蕴含的历史人文信息。因而，展示手段和营销方式大多粗制滥造，造成错位的过度开发，如最近沸沸扬扬的"周原景区"事件就是最典型的例子。周原景区虽然与周原遗址并无直接联系，但两者地理位置仅距 30 千米，景区内的概念、知识，包括一些场景复原，都借鉴了周原遗址本身。但是，景区粗制滥造、审美落后，并没有做到传承和发扬周文化，甚至可能会错误引导一般公众对于周文化的认识，这个案例值得反思。

洛阳地区的六处大遗址，地理环境优越，大部分集中在市区，建设成考古遗址公园或遗址类博物馆，对公众来说，都具有极大的吸引力。具有这样的优势，洛阳大遗址必然会具有天然的旅游价值和经济价值。因此，在对这些大遗址进行保护利用时，一定要定位真实、准确，不能粗制滥造，误导广大民众。在这方面，对隋唐洛阳城国家遗址公园的保护利用就真正做到了真实、准确、完整，成为保护利用上的成功案例。这样的结果就是大大改善了城市环境和文化品位，吸引了众多中外游客。目前，隋唐洛阳城国家遗址公园已成为展示古都洛阳文化魅力的新地标和城市名片。

（6）人才队伍建设一定要常抓不懈。

就大遗址保护规划而言，当务之急是缺乏专门、专业人才的支撑。大遗址不同于一般遗址或名胜古迹，它规模大，与周边城市的经济、生活、环境有着非常紧密的联系。所以，更加需要一支具有高素质的专业人才队伍，涵盖考古学、历史学、设计学、规划学、传播学、建筑学等方向，才能做出科学、实用的大遗址保护规划工作。虽然河南的文物保护工作开展的时间早，但与其他地区相比，行政上的重视程度仍然不够，文化遗产保护的相关岗位大量稀缺，然而实际的需求量却是巨大的。因此，今后必须重视这方面的工作，可以从以下几个方面做起。首先，加大对文化遗产相关学科的重视，吸引年轻学子投入文化遗产保护的事业中。其次，相关的行政机关、事业单位应以极大的勇气和责任感，切实了解增加人员的有关政策和程序，比如可以结合相关大遗址保护项目或者科研课题采取长期合同聘用的方法，将人才引进来。最后，要采取有效的激励机制留住人才，稳定现有人才。人才的成长需要合理的机制和良好的环境，营造公平评价人才、充分发挥人才的舆论氛围和良好环境，给有突出贡献者应有的地位和奖励，切实保护其合法权益，才能更好地吸引、聚集、稳定人才，进一步拓展人才队伍发展空间，保障人才队伍建设的可持续发展。

总之，洛阳地区三代大遗址多处在市区和经济较为发达的城镇附近，偃师商城、周王城均在市区之内。中国目前正处于 GDP 指标向中等发达国家收入迈进的阶段，其特征是城镇化加快、资源环境压力加大、生态环境形势严峻，因此古代遗址面临破坏的风险加大 [①]。因此，在大遗址保护的过程中，一定要处理好经济建设与文物保护的关系，不能片面地追求经济的快速增长，而牺牲传统的历史文化。

---

① 单霁翔：《城市化进程中的文化遗产保护》，《求是》2006 年第 14 期。

第六章 河洛文化遗产持续发展的规划总体构想

　　河南地处中原，既是文物大省，又是全国近六十年来田野考古工作开展最多、取得成果最为丰硕的省份。20 世纪全国重大考古发现大多集中在河南，从 1990 年"全国十大考古新发现"开始评选至今，河南累计获此殊荣的考古发掘项目已达 50 个。目前，河南各地发掘出土的文物多达数百万件，但这些文物一般都存放在各级文物部门的库房之中，利用效率很低。如何集中展示和保护利用这些宝贵的文物资源是摆在河南文物部门面前的一项重要工作。

　　近年来，随着河南省委、省政府为中原崛起所做的不懈努力，河南的经济发展突飞猛进，已具备了一定的经济实力，因此选择一个合适的区域，展示和宣扬中华文明的辉煌和魅力已然成熟。另外，党的十八大以来，从中央到地方都下发了很多鼓励、支持文化、文物大发展、繁荣的有关指示。2012 年 11 月，国务院正式批复《中原经济区规划》，将"华夏历史文明传承创新区"作为中原经济区建设的六大战略之一。作为一名曾经多年在河南文物考古第一线工作的考古人员，为了深入践行党的十九大提出的做"中华优秀传统文化的忠实传承者和弘扬者"，积极响应各级部门关于打造文化高地的工作部署，笔者经过深思熟虑，特提出打造"中华文明历史文化景观走廊"的规划构想。

　　中华文明历史文化景观走廊的主要内容在于通过建设一批国家遗址公园、博物馆等，全面展示中华文明的起源、发展和形成过程。在河南各地，能够全面、详细、连贯地反映中华文明发展脉络的地区只有以伊洛河为中心的河洛地区。这里文化脉络清晰，文化发展连绵不断，而且是最早的中国所在地，是夏商周文明的核心地区。因此，在保护利用的过程中，一定要坚持"河洛三代文化遗产持续发展"的目标，以夏商周文明为核心，以中华文明的发展脉络为主线，打造出文化面貌独特、文化内涵丰富的历史文化景观。

第一节　河洛地区古代文化遗存的优势分析

一、数量众多的文化遗址

以洛阳盆地为中心的河洛地区古代文化遗址十分丰富，涵盖了中原地区考古学文化发展的各个时期。2001～2003年，中国社会科学院考古研究所对该地区进行考古调查，共发现各个时期的遗址222处，其中，裴李岗文化遗址4处，主要遗址有高崖、宫家窑。仰韶文化遗址105处，典型遗址有王湾、孙旗屯、西干沟、矬李、同乐寨、五女冢、土门、水寨、西高崖、汤泉沟、伊阙城等。龙山文化遗址95处，典型遗址有王湾、矬李、西干沟、灰嘴、高崖、西吕庙、小潘沟、东干沟、白元等。二里头文化遗址125处，典型遗址有二里头、南寨、矬李、灰嘴、东干沟等。商文化遗址60处，典型遗址有偃师商城。两周文化遗址158处，典型遗址有东周王城、天子驾六等。这些遗址大多沿着洛河、伊河、涧水等河流两岸分布，密密麻麻、层层叠叠，为保护利用提供了坚实的基础。

二、延绵不绝的文化谱系

河洛地区发现的文化遗存数量众多，上迄裴李岗文化，下至夏商周三代，贯穿了整个中华文明的起源、发展与形成阶段，是中华文明的缩影。

1. 文明的源头——一马当先的裴李岗文化

裴李岗文化距今9000～7000年，是我国新石器时代中期的一支考古学文化。目前已经发现与发掘裴李岗文化遗存多达100余处，分布在河南境内40多个县市，其中，黄河南岸的豫中地区比较集中，但它的分布范围十分广阔，北到黄河以北的安阳地区，南到与湖北相邻的信阳地区，西到洛河、淅川上游的卢氏县，东到惠济河流域和颍河流域的杞县、项城地区。代表性的遗址有裴李岗、莪沟北岗、贾湖、石固、水泉、中山寨、唐户等。

裴李岗文化面貌独特、文化内涵丰富，发现的遗物以陶器和石器为代表。陶器以泥质红陶占绝大多数，夹砂红褐陶次之，泥质灰陶较少。泥质陶多为素面，个别进行磨光。夹砂陶常见附加乳钉纹、篦点纹、压印纹、划纹、指甲纹等。最具代表性的器物有壶、钵、碗、罐、鼎等。从陶器的制作来看，裴李岗文化有着比较发达的手工业。由于制作时陶土首先经过淘洗，因此质地显得非常细腻。陶器的成型方法多样，器形较大者采用泥条盘筑法，有些器物尚能看出泥条盘筑的痕迹；小器物随手捏制而成。夹砂陶内掺入一些较细的砂粒和蚌壳粉末，很多外表都有装饰，这增强了器物的美感和牢固性。在裴李岗遗址，考古人员发现陶窑1座，窑膛直径96、深52厘米，窑底为圜形，较规整，这充分说明裴李岗先民已经采用陶窑烧制陶器。

裴李岗文化的石器具有先进的制作工艺，包括打制、磨制和琢磨兼施三种制作方法。石器主要为生产工具，常见的器形有石斧、石铲、石镰、石刀、石磨盘、石磨棒、石锛、石凿等。其中，石斧、石铲、石镰、石磨盘、石磨棒这五种器具最多，且呈现出了一套完整的生产过程，即从砍伐树木到翻土播种，从收割到脱粒。这种现象在同时期的文化中居于领先地位。大量的石器生产用具投入到生产领域中，是裴李岗先民农业比较发达的最好表现。另外，裴李岗遗址出土的梅核、酸枣核、核桃壳等植物种子和果实，以及猪、羊等动物的骨骼以及陶猪、陶羊造型的陶塑表明，采集、渔猎以及驯养家畜也是裴李岗先民谋取生活资料的重要手段。

裴李岗文化的发现曾入选20世纪百项考古大发现。裴李岗遗址发现的猪、羊头骨及其牙齿说明在裴李岗文化时期我国已经出现猪、羊等家畜的饲养，为我国家畜的起源研究提供了重要的实物资料。出土的燧石片和石英石片虽然二次加工或使用的痕迹很少，但它们的发现有助于探讨中原地区细石器传统等问题。另外，该遗址的聚落布局与结构、房址和墓地的分布对研究当时氏族社会的家族关系都有着重要意义，陶窑的发现对研究北方地区窑炉的起源和制陶工艺的发展提供了重要资料。最为重要的是，在裴李岗文化贾湖遗址发现了许多文化因素，如骨笛、刻划符号、龟甲等，开启了中华文明的先河，是中国独有的礼乐制度的滥觞，对后世产生了深远的影响。

裴李岗文化的发现在学术上也有着重要价值。一方面，对于研究以嵩山为中心的中华文明腹心地带的考古学文化面貌意义重大。另一方面，有助于了解新石器时代中期黄河流域文化的互动和影响，探求中华文明起源的模式和途径。与裴李岗文化同时，我国还广泛分布有大地湾文化、磁山文化、北辛文化、城背溪文化等，裴李岗文化与它们均有一定的交流。裴李岗文化在强盛时期对外急剧扩张，将渭河流域、汉水流域和黄河中游地区紧密联系起来，衰落时又向东迁徙，将其文化因素渗入黄河下游和淮北地区的文化当中。正是裴李岗文化的强大的穿透力，使得距今8000～7000年的黄河流域文化紧密联系在一起，并且逐渐开始与长江中游地区存在一定的互动，形成了新石器晚期之后中国相互作用圈的雏形。因此，裴李岗文化对于认识我国多元统一民族及文化的形成具有独特的学术意义。

2. 文明的发展——绚丽多姿的仰韶文化

仰韶文化因最早发现于河南渑池仰韶村而得名。仰韶文化分布于黄河中上游的广大地区，文化面貌繁杂，文化内涵丰富。仰韶文化距今7000～5000年。彩陶是仰韶文化最重要的发现，蕴含着丰富的文化意义，好似一面面彩旗飘荡在黄土之上。由于分布地域广泛，时间跨度大，仰韶文化可以分为不同的地方类型：如半坡类型、庙底沟类型、西王村类型、大河村类型、泉护类型等。其中，河洛地区最引人注目的便是庙底沟类型和大河村类型。

庙底沟类型因1956年发现于河南陕县庙底沟遗址而得名。该类型分布的中心区域是豫西、晋南和渭河流域，但它的传播范围很广，西到甘肃的洮河流域，东达黄河下游地区，北抵内蒙古的南部，南达汉水上游和西汉水流域。仰韶文化发展到庙底沟类型时期已臻于鼎盛阶段，故其影响范围之广，几乎遍及整个黄河流域。该类型经过发掘的遗址除陕县庙底沟外，还有河南洛阳王湾，陕西省华县泉护村、彬县下孟村等。

庙底沟类型以细泥红陶的数量最多，夹砂红陶次之，有少量的泥质灰陶。陶器的制作主要用泥条盘筑，慢轮修整口沿已很普遍。典型器形有双唇口尖底瓶、曲腹碗、曲腹盆、曲腹钵、釜形鼎、灶等。彩陶数量较多，彩绘多用黑色，红色很少。彩绘主要是由圆点、月牙形、弦线三角形或曲线形连接组成的带状花纹，动物纹有鸟纹与蛙纹等。彩绘多施于细泥红陶器的腹部和口沿上，器表打磨光亮，有一部分施红衣或白衣。彩绘均饰于陶器的外壁，无内彩。

庙底沟类型的房屋有半地穴式和地上建筑两种，平面形状有方形、长方形和圆形。有的房屋内部有一排木柱，说明这种房屋已经开始分间，中国以间架为单位的古典木构框架体系即开始于此。庙底沟类型的房屋顶部呈人字形，与半坡类型四面坡式的房屋相比有较大的进步。房屋柱洞的底部常做各种加工，一般是垫一层黏土夯打结实，有的加垫陶片或石片，有的加垫完整陶器的底部。这些加垫的器物已起柱础的作用，是柱础的前身。在庙底沟遗址发现两处房屋，它们的中心柱下已铺垫扁平砾石作柱础，这表明在五六千年前，中国的先民使用的克服支柱下沉方面的一些方法，已符合加大地基承压面而减小压力的科学原理。

大河村类型主要分布在以嵩山为中心的中原腹地，除中心区域的郑、洛地区外，其最大范围还扩展到开封以南、周口以西、驻马店以北、南阳东北、崤山以东、伊洛河中下游一带。考古发掘的典型遗址有郑州大河村、西山遗址、荥阳点军台、荥阳青台、长葛石固、洛阳王湾等。

大河村类型的生产工具以磨制石器为主，多为常见的农业或手工业生产工具，另外还有骨蚌器。该类型遗址的陶器分泥质陶和夹砂陶两大类。其中以泥质陶最多，夹砂陶次之。陶色以红陶或褐陶为主，灰陶次之，棕陶、白陶和黑陶少见。陶器的制法以手轮兼制和轮制为主，陶胎厚薄均匀。陶器器表以素面为主，纹饰有弦纹、附加堆纹、划纹、镂空、线纹和少量绳纹。陶器的种类繁多，鼎类有罐形鼎、盆形鼎和釜形鼎三大类；罐类有深腹罐、折腹罐、直腹罐、带流罐等；盆类有鼓腹盆、折腹盆和斜腹平底盆等；此外还有圆肩鼓腹瓮、直壁小平底缸、折腹镂空豆、敛口斜弧壁钵、小口圈足壶、双连壶、圈足碗、敛圈足杯、大口尖底瓶、小口束腰尖底瓶、直壁平底甑、弧形器盖、束腰器座等。

大河村类型彩陶发达。大河村遗址的彩陶不仅数量众多，且色彩鲜艳，图案繁缛。彩陶以白衣彩陶最具特色。彩色多为红、棕色或红、黑两彩兼施，也有少量仅施黑彩的。彩陶母题纹有平行直线纹、平行曲线纹、弧线纹、直边三角纹、弧边三角纹、圆点纹、圆点圆圈纹、同心圆纹、锯齿纹、六角星纹、"〇X"纹、古钱纹、昆虫纹、太阳纹、日晕纹、月亮纹、菱形纹、豆荚纹、树叶纹、花蕾纹、鱼纹等。其中最具代表性特征的图案有太阳纹、日晕纹、六角星纹、"〇X"纹等。大多数花纹图案是由多种母题纹组成的。

大河村类型社会已经开始复杂化，聚落等级分化明显，凌驾于一般遗址、普通聚落之上的中心遗址、大型聚落开始出现，如郑州大河村，它的面积达到 30 万平方米，远远高于周围的其他遗址，显然是郑州地区的一个中心聚落。

3. 文明的初步形成——城址林立的河南龙山文化

河南龙山文化是在庙底沟二期文化的基础上发展起来的一支考古学文化，它以河南为中心，也包括晋南、冀南和皖西北的部分地区。因地理分布的不同，文化面貌上出现一定差异，可分为王湾类型、煤山类型、王油坊类型、后岗类型、下王岗类型等。

河南龙山文化石器皆为磨制，打磨十分精细，器类包括斧、铲、刀、镰、凿、镞等，既有生产工具，也有武器。尤其是武器镞的大量出现，是社会分化、矛盾加剧、阶级对立的重要表现，也是文明初步形成的重要反映。陶器以灰陶为主，轮制虽占一定的比例，但不如山东龙山文化那样发达。陶色比龙山文化浅。绳纹是主要纹饰，还有一定数量的篮纹、方格纹和附加堆纹。主要器形以敛口深腹小平底罐为主，另有鼎、甗、鬲、斝、深腹盆、折腹盆、三足盆、圈足盆、缸、瓮、器盖、鬶、单耳杯等。

河南龙山文化的居址多见方形的半地穴式，或者地面建筑，室内地面经过烘烤或涂抹白灰面。墓葬多为长方形竖穴土坑墓，多数无随葬品，有瓮棺葬，另外在一些灰坑当中发现有零乱的人骨架。

河南龙山文化的最重要的特征就是聚落分布密集，城址大量出现，目前已发现的城址有登封王城岗、新密古城寨、郾城郝家台、淮阳平粮台、辉县孟庄、温县徐堡、博爱西金城等，这些城址毫无疑问都是一定区域内的中心聚落，属于聚落酋长居住生活之地。城址是文明诞生的一个重要标志，河南龙山文化大量城址的发现，是中华文明初步形成的一个重要反映。这一时期正相当于文献记载的尧舜禹时期，当时万国林立，"执玉帛者万国"。城址的鳞次栉比正是万国林立的生动表象。

4. 文明的最终形成——王国时代的夏商文化

经过数千年的积累和发展，在距今 4000 年前，河洛地区率先进入王国时代，建立起了我国第一个奴隶制王朝——夏。汤武革命，商周相继，都发生于河洛地区。因此，司马迁在《史记》中便说："昔三代之居，皆在河洛之间。"中华人民共和国成立后的考古发现，也毋庸置疑地证明了河洛地区就是夏商文明的中心，如在河洛间的偃师县境内发现的二里头遗址、尸乡沟商城遗址等。其中，二里头遗址发现有迄今所知中国最早的大型宫殿建筑群、最早的宫城、最早的青铜礼器群及铸铜作坊，还发现了最早的车辙痕迹。大量随葬精美青铜礼器的墓葬和大型青铜器铸作坊的出现，显示了其独有的文化高度。可以说，二里头遗址是可确认的中国最早的王朝都城遗址。结合古代文献，学者们一致认为二里头文化是文明社会的文化遗存，这里是中国第一个奴隶制王朝——夏朝的都城所在地，对于探索中国文明的渊源具有重大的标尺性意义。在二里头遗址一侧的尸乡沟商城遗址，即偃师商城，是目前中国早期城址中保存最好的城址，为解决汤都亳的位置提供了新的证据，有人认为该城是商代早期商汤之都"西亳"。二里头文化与后来的商周文明一道，构成华夏文明形成与发展的主流，可以说中华文明就是从这里起步的。中国古代两大早期都城在一个县境内发现，而且相距只有 6千米，其历史意义和现实意义不言而喻。

三、种类丰富、价值突出的文物资源

河洛地区经过多年的科学发掘，出土了一大批制作精美、价值突出的文物资源，这些文物资源涵盖陶器、青铜器、铁器、骨蚌器等，为筹建大型的遗址博物馆提供了坚实的基础。尤其作为夏商都城的二里头遗址和偃师商城遗址，出土的文物更是令人叹为观止。二里头遗址出土一件绿松石龙形器，造型优美、栩栩如生，充分体现了中国龙文化的久远历史。另外，二里头遗址发现的青铜鼎、爵、斝、盉等礼器，戈、刀等兵器以及嵌绿松石铜牌等，是我国最早的一组青铜礼器和兵器，具有极高的价值。偃师商城经过三十多年的考古发掘，已经有大批文物被发现和整理出来。据统计，这两个遗址的文物在数万件以上，必将为今后的文物展览提供丰富的资料。

第二节　河洛地区现有的历史文化景观的利用与整合

河洛地区历史文化资源十分丰富，保护利用价值巨大。目前，已经保护利用的历史文化资源主要有龙门石窟、少林寺、白马寺等。

一、龙门石窟

位于洛阳市城南 6 千米处的伊阙峡谷间。由于地处古都洛阳之南，古代帝王拟己为"真龙天子"，故称"龙门"。龙门自古为险要关隘，交通要冲，向来为兵家必争之地。这里山清水秀，环境清幽，素为文人墨客观游胜地。又因石质优良，宜于雕刻，故而古人择此而建石窟。

龙门石窟开凿于北魏孝文帝迁都洛阳之际（493 年），之后历经东魏、北齐、隋、唐、五代的营造，从而形成了南北长达 1 千米，包括 2300 余座窟龛、10 万余尊造像、2800 余块碑刻题记的石窟遗存。

龙门石窟是北魏、唐代皇家贵族发愿造像最集中的地方，是皇家意志和行为的体现，具有浓厚的国家宗教色彩。在北魏时期雕凿的众多洞窟中，以古阳洞、宾阳中洞和莲花洞、石窟寺最有代表价值。其中古阳洞集中了北魏迁都洛阳初期的一批皇室贵族和宫廷大臣的造像，典型地反映出北魏王朝举国崇佛的历史情态。这些形制瑰异、琳琅满目的石刻艺术品，是中国传统文化与域外文明交汇融合的珍贵记录。

　　龙门石窟延续时间长，跨越朝代多，所处地理位置优越，自然景色优美，这是许多石窟难以比拟的。龙门石窟以大量的实物形象和文字资料从不同侧面反映了中国古代政治、经济、宗教、文化等许多领域的发展变化，对中国石窟艺术的创新与发展做出了重大贡献。

　　由于龙门石窟巨大的历史、艺术、科学价值，早在 1961 年就被国务院公布为全国第一批重点文物保护单位。2000 年 11 月，联合国教科文组织将龙门石窟列入《世界遗产名录》。为了保护利用龙门石窟，宣传我国优秀的传统文化，国家很早就在龙门石窟的基础上建设了龙门风景名胜区。1982 年，龙门风景名胜区被公布为全国第一批国家级风景名胜区。2006 年 1 月龙门风景名胜区被中央文明办、建设部、国家旅游局联合授予全国文明风景旅游区。2007 年 5 月龙门风景名胜区又被国家旅游局评定为全国首批 5A 级景区。

　　龙门景区成为河南的一张名片，其旅游收入和接待游客量一直处于全省甚至全国前列。以 2014 年为例，景区全年共接待游客 316.69 万人次，同比增长 15.2%（其中外宾 10.26 万人次，同比增长 65.48%）。近年来，景区先后荣获全国首批风景名胜区数字化示范基地、河南省十大文明景区、河南省青少年教育基地、中国青年喜爱的旅游目的地、河南省服务业特色园区、河南省文化产业示范园区等 30 余项荣誉称号。

二、少　林　寺

　　少林寺地处中原腹地，与古都洛阳隔山相望。少林寺创建于北魏太和十九年（495 年），孝文帝为了安置他所敬仰的印度高僧跋陀，在嵩山少室山北麓敕建少林寺。跋陀收有两位高徒，其一为慧光，律学巨匠；另一为僧稠，被誉为"葱岭以东，禅学之最"。永平元年（508 年），印度高僧勒拿摩提和菩提流支先后来到少林寺，开辟译场，在少林寺西台舍利塔后建翻经堂，由慧光助译，共同翻译印度世亲菩萨《十地经论》，历经三年完成。

　　目前，少林寺仍保存有较为完好的院落建筑。少林寺院从山门到千佛殿，共七进院落，总面积约 57600 平方米。主要包括常住院、塔林和初祖庵等。常住院的建筑沿中轴线自南向北依次是山门、天王殿、大雄宝殿、藏经阁（法堂）、方丈院、立雪亭、千佛殿。另外，寺西有塔林，北有初祖庵、达摩洞、甘露台，西南有二祖庵，东北有广慧庵。寺周还有同光禅师塔、法如禅师塔和法华禅师塔等古塔 10 余座。

　　少林寺是中国佛教禅宗祖庭和中国功夫的发源地，现为世界文化遗产、全国重点文物保护单位、国家 AAAAA 级旅游景区。2010 年 8 月，包括少林寺常住院、初祖庵、塔林在内的天地之中历史建筑群被联合国教科文组织列为世界文化遗产。少林文化已被世界越来越多的民族认同，成为连接世界人民友谊的纽带。在世界各地热爱中国文化的人们心目中，少林文化成了中华传统文化的象征。作为中国佛教和中国武术的重要象征，少林寺每年都会成为人们关注的焦点。以 2017 年为例，全年游客接待量突破 350 万人次，门票收入 3.5 亿元。

三、白　马　寺

位于河南省洛阳老城以东 12 千米处，始建于东汉永平十一年（68 年），是佛教传入中国后兴建的第一座寺院。洛阳白马寺建立之后，中国"僧院"便泛称为"寺"，白马寺也因此被认为是中国佛教的发源地，有中国佛教的"祖庭"和"释源"之称。洛阳白马寺距今已有 1900 多年的历史，现存的遗址多为元、明、清所留，寺内保存了大量元代夹纻干漆造像，如三世佛、二天将、十八罗汉等，弥足珍贵。

1990 年前，洛阳白马寺主要建筑有寺院的山门、殿阁、齐云塔院。1990 年，在原有建筑的基础上，洛阳白马寺增加了钟鼓楼、泰式佛殿、卧玉佛殿和齐云塔院内的客堂、禅房等。目前白马寺占地约 3.4 万平方米，有大小建筑百余间。寺院坐北朝南，为中轴对称格局，布局规整，主次分明。寺内主要建筑都分布在中轴线上，自南向北依次是山门、天王殿、大佛殿、大雄殿、接引殿和清凉台，两侧还有钟鼓楼、门堂、云水堂、客堂、斋堂、祖堂、禅堂、方丈院等附属建筑。

1961 年，洛阳白马寺被国务院公布为第一批全国重点文物保护单位。1983 年，被国务院确定为全国汉传佛教重点寺院。2001 年 1 月，洛阳白马寺被国家旅游局命名为首批 4A 级景区。

由于距洛阳市区较近，交通便利，白马寺一直以来都是广大洛阳市民休闲游玩、放松心情的最佳场所。

除了龙门石窟、少林寺、白马寺外，在河洛之内，还有很多已被开发利用的历史文化资源，如天子驾六、关林、古墓博物馆、定鼎门等，它们都是传播中国优秀文化的重要基地。

第三节　偃师商城考古遗址公园建设的借鉴意义

对于偃师商城的保护，历来各级政府十分重视。遗址保护一直伴随着遗址的考古发现和发掘而进行。到目前为止，对偃师商城有组织的保护管理工作主要体现在两个方面：一是以行政法规的形式从法律层面确定商城及其保护工作的权利义务；二是设立专门的管理机构组织进行科学的保护规划。自偃师商城发现以来，洛阳市和偃师市政府将其保护纳入"九五"到"十一五"社会经济发展规划，相继出台的法规性文件包括如《洛阳市偃师二里头遗址、偃师商城遗址保护管理条例》《偃师市进一步加强文物保护管理工作的通知》《偃师市关于加强文物保护单位内禁止挖土、爆破、建设现代化建筑的条令》等，以期以法律的形式保障遗址不受侵害。管理机构方面，偃师商城发现之初由偃师文管会和文管所管理。

偃师商城的保护规划开始于 2002 年，偃师市政府委托北京建筑工程学校对商城遗址进行了全面规划，出台《偃师商城遗址保护规划》，这是偃师商城第一份具有专业性质的大遗址保护规划。2006 年由国家文物局批准实施。遗址保护范围包括考古发掘已经探明的宫城、小城、大城城区内的全部遗存和大城外护城河、商城内外水系等区域。

偃师商城的遗址公园建设是与大遗址保护的概念相并行的，国家文物局颁布的《大遗址保护"十二五"专项规划》将偃师商城遗址列为全国 100 处重要大遗址。2010年我国颁发《国家考古遗址公园管理办法》后，大遗址保护进入了以考古遗址公园建设为核心议题的时代，偃师商城也由此立项建设遗址公园。

将大遗址建成遗址公园是我国目前大遗址保护的重要形式和议题，在这一大背景下，偃师商城遗址公园的建设起步较早，而且推进速度快，目前已经初具规模。建设遗址公园的概念最先由国家文物局在"夏商周断代工程"考古成果指示中提出，采用建设考古遗址公园的方式来保护遗址，最初有"微型遗址公园"的概念，后来将工程核心区建设成遗址公园的方案被确立下来，而将整个遗址做成大型遗址公园的构想也已提出。

目前《偃师商城考古遗址公园规划》已经编制完成出台实施，一些项目已经建成，更多的项目正在建设中。以宫城遗址保护展示为中心，池苑、水渠、二号、四号、八号宫殿基本完成保护展示，采用了于原址上铺垫纯净黄土，形成保护台地的方法。如二号宫殿主殿的保护展示本着完全忠实于考古发掘现场遗迹现象的原则，只用不同土色区别不同时期的建筑。主殿基址先用夯土筑出雏形，再用 24 厘米砖墙包砌。外表抹3～5 厘米厚的仿土色水泥砂浆。基址面上柱洞、柱坑的表现方法是，柱坑底面低于基址 3～5 厘米，柱洞内埋置相应直径的木柱，柱顶面与柱坑底面平齐。夯土踏步用夯土作芯，外包现浇混凝土，表面抹仿土色水泥。主殿北侧踏步两侧的短墙，用素混凝土模拟，内栽木柱，柱顶与墙平面齐平。

在台地上面模拟仿建宫殿、池苑、水渠等。这种覆土保护建筑模拟相结合的方式，受到学术界的充分肯定。截至目前，宫城核心区公园已经初具规模，待进一步将附属设施完善后即可开放展示。池苑遗址目前采用了原址展示和复原展示两种方式，已分别在遗址上标识出池苑和暗渠的位置与功用，以及在原遗址旁重新建造一座原大的新的水池。排水道展示位于东一城门处，采用了在原址上方铺设木板的方法进行保护并设有讲解。高台建筑基址的上方已建造了一座"观景台"，是一处两层钢结构的观景场所，其面积在原基础上有所扩大，一次可容纳 300 余人观景 [①]。

宫城外的遗址区域定位为开放性遗址公园，西城墙的保护展示工程已告竣工，采用覆土绿化原址，现已免费开放展览。府库遗址的周围建设了绿化带，其中三号府库

---

① 洛阳市文物管理局：《洛阳大遗址研究与保护》，文物出版社，2009 年。

已被纳入商城遗址公园,植被覆盖已起到缓冲保护的作用。大城东北隅在遗迹保护回填后,在地面采取复建或标识的方式展示商代城墙、城壕、道路、墓葬、陶窑、灰坑等遗迹。在宫城区外至大城区内,大面积遗址仍深埋在农田下,面临着人类活动侵袭的威胁,目前正在以绿植覆盖的方式为主进行遗址保护。近几年,洛阳市委已将大遗址保护展示作为本市旅游名城建设的首要任务,措施是继续实施偃师商城遗址保护展示三期工程,遗址东西部夯土台及南大门、东侧门塾、宫墙等遗迹预计完成露明展示厅工程。

偃师商城宫城区是遗址公园保护与展示的核心区域,在宫城区内根据遗迹各自的特征已定或有待实施的保护与展示方案,展示采用原址和覆土保护建筑模拟相结合的方式,宫城核心区公园已经初具规模并且开始对外开放,下面我们根据展示的效果和保护状态做如下讨论。

(1)偃师商城遗址公园的区位特点。

偃师商城遗址公园是目前我国较为典型的城乡接合部型遗址公园,其位于偃师市边缘以农田乡镇为主的乡村区域,虽然距离洛阳、偃师市区并不远,但基本上仍属于乡村型遗址公园,遗址距离城市较近,周边景区较多,对遗址公园吸引游客旅游、兼顾周边市民休闲等方面是十分有利的,但矛盾的是偃师商城遗址公园的宫城核心区规划涉及塔庄及周边几个村的土地征用问题,公园的用地问题成为城乡接合部型遗址公园的一个突出问题。

(2)1:1原址复原的利与弊分析。

偃师商城遗址在2002年以前已将历年所发掘的重要遗迹全部采用保护性回填的方法进行处理,之后的偃师商城遗址公园的模拟复原是在回填后的遗址原位,根据考古资料对遗址原貌进行复原。目前园区已按照1:1的比例对部分宫殿建筑、池苑、宫墙、祭祀坑等遗迹进行了复原建设,复建工程设置在原遗址上方,为保证地下遗址安全,宫殿采用了悬空构筑的建筑设计方式,并在宫城四周夯土围墙的外侧修建了保护性围墙。这种1:1的原址复原方式体现出历史的真实性,这也正是文化遗产保护工作的核心理念。建筑遗产的真实性包括材料、设计、功能、遗产地理位置等信息要符合历史事实,对遗址进行真实的复原不仅对研究我国古代宫苑、园林的起源有着启示作用,而且对公众了解商代早期的文化面貌有着促进作用,同时也是古代遗址保护的一种新的模式。

真实复原的同时也存在一些缺陷。在材料方面为还原建筑的真实性,已复原的建筑中采用了大量的木质建材和茅草等。木质材料本身的表现效果能够很好地体现出商代早期宫殿建筑的艺术文化气息以及建筑方法,但其材质本身也存在着虫害侵蚀和火灾等隐患,因此对建筑物的防腐、防虫、防火有着更高的技术要求。在设计方面按照对遗迹的展现所进行的实验性研究和阐释,尽可能地概括性还原了宫殿等建筑的本来面貌,但是由于建筑细节复原难度大以至于缺失细节,使这种还原显得较为生硬,缺少观赏性与吸引力。历史环境与遗址中复原与保护的遗迹所共同创造出的环境空间有着更强的视觉感染力，如果能对遗址的历史环境进行还原则有利于建筑与各遗迹自身气氛的营造，形成整体的文化氛围，也能展现出商文化的独特气质。

（3）文物资源有待深入挖掘，遗址文物馆亟待建设。

考古遗址公园的核心是考古，公园是其外在形式。对于以考古为重心的遗址公园来讲，有计划地对遗址进行考古发掘，能够给公园不断输送新鲜的血液。宫城外的探查与发掘除城墙以及西南隅的二号府库附近区域外，宫城与小城、宫城与大城之间基本没有进行过，目前已通过计划性的植被覆盖的方式进行遗址保护，有待今后展开考古工作。除了对遗址的保护与开发外，对文物资源的有效利用则会增强偃师商城考古遗址公园的活力。针对考古遗址公园把科研与教育、休闲相结合的特征，将文物资源转化为文化产品是考古与旅游的一个契合点，而纪念品又是传播历史文化信息的新途径。选择具有遗址公园文化代表性的文物作为文化产品的开发对象，是一种行之有效的方式，纪念品设计形式多样，既可以文物为原型将其设计成人们的日常生活用品或装饰品，让文物具有亲和力，又可以制作与考古遗址公园相关的书籍或电子读物，让知识信息传播更为广泛。这种文化产品代表了遗址公园的主体形象，即园区整体形象的概括与公园意象的具象表达，且具有的鲜明特征是其他同类遗址公园所不能替代的。因此，文化产品的开发能够促进旅游业所带来的经济价值与娱乐价值，而有待建设的遗址文物馆则在保护文物的同时提升了考古遗址公园的文化教育功能。

偃师商城遗址公园的各项规划方案都以遗址的保护与展示为主，而文物的保护与展示也同等重要。如果说对遗迹的复建是对历史文化的宏观展现，那么对文物的展示则是对历史的微观考察。遗址文物馆不仅仅对文物起到保护的作用，而且让文物在出土遗址进行展示也能更好地发挥历史文化的宣传与教育作用。偃师商城处在夏商文化交替时期，其自身的文化特征可以通过对遗址内各个时期文物的陈列向公众展现，使公众了解偃师商城整个历史时期文化的发展与变化，同时这也是在将考古的科研成果展现给大众。这种展示不仅能够促进公众对偃师商城的了解，而且能够拉近公众与考古、公众与历史的距离。

除了对宫殿以及各遗迹的保护和模拟展示外，对祭祀区内的祭祀活动这类非物质文化形态进行实验与演示对商文化的复原与展现有促进作用。宫城北部发掘的祭祀区分为 A、B、C 三个部分，总面积可达 3100 平方米，而在 2014 年偃师商城宫城遗址复查期间又发现了祭祀 D 区，并且在其他宫殿遗址附近也存在着祭祀性质的遗存①。祭祀活动具有商代上层阶级宗教文化的代表性，在祭祀区内有以稻谷等农作物为主的祭祀场，也有 B 区、C 区以猪等动物为主要牺牲的大型祭祀场，祭祀场又分为："观礼区"、

---

① 中国社会科学院考古研究所河南第二工作队：《2011 年至 2016 年偃师商城宫城遗址复查工作的主要收获》，《中原文物》2018 年第 3 期。

焚烧（献祭）区和献牲区 ①，有些也伴出陶器等。祭祀区沿用的时间跨度很长，总体从第一期 1 段沿用到第三期 6 段。这些祭祀场或祭祀坑因堆积物的形式不同而展现出商代祭祀活动的多样性，也因祭祀遗迹长期以及普遍存在而反映出祭祀成为商代社会文化最不可或缺的文化形式。因此，通过考古对遗址各祭祀区功能的判断来模拟实验具有典型性质的祭祀活动对于探索商代初期人们的精神文化显得十分重要，而向公众展示祭祀的实验结果不仅能使人们对商文化有最直接的认识与感受，亦能成为遗址公园的一个旅游特色。

应当突出夏商更替历史事件的展示。偃师商城遗址涵盖了多个历史时期的文化层，依次为龙山文化、二里头文化、商代早期、东周时期、汉魏时期、唐宋时期、明清时期以及近现代文化堆积层。因此在文物的展示方面必然会包含这些历史时期的文化信息，而夏商更替阶段的历史则是确定该遗址在考古学以及遗址公园当中地位的重要因素，展示主题也应与遗址在学术领域的客观定位相契合，突出展示夏商更替这一历史事件。

目前学术界对偃师商城内各阶段的文化性质做出了分析，一期文化的性质由宫殿区的北部祭祀区底层所发现的商城地域内最早的商代陶器遗存来判断。偃师商城遗址一期早段的文化内涵与二里头文化有着相似之处，而在一期较晚阶段则呈现出成熟的早商文化的迹象，并且与二里头文化的三、四期文化面貌存在明显的差异性，第四段部分器物已经具有二里冈期文化的特征 ②。可以看出，商文化在吸收二里头夏文化后形成了自己较为成熟且独具特色的早商文化 ③。偃师商城遗址与二里头遗址仅相距约 6 千米，是商文化取代夏王朝以统治中原地区的重要城址。文化的变更与继承在偃师商城所留下的印记，使其在中国古代文明进程中成为关键的一环。夏商朝代的更替突出表现在器物群上，展示内容可重点突出偃师商城文化由一期早段二里头文化特征为主的陶器向一期晚段早商文化逐渐成熟的发展过程。

（4）遗址博物馆建设的建议。

偃师商城遗址博物馆的建设已规划在商城遗址大城圈外的东南角，遗址博物馆建立的主要目的是将发掘过和已进行过回填的商城遗址的文化面貌展现给公众。随着偃师市二里头文化考古遗址公园及博物馆的建设，偃师商城遗址周边至洛阳市区已逐渐形成大遗址保护与展示区，历史文化气氛浓厚。因此在考古遗址公园蓬勃发展、考古研究更为深入的背景条件下，偃师商城遗址博物馆的建设应突出遗址自身的文化特色，成为中原地区一个鲜明的"历史文化符号"。遗址博物馆的建设包括建筑以及展示两个方面。博物馆的建筑设计总体而言，可在遗址宫城内建筑模式的基础上融入更多的现代元素以符合当代人的审美需求，同时突出商代早期建筑特征，使观者在步入博物馆之前就产生历史融入感，为参观做铺垫。馆内的展示则需要从内容、形式以及传播三

---

① 王学荣、杜金鹏、李志鹏等：《偃师商城发掘商代早期祭祀遗址》，《中国文物报》2001 年 8 月 5 日第 1 版。
② 赵芝荃：《关于二里头文化类型与分期的问题》，《中国考古学研究》（二），科学出版社，1986 年。
③ 王学荣：《偃师商城第一期文化研究》，《三代考古》2006 年第 1 期。

方面来考虑。展示内容在以偃师商城自身的发展史为主的同时，可将夏商文化的更替这一展示主题作为重点，使展示内容的特征更为鲜明。其次，展示设计所包含的平面布局、空间、光环境、陈列设计等在与科技结合的同时还应融入历史本身，在增强与观者互动的同时减少科技与装饰手法所带来的突兀感，让形式更好地服务于功能。最后，遗址博物馆的性能不同于仅对文物进行展览的固定形式，它涉及的面更加广泛，包含政治、宗教、军事、农业、工业、建筑等，是整合遗址各方面文化信息的综合体，因此在展示方式上会更加灵活。遗址博物馆展示的目的在于传达遗址信息，博物馆的"自我传播"在于与公众之间建立一种双向互动的关系，让公众更多地参与进展示场景当中，由"参观"转变为"感受"，促进公众主动接受信息的意识并引发人们对历史的思考。

国家文物局对遗址公园的定义主要在以下几个方面："第一，考古遗址公园不是建在遗址上的主题公园。二者存在本质区别，前者展示的是遗址本身及其价值，阐述的是真实的历史，容不得半点篡改。后者是基于历史题材的创作，展示的是现代人的思维和想象，允许有一定的虚构和夸张。第二，考古遗址公园不是建筑史竞技的舞台，这里的主角只有一个，即遗址。任何其他设施都是遗址的陪衬，绝不应当让张扬的设计、华丽的材料干扰甚至妨碍人们观察遗址，反思历史。第三，考古遗址公园不是游乐园。任何建设项目都必须遵循不破坏遗址的原则，各类保护和展示设施都应当可识别。在考古遗址公园举办的各类活动都应当与遗址内涵和价值相协调。第四，考古遗址公园不是普通的旅游景点。必须科学评估遗址的游客承载力，合理限定游客数量，绝不能为了追求门票收入而盲目增加游客数量，以免对遗址产生不利影响。"[①] 偃师商城考古遗址公园的建设与国家文物局的要求一致，它是以遗址保护为根本、以展示为基础的有着科研、教育、休憩功能的公共遗产地。

偃师商城遗址当下一个突出的问题就是原遗址与现代公共、商业设施建设的冲突，遗址个别部分已被现代建筑、道路蚕食严重，考古遗址公园的建设与完善已十分迫切。偃师商城考古遗址公园的建设重在政府政策的监督与支持的同时，还在于让公众建立起文化遗产保护的意识，让偃师商城遗址的价值与意义深入人心。目前偃师商城考古遗址公园宣传效应不显著，虽然偃师商城是学术界公认的非常重要的古代城址，但是对于当前旅游受众市场来说，它的名气与龙门、白马寺相比却很尴尬。我们希望偃师商城考古遗址公园今后应大力做好自身的宣传工作，如何更好地对遗址公园进行设计、开发和利用。展现形式多与现代科技结合使其更加丰富多彩。遗址公园应重视新闻媒体、广告等媒介宣传。在当下考古遗址公园逐步得到重视并如火如荼建设之时，实现科研与保护开发相结合、优化遗址公园的资源利用、展现偃师商城自身文化特征，将是使偃师商城考古遗址公园拥有长久活力的有效途径。文化遗产保护是一项长久工程，

① 国家文物局：《中国大遗址：我们魂牵梦绕的地方》，《中国文化遗产》2010 年第 1 期。

进行文化遗产宣传与教育则是实现科学性、可持续性保护行动的保障和关键所在，对延续中华文脉、促进公民思想道德建设和社会主义精神文明建设、构建和谐社会具有历史和现实意义。

第四节　河洛古代文化遗产持续发展规划构想

河洛地区文化遗址数量众多、价值突出，保护利用前景广阔。对这些文化遗址的保护利用要坚持"保护第一、合理利用、科学规划"的方针，贯彻原真性、整体性等原则，以"国家考古公园模式"为主线，以考古遗址博物馆、展览馆为补充，全方位、多层次地开展保护利用工作。

在洛阳盆地中，洛河就像一条巨龙，横亘在广袤的平原上，而伊河、涧水等支流便是巨龙的龙爪。在河流两岸分布着众多文化遗址，就像覆盖在龙身上的鳞甲一样，光彩照人。这条巨龙贯穿了中华文明的起源、发展与形成的各个时期。因此，河洛地区古代遗存的保护利用工作就可以伊洛河这条巨龙为主线，打造伊洛河文化带，建设"中华文明历史文化景观走廊"，具体的规划方案如下。

一、在龙首位置，打造二里头和偃师商城国家考古遗址公园

二里头遗址位于伊、洛两水之间，距离洛阳市约 18 千米，东西长约 2.5、南北宽约 1.5 千米。经过 60 余年的考古发掘，二里头遗址累计发掘面积达 4 万平方米，取得了一系列的重要成果。在二里头遗址，发现了迄今我国最早的宫城和布局有序的宫室建筑群、最早的青铜作坊和青铜礼器、最早的双轮车辙痕迹。出土了大量精美的陶器、青铜器、玉器、骨蚌器等，尤其是绿松石龙形器，由 2000 余片绿松石组成，是中华龙文化的生动反映。可以说，二里头遗址是目前可确认的中国最早的王国都城遗址，有着"华夏第一都"的美誉。根据二里头遗址的具体位置、文化内涵及所处年代，大部分学者认为它就是夏朝的晚期都城——斟鄩。

偃师商城位于二里头遗址东，东距偃师县城约 1 千米，北依邙山，南临洛水。城址平面略呈长方形，南北长 1700 余米，北部宽 1215 米，中部宽约 1120 米，南部宽740 米。包括大城、小城、宫城三重城垣，其中，大城呈"刀"字形，小城呈长方形，小城中间有宫城，宫城内发现有多处宫殿建筑基址。另外，在城址内还发现有城门、道路、居址等遗迹，并出土大量石器、陶器、铜器、玉器等遗物。从已发现的遗迹来看，偃师商城内既有大型宫殿建筑，又有军事防御设施，具备了早期都城的规模和特点。根据偃师商城的地理位置、文化内涵和所处年代，大多数学者认为它就是文献中记载的"西亳"。

二里头遗址夏都和偃师商城商都位于较为空旷的田野之中，而且面积较大，发现

的遗迹和遗物十分丰富，价值特别突出，完全具备建设大型国家考古遗址公园的条件。因此，对其保护利用就以建设大型国家考古遗址公园为目标，以展示夏商文明为中心，可从以下几点做起（图三二）。

（1）在两个遗址上分别建设二里头考古遗址公园和偃师商城国家考古遗址公园。两者建设的侧重点可以有所不同。二里头遗址属于夏代晚期都城争议不大，因此二里头国家考古遗址公园的建设当以重现和恢复"华夏第一王都"的面貌作为主要内容。偃师商城的性质争议较大，它具有都城和军事防御的双重属性，尤以军事防御为主。因此，在建设偃师商城国家考古遗址公园时，一定要突出其作为军事防御的特色。目前，偃师商城国家考古遗址公园建设正在如火如荼地进行中，对城墙、宫城的保护利用已取得了很大成效，也为二里头考古遗址公园的建设提供了有意义的借鉴。二里头遗址博物馆目前也在建设中，已于2019年完工，这也为之后遗址公园的建设奠定了良好的基础。

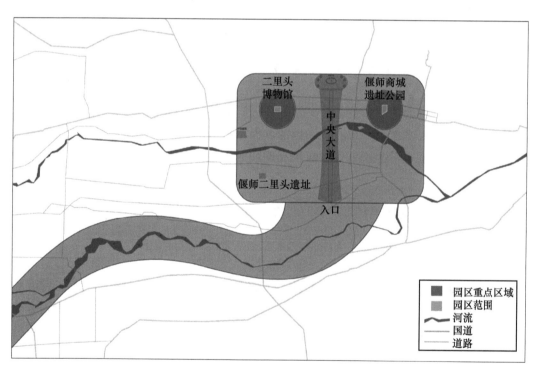

图三二　河洛古代文化遗产可持续发展的龙形规划图

（2）在重要的遗迹原址上，建立遗址博物馆，复原其原有风貌。二里头遗址和偃师商城发现了很多在国内具有重大价值的考古遗迹，如城墙、大型宫殿基址、青铜器作坊、绿松石作坊、墓葬等。这些遗迹是遗址的关键所在，传递着丰富的历史文化信息，价值十分突出。同时，这些遗迹又随时面临着被破坏的风险，因此对它们的保护利用迫在眉睫。在保护利用的过程中，一定要坚持"保护第一、合理利用"的方针，按照整体性、原真性的原则，采取多学科相结合的方法，尽量将遗迹在保护过程中的人为损坏降到最低点。

（3）在遗址公园内，可以通过走廊、雕塑、小品、植被等途径和手段，建设一批小型的历史文化景观，使它们点缀在考古遗址公园中，使考古遗址公园成为普及社会科学知识、弘扬民族优秀文化、增强民族自豪感和凝聚力、提高文明修养的园地。另外，也可以将夏商时期在这两个城址中发生的历史传说和故事以图片、歌舞、话剧等形式生动形象地表现出来，使人们能够更加直观、通俗地感受夏商文化，了解和熟悉夏商历史。

（4）在偃师商城中，选取文化遗迹较少的地方，建设"中华文明苑"。"中华文明苑"形状布局的设计一定要体现出"中华文明"的独有特色，不能庸俗化、普通化。中华文明苑以陈列和展示中华文明起源、发展、初步形成、最终形成等不同时期的精品文物为主。通过参观这些精品文物，人们能够准确地窥视中华文明的形成过程。由于需求的文物较多，文物的调取范围不要仅限于洛阳本地，要通过一定的途径和方法从河南各地调取裴李岗、仰韶、龙山、夏商等不同时期的、具有典型特征的、能够反映文明发展脉络的文物。

二、在龙身位置，建设一批小型国家遗址公园

龙身之上发现的遗址多达 200 多处，将它们全部保护利用起来不切实际，也不易操作。因此一定要选取一些具有代表性的、保存较好的、经过科学发掘的、文化遗迹众多的、出土器物丰富的遗址作为保护利用的对象，并以它们为依托，建设一批小型遗址公园。

（一）王湾考古遗址公园

1. 文化资源分析

王湾遗址位于洛阳市王湾村西北部，涧河东南河湾内的第一台地上。遗址南北长约 200、东西宽约 100 米，面积约 2 万平方米。1959 年和 1960 年，北京大学考古专业先后对其进行发掘，发现了丰富的文化遗存。其中，新石器时代遗存最为典型，可分为三期。王湾第一期文化发现房址 7 座，全为方形的地上建筑。灰坑 8 个，形状有锅底形、袋形和直筒形。墓葬 82 座，成人墓为长方形竖穴土坑，小孩墓一般为瓮棺葬，多数墓葬没有随葬品。生产工具以石器为主，主要的器形有石铲、石斧、石刀、石凿、石磨棒等。生活用具主要是陶器，以泥质红陶为主，夹砂红陶和灰陶次之，泥质灰陶较少。器表以素面和磨光为主，纹饰有弦纹、附加堆纹及彩绘等。主要器形有罐、灶、釜、鼎、甑、盆、瓮、钵、杯、小口尖底瓶等。王湾第二期文化没有发现完整的房址，仅有一些残破的居住面和柱洞。发现陶窑 1 座，残破较严重，可能为横穴窑。灰坑数

量较多，有袋形、圆形、椭圆形和不规则形四种，以袋形为主。墓葬以长方形竖穴土坑墓为主，也有少量瓮棺葬。生产工具包括陶、骨、石、蚌四类，以石质为主，主要器形有铲、斧、刀、镰、凿等。生活用具主要是陶器，以夹砂灰褐为主，泥质灰陶和泥质黑陶次之，另有少量的夹砂褐陶、夹砂红陶、泥质红陶。纹饰明显增多，主要有弦纹、线纹、附加堆纹、绳纹、篮纹、方格纹、划纹等。彩陶占有一定的比例。主要器形有鼎、罐、甑、瓮、缸、高领罐、盆、钵、豆、盘、小口瓶、杯等。王湾第三期文化没有发现房址，发现的灰坑形状和第二期差别不甚明显，袋装坑的比例更高，圆形坑次之。墓葬数量极少，均为长方形竖穴土坑墓。生产工具仍以石器为主，但是与第二期相比，在器形、制作技术和采料等方面都有较大进步。生活用具仍为陶器，以泥质灰陶和夹砂灰陶为主，褐陶的比例明显减少，不见红陶。纹饰以方格纹、篮纹为主，另有一些绳纹、弦纹、附加堆纹、划纹等。主要器形有深腹罐、鼎、鬲、斝、甑、碗、豆、盘、单把罐、单耳杯、鬶、盉、刻槽盆、双腹盆、盆、缸、圈足盘等。这三期文化中，第一期属于典型的豫西仰韶文化，与庙底沟类型十分相似，第二期属于庙底沟二期文化，第三期属于河南龙山文化。除了新石器时代文化遗存外，王湾遗址还发现有比较丰富的周代文化遗存，包括居址和墓葬两部分。根据居址、墓葬的叠压打破关系以及出土器物的组合、特征，可知周代文化遗存从西周晚期遗址延续至战国初期。因此，王湾在周代也是一个十分重要的聚落遗址。王湾遗址的发现意义重大，首次从考古学上确立了豫西地区新石器中晚期考古学文化的发展序列，具有明显的标尺作用。尤其是王湾第二期文化遗存的发现，对于研究豫西地区仰韶文化向龙山文化的转变具有重要的参考意义。

2. 保护利用意见

王湾遗址具有极高的历史价值，对王湾遗址的保护利用一定要将其丰富的历史文化信息表现出来。首先要依托遗址本体建设王湾考古遗址公园，考古遗址公园重在表现新石器时代和周代两个时期的文化风貌，可以在不同的区域用不同的形式和手法展现这两个时期的文化风貌。王湾新石器文化风貌片区以展示仰韶到龙山时期文化的发展演变规律为主，周代文化风貌重在体现当时普通民众的社会生活状况。其次，由于王湾遗址出土器物丰富，可在遗址公园内建设小型的博物馆。

（二）干沟考古遗址公园

1. 文化资源分析

干沟包括东干沟和西干沟，其中东干沟位于涧河东岸，西干沟位于涧河西岸。西干沟遗址文化内涵丰富，包括仰韶文化、庙底沟二期文化、河南龙山文化和西周时期文化遗存。

仰韶文化即遗址的仰韶一期遗存，发现的遗迹主要是灰坑，以口大底小的圆形锅底状坑为主。生产工具主要为石器，种类有铲、斧、刀、锛、凿、球等。生活用具主要是陶器，包括泥质红陶、夹砂红陶、夹砂灰陶和泥质灰陶。纹饰主要有划纹、弦纹、附加堆纹、绳纹、凹痕纹，也有少量的彩陶。主要器类有罐、鼎、圆腹罐、盆、钵、碗、杯、小口尖底瓶、瓮、缸和器盖等。这一时期的文化遗存大致相当于仰韶文化晚期阶段，在豫西地区属于西王村类型的分布范围。

庙底沟二期文化即遗址的仰韶二期遗存，发现的遗迹有灰坑、墓葬两种，灰坑以口小底大的圆形袋状坑为主；墓葬数量较少，均为长方形的竖穴土坑墓。生产工具仍以石器为主，包括刀、斧、锛、凿、铲、镰等。生活用具以陶器为主，包括夹砂灰陶、夹砂红陶、泥质红陶和泥质灰陶四种，以夹砂灰陶最多，其次为夹砂红陶，泥质红陶和泥质灰陶较少。纹饰有绳纹、附加堆纹、篮纹、方格纹、线纹等，也有少量的彩绘。主要器形有罐、鼎、大口罐、高领罐、盆、钵、碗、杯、豆和瓮等。这一时期的文化遗存与王湾二期文化大体相当，属于庙底沟二期文化在洛阳地区的一个地方类型。

西干沟遗址的龙山文化分为两期。一期发现的遗迹仅有灰坑一种，形状以圆形的袋状坑为主，直壁坑次之。生产工具有石、骨、蚌和陶质四种，其中石器有刀、镰、锥、弹丸等，骨器有凿、铲、镰、针等。陶器有夹砂灰陶、泥质灰陶、夹砂红陶、泥质橙黄陶四种；纹饰有篮纹、弦纹、方格纹和绳纹等，还有一部分素面；主要器形有罐、斝、甗、釜灶、小罐、双腹盆、钵、豆、盘、高领瓮、缸、器盖等。二期发现的遗迹也只有灰坑一种，形状和一期区别不大。生产工具以石器为主，主要器形有斧、铲、刀、凿、镰、矛等。生活用具主要是陶器，以泥质灰陶为主，夹砂灰陶次之，泥质黑陶又次之，泥质红陶极少；纹饰有方格纹、篮纹、弦纹、绳纹和指甲纹等，素面占一定的比例；主要器形有鼎、罐、斝、鬲、甗、大口罐、单耳罐、高领罐、双腹盆、钵、豆、碗、杯、高领瓮、缸、器座、鬶等。西干沟龙山文化与王湾三期文化十分相似，但也有自身独特之处，这里有较多三里桥或晋南的因素。

西干沟遗址的西周遗存不算丰富，但是却十分重要，尤其是数量众多、分布集中的兽骨坑和形制规整的圆形竖穴坑，应该与祭祀有很大关系。

东干沟遗址的文化遗存包括龙山文化和二里头文化两个时期。其中，龙山文化遗存比较简单，与西干沟龙山二期相差无几。二里头文化十分丰富，遗迹有灰坑、窑址、墓葬三种。其中，灰坑有椭圆形、圆形、不规则形、方形和长方形五种，以前三种为主，口部不规整、坑浅、圜底。窑址破坏严重，墓葬以竖穴长方形为主。生产工具有铜器、石器等，其中铜器数量较少，种类有刀、钻；石器有铲、镰、斧、凿、锛、镞、矛、磨棒、砺石等；骨器有铲、凿、锥、镞等。生活用具主要是陶器，包括夹砂灰陶、泥质灰陶和细泥白陶三种，从早到晚，夹砂陶的比例不断增加；纹饰早期以篮纹为主，其他纹饰较少，中晚期以绳纹为主。主要器形有深腹罐、圆腹罐、侈口罐、鼎、鬲、甗、盆、平底盆、刻槽盆、大口罐、敛口罐、高领罐、圆腹小罐、三足盘、圈足盘、豆、钵、碗、大口尊、瓮、缸、器盖、斝、觚、爵、盉等。东干沟二里头文化分为早、中、晚三期，大致相当于二里头遗址一、二、三期。

通过对东干沟、西干沟文化资源的介绍可以看出，这里的文化遗存延续时间长，从仰韶晚期延续到二里头晚期，时间跨度约 2000 年。另外，这里文化遗存的分布比较特殊，西干沟主要是新石器时代文化，而东干沟则以二里头文化为主，说明人们的居住位置和方式在两个时期有一定的差别。到了西周时期，这里成为一个重要的祭祀场所，这是值得关注的。

2. 保护利用意见

由于西干沟遗址和东干沟遗址中间仅相隔一条涧河，距离较近，可将它们捆绑起来，建设干沟遗址公园。

第一，在西干沟区域，重点打造新石器时代文化面貌；在东干沟区域，重点打造二里头文化面貌。利用植物景观、雕塑或小品的形式将考古发现的重要文化遗迹生动形象地展示出来。由于这一区域发现有西周时期的重要祭祀遗存，接下来要对这些文化信息进行深层次的解读，在此基础上，可以复原祭祀的场面和过程。

第二，在东干沟区域，可以建设小型的遗址博物馆，将西干沟和东干沟发掘出土的所有器物陈列其中。这样，人们就能够直观形象地了解到从 5500～3500 年这一区域文化面貌的变化。

第三，由于不同时期的人们居住的位置和方式在这两个遗址中有明确的反映，因此，可以在遗址公园通过立体、动感的形式将这一过程反映出来。

（三）矬李考古遗址公园

1. 文化资源分析

矬李遗址位于洛阳市南郊约 12.5 千米，处于洛水和伊水之间，是一处南北长 700、东西宽 500 米的台地。1976 年，洛阳博物馆对遗址进行了考古发掘，发现了丰富的文化遗存。发掘者将遗址分五期。第一期遗存十分简单，发现的遗迹仅有灰坑一种。石器较少，有刀、凿、环、镰等。陶器以夹砂粗红陶为主，还有泥质红陶和夹砂灰陶等。除素面外，线纹居多，彩陶较少。彩陶纹饰一般衬以白色陶衣，用绛红色、褐色或黑色绘网纹或圆点、弧线等组成不同的图案。主要器形有钵、盆、碗、罐、小口瓶等。第二期遗存较丰富，发现的遗迹有灰坑、墓葬和房址，数量都较少。石器、骨器数量也较少。陶器有泥质黑陶、泥质灰陶及夹砂灰陶，以泥质灰陶为多。纹饰中篮纹和素面磨光为多，方格纹少。主要器形有鼎、罐、甑、双腹盆、刻槽盆、碗、器盖、环等。第三期遗存十分丰富，发现的遗迹有灰坑、房址、墓葬和水井等。其中，灰坑以圆形袋状坑为主。墓葬中葬式有仰身直肢葬和屈肢葬两种。发现的水井十分重要，呈圆形。

石器有斧、锛、铲、刀、镰、磨棒等。骨器有铲、锥、簪、镞等。陶器以夹砂灰陶居多，泥质灰陶次之，磨光黑陶少见。纹饰以篮纹、方格纹为主，素面和细绳纹次之。器形有罐形鼎、斝、平底甑、圈足盘、高领罐、大口罐、双腹盆、碗、豆、鬶等。第四期遗存较少，发现的遗迹仅有灰坑和灶坑两种，其中灰坑以袋状坑为主。石器、骨器、蚌器数量较少。陶器以泥质灰陶为主，夹砂灰陶次之，黑陶、白陶较少。纹饰以篮纹为主，细绳纹次之，还有少量的素面磨光、方格纹和附加堆纹。器形有鼎、深腹罐、圆腹罐、深腹盆、甑、尊、三足器、器盖、鬶、白陶爵等。第五期遗存比较简单，发现的遗迹与第四期相比差别不大。石器有斧、铲、凿等。陶器多泥质灰陶，有少量的夹砂灰陶和橙黄陶。纹饰多绳纹和附加堆纹，篮纹、印纹较少。主要器形有鼎、甑、刻槽盆、深腹罐、圆腹罐、深腹盆、大口尊、豆、小口罐等。这五期文化遗存中，第一期属于仰韶文化的庙底沟类型，第二、三期属于王湾三期文化，第四、五期属于二里头文化。可以说，矬李遗址文化遗存延续时间长，文化内涵丰富，保护利用价值高。

2. 保护利用意见

由于矬李遗址具有丰富的文化遗存，因此对其保护利用为在遗址本体的基础上建设矬李遗址公园。

第一，以雕塑、植物景观、小品等形式将遗址中发现的各种遗迹，如灰坑、房址、墓葬、水井等表现出来。可以按遗迹的不同划出不同的区域，如灰坑展示区、墓葬表现区等。这样能够更加直观地反映出各种遗迹的演变规律，进而使观者更加鲜明地了解和认识古代人类社会生活的变化。

第二，在遗址公园内建设小型的陈列馆，将遗址发掘出土的所有文物集中展示出来。矬李遗址出土的文物十分丰富，不仅具有代表性，而且具有极高的学术研究、宣传教育意义。

（四）小潘沟考古遗址公园

1. 文化资源分析

小潘沟遗址位于孟津县小潘沟村西的坡地上，遗址东西长约 1000、南北宽约 200 余米，面积约 20 万平方米。遗址地势由南向北倾斜，由东向西逐渐升高，明显形成三层台地，东部为第一台地，中部为第二台地，最西为第三台地。1976 年 3～5 月，洛阳市博物馆对遗址进行了考古发掘，发掘面积 450 余平方米，发现了较为丰富的文化遗存。遗址以王湾三期文化为主，发现的遗迹有房址、灰坑、墓葬。其中，房址均为半地穴式，有方形和圆形两种；灰坑有袋状和不规则形两种，以袋状为主；墓葬以长方形竖穴土坑墓为主，有些墓葬有二层台，大多数墓葬无随葬品；还有一些灰坑葬。陶器以泥质灰陶和夹砂灰陶为主，其次是外灰内褐的夹砂陶，磨光灰陶和磨光黑陶较少，红陶和白陶极少，在同一陶器上同时使用两种陶质的情况这里也存在。纹饰多篮纹、斜方格纹，其次为弦纹、绳纹、指甲纹、附加堆纹、附加绳索纹等。主要器形有鼎、鬲、斝、鬶、盉、爵、大口罐、浅腹罐、小罐、直领罐、高领罐、杯、直筒杯、碗、盆、双腹盆、圈足盆、圈足盘、器盖、豆、甑、瓮、钵、澄滤器、瓶、纺轮、环、六足器等。石器有斧、铲、刀、镰、犁、凿、敲砸器、杵类、矛铁、纺轮、弹丸和环等。骨器有镞、打磨器、锥、簪、鱼钩和骨饰等。除此之外，遗址还发现有少量庙底沟二期文化时期的遗存。

从发掘的情况看，小潘沟遗址的文化遗存主要是王湾三期文化。但是由于发掘面积有限，对于其具体的文化面貌还是不得而知。

2. 保护利用意见

第一，组织文物考古部门对小潘沟遗址进行全方位的勘探和发掘，以全面、深入、准确地了解其文化面貌。

第二，以小潘沟遗址为依托，建设小潘沟遗址公园。从目前的考古发掘来看，遗址以龙山文化为主，先期可在发现龙山文化遗存的区域内建设遗址公园，由于发现的遗迹比较丰富，可以通过雕塑、植物景观、草坪、小品等形式将这些遗迹表现出来。待考古发掘完成后，对新发现的文化遗存，尤其是其他时期的文化遗存，可以在相应区域通过上述方式表现。

第三，在遗址上建立小型的陈列馆，展示遗址出土的精品文物，使人们能够更加直观地了解遗址的文化内涵。

第四，由于小潘沟遗址本体具有鲜明的特色，即遗址分为三级台地，很可能每级台地上的文化遗存都有区别，居住位置的变化与自然环境的变迁和居住方式的变化有着直接的关系。因此，在建设遗址公园的时候，一定要通过特有的方式将这种自然环境的变迁和居住方式的变化反映出来。

（五）高崖考古遗址公园

1. 文化资源分析

高崖遗址位于河南洛阳偃师市高龙乡高崖村，伊河由西向东从村北流过，高崖村就坐落在高出河床约 8 米的台地上，有条冲积沟由南向北把台地分为东西两部分，在沟东、沟西都分布着堆积丰富的新石器时代的文化遗存。遗址东西长约 1000、南北宽约500 米，总面积约为 50 万平方米，是一处大型的村落遗址。20 世纪 60 年代初，中国科学院考古研究所洛阳考古队与河南省文物工作队曾在此做过考古工作。继而北京大学历史系考古专业的师生又在该遗址做过考古试掘。1984 年秋，洛阳市文物普查时，在该遗址东台地上新发现了裴李岗文化遗存，从而填补了洛阳地区这一阶段的文化空白。

1988 年，洛阳市第二文物工作队又对遗址进行了发掘，发现了一批重要的文化遗存。

高崖遗址的裴李岗文化遗存较为丰富，发现的遗迹仅有灰坑一种，以圆形和椭圆形的锅底状坑为主，另有一些筒状坑。石、骨器较少。陶器以夹砂红褐陶、夹砂褐陶为主，也有少数为夹砂淡黄陶，泥质陶较少。器表多素面，少数为篦点纹、锥刺纹或坑点纹，磨光器不见。主要器形有深腹罐、三足钵、双耳壶、钵、碗等。

高崖遗址的仰韶文化遗存十分丰富，发现的遗迹有灰坑、房址和墓葬三种。灰坑以锅底状的圆形或椭圆形坑为主，墓葬为长方形竖穴土坑墓。陶器仍保留夹砂粗褐陶、夹砂红陶，泥质红陶比例增大。纹饰以素面为多数，保留少量篦点纹，新出现细绳纹、弦纹、划纹和彩绘等。器形除保留侈口深腹罐、钵外，大量出现敛口罐、折沿罐、釜、盆形鼎、卷沿盆、尖底瓶等。

高崖遗址的龙山文化遗存也比较丰富，发现的遗迹有灰坑、房址等。灰坑以圆形的袋状坑为主，房址为椭圆形的半地穴式。陶器以泥质灰陶为主，有少量的夹砂褐陶。器表以素面为大宗，细绳纹、篮纹和方格纹次之，还有少量的灰陶彩绘器。主要器形有深腹罐、盆、小口罐、碗、豆、大口罐、圈足器等。

高崖遗址的夏商文化遗存发现不多，其中二里头文化仅发现有灰坑，可辨识的器物有深腹罐、圆腹罐、三足盘、簋形器、盆等。早商文化发现的遗迹也只有灰坑一种。陶器均为泥质灰陶和夹砂灰陶。纹饰以绳纹为主，其次是附加堆纹，很少见篮纹。主要器形有鼎、鬲、大口尊、罐、盆等。

综观高崖遗址多次的发掘，可以看出，高崖遗址文化内涵十分丰富，延续时间长，涵盖了洛阳地区新石器至夏商文化的始终，是洛阳考古学文化的缩影。

2. 保护利用意见

高崖遗址文化内涵丰富、价值突出，保护利用效果显著，可以整个遗址为依托，建设高崖考古遗址公园。

第一，尽管通过多次的勘探、发掘，基本上摸清了遗址的文化内涵。但是，由于这些发掘多为试掘或配合基建的发掘，因此，发掘面积较小，故而对遗址的文化面貌，尤其是文化面貌的分布和演变也并不是十分清楚，如高崖遗址仰韶文化遗存究竟是贯穿仰韶文化的始终，还是只是其中的一两个阶段，尽管遗存十分丰富，但目前来看此问题还比较模糊。接下来，首先要对遗址进行全面调查、勘探、发掘，以了解清楚遗址详细的文化信息。

第二，通过分区、分片，建设不同时期的遗址公园景观。在具体的建设过程中，可以通过植物景观、草坪、雕塑等形式将各个时期的遗迹表现出来。

第三，建设遗址博物馆。高崖遗址是洛阳地区考古学文化序列最完整的一处遗址，在以后的发掘中，一定会出土大量的文物。因此，一定要在考古公园内建设一个规模较大的遗址博物馆，对出土的文物进行展示和研究。

（六）灰嘴考古遗址公园

1. 文化资源分析

灰嘴遗址位于偃师市西南 20 千米的灰嘴村西边的黄土台地上，南依青罗山，浏河从遗址的东北流过。整个遗址南高北低，遗址目前分东西两部分，其间由冲沟分开。东址南北长约 300、东西宽约 300 米，面积约 10 万平方米。西址长宽各约 200 米，面积近 4 万平方米。1959 年，河南省文化局文物工作队就对遗址进行过试掘，发现了仰韶、龙山、商代（其实是二里头时期的遗存）等多个时期的文化遗存。2002～2003 年，中国社会科学院考古研究所河南第一工作队又对遗址进行了发掘，发现仰韶、龙山和二里头时期的房屋、灰坑、水井、墓葬等各类遗迹近 200 个及大量的陶、石、骨、蚌器等各类遗物。

灰嘴遗址的仰韶文化遗存十分丰富，发现的遗迹有灰坑、瓮棺葬、墓葬和房基。其中，房基破坏较为严重。灰坑多平底，以口大底小者居多，袋状坑少见。坑中发现有埋整猪和整兔骨架的现象，个别灰坑的陶瓮中发现儿童碎骨。墓葬均为竖穴土坑，墓主为成年人，仰身直肢，无随葬品。瓮棺葬集中分布，瓮棺内均为未成年人，婴幼儿居多，葬具主要为尖底瓶上下对接而成。陶器以红陶为主，泥质陶略多于夹砂陶，泥质陶着红衣，经磨光的现象较普遍。以素面为主。纹饰主要为较浅的细绳纹，另有少量弦、附加堆纹。常见器形有罐、钵、盆、鼎、尖底瓶、瓮、缸、碗等。这些文化遗存大体相当于仰韶文化晚期和庙底沟二期。

龙山文化遗存发现的遗迹有房基和灰坑两种。其中，房基破坏较为严重，但地面多数为白灰面。灰坑以椭圆形口的斜壁圜底坑为主，少数为口大底小的斜壁平底筒状坑和口小底大的斜壁平底袋状坑。陶器以夹砂灰陶和泥质灰陶为主，泥质黑陶次之，棕陶和棕灰陶较少，细泥质白陶仅发现一残鬶片。纹饰以方格纹、篮纹为主，弦纹和附加堆纹次之，还有少量的刻划纹和指甲纹。主要器形有鼎、罐、甑、鬶、盉、斝、盆、三足器、盘、碗、杯、壶、器盖等。

二里头文化遗存破坏十分严重，发现的遗迹有房址、灰坑、墓葬和水井等。其中，灰坑多数为椭圆形斜壁圜底坑，少量为不规则形坑。水井发现一眼，口为椭圆形，弧壁圜底，南北两侧距坑口约 10 厘米做成两土台，南侧土台有一东西向圆木柱支撑，木柱已朽。井壁光滑，似经过特殊处理。井壁上部坍塌，南北两侧自上而下共有六对脚窝，下部急收成圜底。陶器以夹砂灰陶和泥质灰陶为主，黑陶、棕陶较少。纹饰以绳纹为主，弦纹、附加堆纹次之，小圆圈纹最少。主要器形有罐、尊、盆、钵、缸、鼎、豆等。

从发掘的情况看，灰嘴遗址从仰韶文化中晚期开始有人类定居，历经龙山、二里头和东周等多个时期，文化堆积丰厚。仰韶文化的分布范围较广，面积最大；龙山文化和二里头文化多分布在遗址中部高亢之地,范围有所缩小。周文化分布情况不详,个别东周墓葬出现在遗址中部,显见聚落形态发生了重大变化。

2. 保护利用意见

灰嘴遗址文化内涵丰富,包含仰韶文化、龙山文化、二里头等不同时期的文化遗存,这为灰嘴遗址的保护利用工作提供了坚实的物质基础。在建设灰嘴考古遗址公园前,也有必要对灰嘴及其周边地区进行一次全面的调查、勘探和发掘,摸清其具体的文化面貌以及发展演变脉络。在此基础上,将灰嘴及其周边地区全面纳入考古遗址公园的建设中去。灰嘴考古遗址公园重在展示仰韶文化、龙山文化和二里头文化遗存。由于该遗址发现有较多的墓葬、房址等,在建设考古遗址公园时,可以通过不同的形式,如草坪景观、雕塑等,将这些遗迹生动地展现出来。

(七)西高崖考古遗址公园

1. 文化资源分析

西高崖遗址位于洛河北岸。1976年3~6月,洛阳市博物馆曾对西高崖遗址进行勘探发掘,发现了较为丰富的文化遗存,其中,新石器文化遗存可分两期。西高崖一期文化遗存发现的遗迹只有灰坑一种,多为椭圆形或圆形的筒状坑。生产工具以石器为主,主要包括有肩铲、斧、刀、有槽耜、矛形器等。陶质多为泥质红、灰陶,由于火候的关系,不少器物呈褐色,橙黄陶、黑陶较少;夹砂陶器占一定比例。纹饰有细线纹、划纹、弦纹、附加堆纹,有的碗底还发现有编织纹。彩陶片中有大量的白衣彩陶,在白衣上绘彩,颜色丰富,有黑、红、赭、褐、紫等,常有几种颜色同绘于一器之上的现象,黑彩较少。纹饰有勾叶纹、弧线三角纹、上下平行竖纹、圆点纹、音符纹、三道竖纹等。陶器种类较多,主要器形有碗、钵、盆、罐、瓮、小口尖底瓶、杯、釜、鼎足、器座等。这些文化遗存大致相当于王湾一期文化时期,但又有很多大河村类型的风格,十分特殊。

西高崖二期文化遗存发现的遗迹较少,只有灰坑和窑址两种,其中灰坑为圆形直壁坑。生产工具以石器为多,制法以磨制为主,打制较少。器形有锄、斧、刀、网坠、纺轮等。陶器中粗泥红、灰陶和夹砂灰褐陶占多数,细泥陶器较少。纹饰有细线纹、弦纹和附加堆纹。彩陶片中已不见黑彩。纹饰有所增加,出现了网带纹、星纹等。陶器的主要器形有盆、小口瓶、杯、缸、罐、釜、鼎等。

西高崖遗址二里头文化发现的遗迹有灰坑和墓葬两种,灰坑多为圆形袋状坑,墓葬分长方形竖穴仰身直肢葬和圆形屈肢葬两种。陶器以泥质灰陶为主,黑陶次之。纹饰以绳纹为主,另有弦纹和附加堆纹,有的器物口沿饰花边。主要器形有深腹罐、圆腹罐、大口尊、盆、圈足盘、鬲、斝等。

除了新石器文化和二里头文化之外，西高崖遗址还发现有少量周代文化遗存，这里不再赘述。

2. 保护利用意见

在西高崖附近还分布有高崖、东高崖，这三个遗址是连为一片的，实际上，它们三个应该就是一个大型的遗址。因此，在保护利用的过程中，一定要将这三个遗址捆绑在一起，建设西高崖遗址公园。

第一，高崖、西高崖、东高崖遗址上目前还存在着三个自然村。因此在建设考古遗址公园前，必须对这三个村子进行搬迁。搬迁是一项重大的民生工程，投资大、矛盾多。对这三个村庄的搬迁工作要由洛阳市国土、规划、环境、文化等多个部门协调解决，可以借助城乡建设的大潮加快这一工作的推进。

第二，待搬迁工作完成后，应该组织考古部门对遗址进行全方位的勘探、发掘，以期全面、详细地掌握遗址的文化面貌，为遗址公园的建设提供最翔实的资料。

第三，在遗址公园建设过程中，将发现的各种遗迹以植物景观、草坪、雕塑等形式展示出来。另外，可在遗址公园内建设小型的遗址博物馆，作为出土文物的陈列场所和科研工作者的整理、研究场所。

（八）南北寨考古遗址公园

1. 文化资源分析

南寨遗址位于伊川县城东北部，距县城约 10 千米，遗址西距伊河约 500 米，北部有伊河支流曲河自东向西流过，与北寨遗址南北隔河相望。整个遗址坐落在伊河东岸的三级台地之上。遗址平面呈圆形，东高西低略呈斜坡状。南北长约 500、东西宽约 480 米，总面积 24 万平方米。1991～1992 年，河南省文物考古研究所同伊川县文化馆联合组成考古队，在中华人民共和国铁道部焦枝铁路复线工程指挥部及伊川县文化局的支持下，对遗址中北部焦枝复线穿过的重点区进行了发掘，发现了丰富的文化遗存，包括龙山、二里头、二里冈等多个时期，尤以二里头文化为主。

南寨遗址的龙山文化比较简单，发现的遗迹较少，其中有一座陶窑保存较好，平面略呈圆形，由火门、火膛、窑箅、窑室四部分组成。火门位于火膛的西南部，呈椭圆形，门的口部和周围内壁均有 6～8 厘米厚的灰黑色烧结面。火膛位于窑箅的下面，与火门相连。火膛内下半部堆积有较厚的草木灰。火膛中发现有长方形窑柱。火膛外为生土，由此推测，陶窑的火膛部分是在原地面下挖而成。陶器以夹砂灰陶为主，泥质灰陶次之，另有少量的夹砂和泥质褐陶、黑陶。纹饰以方格纹为主，篮纹次之，另有少量弦纹、附加堆纹、指甲纹、绳纹等。主要器形有鼎、深腹罐、大口罐、器盖、瓮、杯、双腹盆、盉等。

南寨的二里头文化遗存主要是墓葬，共发现 25 座，集中分布于遗址的东北角，这里虽被晚期遗迹大幅度破坏，但就 T91、T93 未被破坏的地方的情况分析，这里的墓葬是十分稠密的，且东西成排、南北成行。这些墓葬均为竖穴土坑墓，除个别为双人合葬外，多为单人仰身直肢葬。这些墓葬可分四期，一期发现 6 座，随葬品均为陶器，陶质以泥质灰陶和泥质黑陶为主，白陶均为夹砂陶。纹饰以细绳纹和篮纹为主，但多数陶器为素面，且器表经过磨光。器类主要有盉、爵、鬶、平底盆、三足盘、圆腹罐等。二期发现 7 座，随葬品主要为陶器，陶质以泥质灰陶、泥质白陶为主，泥质黑陶仍占一定比例。纹饰有绳纹、附加堆纹、弦纹、划纹、镂孔等。器类有盉、象鼻壶、角、鬶、鬶、三足盘、豆、平底盆、圆腹罐等。三期发现 8 座，墓葬中有少量石器随葬，但主要随葬品仍为陶器，器形有鼎、豆、三足盘、平底盆、深腹盆、鬶、小口尊等。四期发现 4 座，随葬品仍以陶器为主，陶质以泥质和夹砂灰陶为主，泥质白陶的器表被抹成灰色。纹饰以绳纹和弦纹为主。主要器类有鼎、盉、爵、豆、高领瓮、圆腹罐、直口杯、小尊形器等。这四期墓葬大致相当于二里头文化的二至四期。

南寨遗址是除了二里头遗址外，发现墓葬最多的一个遗址，具有极其重要的意义。南寨二里头文化墓葬分布集中，且有规律，四期的葬俗也基本一致，显然属于一个墓地，有助于研究二里头文化时期的埋葬习俗。这些墓葬的随葬品多为陶礼器，不见玉器、漆器、青铜器等，由此可见，南寨二里头文化墓葬的等级并不是很高，墓主人很有可能就是一般的贵族。但是，它的发现对于研究二里头文化的社会组织结构还是十分重要的。

在伊河北岸，与南寨遗址隔河相望，分布有北寨遗址。河南省文物考古研究所在发掘南寨遗址时，也对北寨遗址进行了发掘。北寨遗址的文化面貌与南寨遗址大体相同，这里不再赘述。

2. 保护利用意见

由于南寨遗址和北寨遗址距离较近，且文化面貌相似，可将它们捆绑在一起，建设南北寨考古遗址公园。

第一，根据 20 世纪 90 年代对南寨遗址的钻探可知，遗址包含仰韶文化，而且不同时期的文化遗存分布区域不尽相似，如仰韶文化层主要分布在遗址的西南部，这里的断崖上暴露有仰韶文化的地层和灰坑。龙山文化层主要分布于遗址中南部，在遗址中部的东西向排水沟内发现有龙山文化层。二里头文化主要分布于遗址的北半部。二里冈文化也分布于遗址的北部。因此，有必要对南寨遗址和北寨遗址进行更加详细的发掘，以便掌握其准确的文化面貌及不同时期的文化遗存分布区域。尤其是二里头文化时期，南寨聚落的布局和功能分区，则是需要重点解决的一个问题。

第二，在建设遗址公园时，一定要对遗址进行分片、分区，将不同时期的文化遗存在不同的区域反映出来。值得注意的是，二里头文化区内部应该还能继续细化，分为不同的功能区，如墓葬区、居住区、作坊区等。通过分区、分片建设南北寨考古遗址公园，人们能够清楚地了解到各个时期的社会生活状况。

第三，在考古遗址公园内，建设小型的博物馆，以便陈列遗址发掘出土的各种器物，供广大民众参观、学习。

（九）白元考古遗址公园

1. 文化资源分析

白元遗址位于伊川县城西南约 7 千米伊河东岸的台地上。遗址南北长 500、东西宽 400 米，面积约 20 万平方米。1979 年，洛阳地区文物处先后两次对其进行发掘，发掘面积 200 余平方米。遗址的文化遗存包括龙山文化和二里头文化，发掘者将其分为四期。

白元一期文化遗存发现的遗迹有灰坑、房址、墓葬三种。灰坑以圆形筒状坑为主，另有袋状坑和不规则形坑。房基破坏严重，仅剩柱洞和灶坑。墓葬分乱葬、仰身直肢葬和瓮棺葬三种，以乱葬为主。生产工具以石器为主，器形有刀、铲、斧、镞、凿、四棱锥等。陶器以夹砂灰陶为主，泥质灰陶次之，少有磨光黑陶。纹饰以篮纹、方格纹最多，次为素面，极少见绳纹和弦纹。器形有鼎、豆、罐、澄滤器、杯、器座、盘、碗等。

白元二期文化遗存发现的遗迹仅有灰坑一种，均为不规则形。生产工具有石器、骨器等，其中，石器有铲、斧、凿、镞、网坠、球，骨器有锥、凿、镞等。陶器以夹砂灰陶和泥质灰陶为主。纹饰以篮纹和绳纹为主，次为方格纹和素面，个别器物肩部有卷云纹和水波纹，鼎或甑的肩部常有鸡冠形附加堆纹。主要器形有鼎、罐、盆、豆、甑、簋、瓮、器座、三足盘等。

白元三期文化遗存十分丰富，发现的遗迹有灰坑、墓葬、房址三种。灰坑均为不规则形。墓葬分竖穴土坑墓和灰坑葬两种。房址发现 2 座，其中 F121 保存较好，为长方形的三连间地面建筑。生产工具以石器为主，包括斧、铲、锛、凿、刀、镰、杵等。陶器以夹砂灰陶为主，次为泥质灰陶；器表纹饰以细绳纹为主，次为素面和附加堆纹；器形有鼎、罐、盆、盉、爵、澄滤器、豆、平底盘、大口尊、三足盘、器盖等。

白元四期文化遗存发现较少，发现的遗迹仅有灰坑 1 个，呈圆形锅底状。遗物有骨器、铜器、陶器。其中，铜器发现有锥，骨器发现锥 2 件。陶器以夹砂灰陶为最多，器表多褐色或橙黄色，纹饰以绳纹为主且绳纹较粗，主要器形有鼎、罐、鬲、缸等。

从文化内涵来看，白元一期属于王湾三期文化，白元二、三期属于二里头文化，约相当于二里头遗址的一、二期，白元四期属于早商时期的二里冈文化。可以说，白元遗址的文化内涵是十分丰富的。遗址的王湾三期文化和二里头文化上下叠压关系十分明显，为研究二里头文化的来源提供了重要的依据。

2. 保护利用意见

白元遗址保存较好，根据早期的勘探情况来看，遗址规模较大，是一处中型聚落。对遗址的保护利用可以遗址本体为依托，建立白元考古遗址公园。

第一，1979 年对遗址的发掘面积较小，并不能完全反映遗址的真实面貌。因此，有必要对遗址进行较大规模的勘探和发掘，以了解白元聚落具体的文化内涵，以及该聚落的演变过程。

第二，在遗址公园建设过程中，将考古发现的各种遗迹以植物景观、草坪、雕塑等形式展示出来。另外，可在遗址公园内建设小型的遗址博物馆，作为出土文物的陈列场所和科研工作者的整理、研究场所。

（十）伊阙城考古遗址公园

1. 文化资源分析

伊阙城遗址位于伊川县城南 4 千米、古城村东北部向阳一面的坡地上，北距洛阳市 40 余千米，东临伊河。1994～1995 年，洛阳市第二文物工作队曾对遗址进行发掘，出土了较为丰富的仰韶文化遗存。发掘者将文化遗存分为三期。第一期遗存发现的遗迹有灰坑和墓葬两种，其中灰坑只有 1 个，呈不规则形。墓葬全为土坑竖穴墓，有棺有椁，骨架保存基本完整，仰身直肢或屈肢，头向西南，随葬品较少。陶器以泥质和夹砂灰陶为主，有一定量的泥质红陶；器表以素面为主，纹饰有附加堆纹、凹弦纹、划纹等，还发现有零星的彩绘陶片；可辨器形有鼎、钵、罐等。除陶器之外，还发现有玉器，如玉饰等；石器有斧、铲等。第二期遗存发现的遗迹有灰坑和灰沟两种，其中灰坑大多不甚规则，有袋状平底坑和不规则形圜底坑等。陶器包括泥质红陶、灰陶、夹砂灰陶、褐陶等，以夹砂陶为主；纹饰以附加堆纹、绳纹为多，另外有弦纹和划纹；可辨器形有鼎、罐、盆、缸、钵、器盖等。

从文化内涵来看，伊阙城一期、二期遗存相当于仰韶文化晚期的秦王寨类型。虽然发掘的遗存较少，但意义重大，尤其是 5 座墓葬的发掘在一定程度上填补了伊洛地区仰韶晚期墓葬的空白。这些墓葬排列有序，在整体布局上有统一的规划，它们的葬式及葬俗基本一致，可以确定为同一个公共墓地。这些墓葬内均设有熟土或生土二层台，有棺有椁，部分似有漆痕。就同时期的墓葬而言，这 5 座墓葬形制之大，其埋葬形式在豫西地区的仰韶遗存中都是少见的，尤其是玉器墓的发现，为"玉器时代"的提出又增添了新的佐证。

除了考古发现之外，伊阙城遗址还有很多历史文献记载和传说故事。据记载，这里很早就有伊国之称，唐尧时称伊侯国，虞舜时称伊川，夏代称伊阙地。周襄王时名伊川，战国时称伊阙、新城。相传东周赧王所居之伊阙城就在这里。

伊阙城遗址的核心是故城。伊阙古城分为内外两城，内为皇城，居东南部。故城北部保存有一段较好的夯土城墙，如今残存6米多高。在伊阙遗址周围还发现有多处古文化遗址，东部隔伊河水相望即为著名的土门遗址。遗址东西长约800、南北宽约250米，总面积近20万平方米。1985年6月，洛阳市第二文物工作队曾对土门遗址进行调查，发现了比较丰富的仰韶文化和龙山文化遗存。

2. 保护利用意见

由于伊阙城遗址和土门遗址相互毗邻，仅隔伊河相望，因此可将二者捆绑在一起进行保护利用，建设伊阙城考古遗址公园。

第一，由于伊阙城遗址和土门遗址的发掘面积较小，目前对二者的文化内涵并没有完全掌握。因此，接下来的首要任务便是对它们进行全面的调查、勘探和发掘，以弄清其文化面貌，而伊阙故城的布局结构、兴废时间等则是下一步考古发掘的重点。

第二，在建设国家考古遗址公园的过程中，可以在发现的重要遗迹，如宫殿建筑基址、大型墓葬上建设遗址博物馆，其他的文化遗存则可以通过小品、雕塑、植被等形式表现出来，以增加考古遗址公园的历史文化景观。另外，在伊阙城发生过很多传奇故事，可以通过话剧表演、影视塑造等形式将这些故事生动形象地表现出来。

（十一）五女冢考古遗址公园

1. 文化资源分析

五女冢遗址位于洛阳市西工区五女冢村西北，涧河东岸台地上，西临涧河，南临古河道。遗址南北长约350、东西宽约90米，总面积约3万平方米。2010年12月至2011年12月，洛阳市文物考古研究院对遗址进行了科学发掘，揭露面积8700平方米，清理灰坑、窖穴、瓮棺葬、房址等各时期遗迹或墓葬300余处。通过发掘，基本了解了该遗址的文化内涵。五女冢遗址文化遗存以仰韶时期为主，也有商、东周、汉代遗存。

发掘者将遗址的仰韶文化遗存分为三期。第一期遗存发现的遗迹有灰沟1条、灰坑89个和幼儿墓葬23座。其中，墓葬多分布在居住地点附近，墓圹为长方形或椭圆形，葬具主要为大口尖底瓶、小口尖底瓶和夹砂罐，但其组合形式有所不同。灰坑有袋状、台阶形、直筒形等，以袋状坑居多。生产工具主要为石器，以铲和斧的数量最多，另外还有锛、凿、刀、网坠等。陶器分泥质陶和夹砂陶两种，泥质陶为大宗，夹砂陶较少。泥质陶中又分泥质红陶、泥质灰陶、泥质黑陶和彩陶片，其中泥质红陶占绝对优势，泥质灰陶次之，泥质黑陶较少，彩陶片最少。夹砂陶以夹砂褐陶为主，其他依次为夹砂灰陶、夹砂红陶、夹砂黑陶，个别陶器中有夹蚌壳现象。器表多为素面，少量泥质陶外面磨光。纹饰主要有凹弦纹、附加堆纹、线纹和划纹等，极少数陶器的表面有附加泥条堆纹和圆形泥饼装饰。可辨器形有鼎、甑、小口平底瓶、小口尖底瓶、大口尖底瓶、小口高领罐、大口矮领罐、折沿罐、卷沿罐、敛口罐、筒形罐、圆腹罐、叠唇瓮、小罐、大口缸、钵、盆、杯等。

第二期遗存发现的遗迹有房基 5 座、灰坑 70 个。房址均为半地穴式，灰坑有袋状、直筒状、敞口状和台阶形等。生产工具仍以石器为主，包括钺、斧、刀、磨棒（杵）、铲等。生活用具以陶器为主，陶质以泥质陶较多，夹砂陶略少。泥质陶中以灰陶居多，泥质红陶次之，另有少量泥质黑陶。夹砂陶中以夹砂褐陶居多，夹砂红陶和夹砂灰陶次之，夹砂黑陶较少。陶器以素面为主，纹饰有划纹、弦纹、线纹、附加堆纹，以线纹最多。彩陶数量依然较少，但白衣彩陶数量有所增加。主要器形有尖底瓶、鼎、钵、罐、带流器、盆、瓮、豆、碗、环、杯、甑、漏斗式器物等。

第三期遗存发现较少，遗迹仅有灰坑一种，分袋状坑和直筒坑两类，以袋状坑为主。石器数量较少，主要有石凿、带孔石刀等。陶器分泥质陶和夹砂陶两类，泥质陶略多于夹砂陶。泥质陶以泥质灰陶居多，红陶次之，黑陶较少。夹砂陶中以夹砂灰陶居多，夹砂褐陶次之，另有少量夹砂红陶。纹饰中以凹弦纹最多，附加堆纹次之，线纹、划纹再次之，指甲纹和篮纹占较少。主要器形有鼎、折沿罐、瓮、圆腹罐、缸、碗、杯、圈足器、小口高领罐等。

从五女冢遗址三期文化遗存的内涵可以看出，它们的传承关系明显，是一脉相承的具有阶段性连续发展的同一种文化，而且每个阶段各自特征明显，富有特色。它们大致相当于仰韶文化中晚期阶段，延续时间在 1000 年左右。

2. 保护利用意见

五女冢遗址发掘面积大、文化面貌清楚，主要是仰韶文化遗存，另有少量的商周文化遗存。因此，对五女冢遗址的保护利用要以遗址本体为依托，建设五女冢考古遗址公园，展示其丰富、独特的仰韶文化遗存。

由于该遗址出土文物丰富，可在遗址处建设小型的遗址博物馆，将出土的文物陈列其中，使人们能够更加直观地感受到遗址的文化魅力。另外，该遗址发现了众多的文化遗存，如墓葬、灰坑、房址等，可通过雕塑、小品、植被等形式将这些文化遗存在考古遗址公园中展示出来，增加遗址公园的可观性。

在伊洛河两岸，除了以上 11 处规模较大、内涵丰富且经过发掘的文化遗址外，还有很多遗址没有经过发掘，因而对其具体的文化面貌还不甚清楚。对于这些遗址，目前的措施要以保护为主，保持遗址的原貌，使它们不要轻易受到自然环境或人为建设的破坏。等将来考古勘探、发掘以后，再对其开展利用工作，发挥它们的研究、宣传作用。

（十二）皂角树考古遗址公园

1. 文化资源分析

皂角树遗址位于龙门山北麓的二级阶地的北沿，东距伊河约 1 千米。1993 年，洛阳市文物工作队对遗址进行了大面积的发掘，发现了丰富的二里头文化遗存，发掘者将它们分为四期。

第一期遗存发现的遗迹有房址、窑址、灰坑和河道。其中，房址均为半地穴式，分圆形和方形两种。窑址破坏严重，仅存火膛的底部。灰坑有圆形和不规则形两类。在遗址的东北侧发现一条古河道，由此可见二里头时期的人们居住在傍河的台地上。生产工具以石器为主，主要有铲、刀、凿等。生活用具主要是陶器，包括夹砂灰陶、泥质灰陶和少量的褐陶；纹饰有绳纹、篮纹、附加堆纹和麻点，以绳纹为主，磨光器较少。主要器形有深腹罐、高领罐、圆腹罐、鼓腹罐、敛口罐、捏口罐、盆、甑、刻槽盆、三足盘、碗、豆、角、大口瓮等。

第二期遗存发现的遗迹有灰坑和墓葬两种，灰坑包括圆形、椭圆形、长方形和不规则形四种；墓葬仅有1座，为长方形竖穴土坑墓。生产工具有石器、骨器、陶器等，以石器为主，包括斧、铲、镰、锛等。陶器是主要的生活用具，包括夹砂灰陶、泥质灰陶、夹砂褐陶和橙黄陶，另有少量的白陶，其中泥质灰陶占多数。纹饰有绳纹、附加堆纹、弦纹和少量的划纹，篮纹少见，以绳纹为主。主要器形有鬲、单耳鼎、深腹罐、鼓腹罐、高领罐、圆腹罐、敛口罐、捏口罐、单耳罐、深腹盆、平底盆、甑、刻槽盆、三足盘、豆、白陶爵、盉、大口尊、小口尊、高领瓮、敛口瓮、塔式器、缸等。

第三期遗存发现的遗迹有灰坑、房址和水井。房址均为半地穴式，有单间和套间两种；灰坑仍有圆形、椭圆形、长方形和不规则形四种；水井为方形竖井。生产工具仍以石器为主，包括铲、斧、镰、刀、双刃器等。陶器有夹砂灰陶、泥质灰陶，以泥质灰陶为主，另有少量褐色陶。纹饰有绳纹、划纹和麻点纹、附加堆纹。主要器形有鬲、鼎、深腹罐、鼓腹罐、高领罐、圆腹罐、敛口罐、捏口罐、深腹盆、甑、碗、刻槽盆、三足盘、圈足盘、平底盆、镂空器座、大口尊、小口尊、器盖、瓮等。

第四期遗存发现的遗迹仅有灰坑一种，包括圆形、椭圆形、长方形和不规则形四种。生产工具较少，石器仅有铲、斧两类。陶器数量较少，种类明显减少，陶质主要是夹砂灰陶和泥质灰陶。纹饰有绳纹和附加堆纹等。主要器形有鬲、鼎、圆腹罐、深腹罐、刻槽盆、三足盘、大口尊、盉、瓮等。

皂角树遗址是洛阳盆地一处十分重要的二里头文化遗址，它的发现丰富了这一地区二里头文化的面貌，为研究二里头时期的社会组织结构提供了不可多得的材料。当然，皂角树遗址和二里头遗址相比，也有自身的特殊之处。

另外，在皂角树遗址还发现有一些仰韶文化遗存。仰韶文化分布在遗址的西北部，而二里头文化则集中于遗址的南半部，两者互不叠压。这说明不同时期人们的居住位置也不尽相同。

2. 保护利用意见

皂角树遗址文化内涵十分丰富，且经过科学发掘，因此对其保护利用就要以遗址本体为依托，建设皂角树考古遗址公园。

第一，由于皂角树遗址包含仰韶文化和二里头文化两个时期的文化遗存，且它们的分布区域并不一样。因此，在建设遗址公园时，一定要将这两种文化遗存在各自的分布区域内，通过不同的植物景观、雕塑、小品等形式表现出来。

第二，皂角树遗址还发现有古河道遗存。这条古河道很有可能就是洛河故道。在古代，人们往往居住在河流两岸的台地上，故而人类的生活与河流密切相关。在建设考古遗址公园时，一定要体现河流与古遗址之间的关系，通过立体、多维的表现形式反映古河道对人类生活的影响。

第三，在遗址公园内，建设小型的陈列馆，集中展示皂角树遗址出土的各类文物，供广大民众参观和科研工作者研究。

三、将考古遗址公园与旅游业有机结合起来

虽然中华文明历史文化景观走廊文化价值巨大，但由于大多数遗址的内涵单一，并不被人们所知，这样就造成保护利用的效率显著降低。这个问题也是目前我国大遗址保护和国家遗址公园建设中遇到的一个普遍现象。如何破解这一困局，是摆在文物部门面前的一个重要难题。将文化遗产与旅游业结合起来，以旅游带动历史文化资源的保护，是目前最行之有效的办法。

第一，将考古遗址公园与洛河、伊河两岸的景观带融为一体。在洛阳，伊河和洛河横穿市区，以洛河为基础建设的洛浦公园已成为洛阳的一张城市名片，是洛阳市民休闲娱乐、陶冶情操、放松心情的最佳场所，也是外地游客到洛阳游玩常去消遣的地方之一。洛浦公园沿着穿越市区的洛河两岸而建造，全长 16 千米。公园北岸景区长约10 千米，宽 90 米，是整个游园的重点，以大面积草坪为主，建设有 30 个活动广场、14 个历史文化广场、10 个植物专类园及其他建筑小品等。南岸景区宽 70 米，以植树造林为主。伊河两岸，目前洛阳市委、市政府正在规划建设伊河文化旅游风景区，该风景区北起龙门国家湿地公园南头，南至伊川县城，全长 14.6 千米。整个风景区将体现"生态伊河""运动伊河""乐活伊河"的思想，营造荷香风情、芦荡风情和滨水柳荫风情三大独特景观。从对洛浦公园和伊河文化旅游风景区的介绍可以看出，它们大多是自然景观，缺乏历史文化元素；即使有一些历史文化元素，也多属于臆造，并没有真实的历史文化载体。悠久的历史文化是中华民族固有的精粹，洛阳汇聚了丰富多彩的历史文化，保留了大量的历史文化古迹。因此，必须把这些优秀的文化信息发挥出来，让它们为社会主义建设服务。

目前，我们正在建设或计划建设的考古遗址公园均位于伊河、洛河两岸，这为洛浦公园和伊河文化旅游风景区提供了坚实的文化载体，是推动和升级这两个沿河景区的有益补充。因此，在接下来的考古遗址公园建设中，文化部门一定要同旅游部门、

规划部门、国土资源部门合作，将考古遗址公园融入沿河景观带中，使其成为沿河景观带的一部分。这样，就可以借助沿河景观带的名气和人气带动考古遗址公园的保护利用，当然，也会更加迅速、快捷地宣传洛阳丰富多彩的历史文化。

第二，将考古遗址公园和洛阳周边的旅游名胜景区相结合，设计出合理的旅游线路，以旅游名胜区带动考古遗址公园的保护利用工作。

洛阳地区旅游资源丰富，旅游市场十分繁荣，以龙门石窟、少林寺、白马寺为核心的风景名胜区每年的接待人数和旅游收入都位居河南前列。中华文明历史文化景观走廊距离龙门石窟、少林寺、白马寺等景区很近，再加上洛阳地区交通十分便利。因此，在以后的开发过程中，文物部门一定要和旅游、文化部门相结合，设计出合理有效的旅游路线，将龙门石窟、少林寺的客源引入中华文明历史文化景观走廊上来，这样，一方面在旅游黄金时间，如五一、十一等节日，能够减轻龙门石窟、少林寺等景区游客过剩问题，另一方面也能够推动中华文明历史文化景观走廊的有效利用，大力传播中华优秀传统文化，提升人们的历史文化素养，陶冶人们的历史文化情操。

相信，通过各方面的不懈努力，中华文明历史文化景观走廊一定会成为河南文物、旅游界的一张靓丽的名片。

第七章 洛阳三代大遗址保护的远景展望

党中央、国务院历来重视文物保护工作。党的十八大以来，习近平总书记多次指示"让文物活起来"。2016年4月，他对文物保护工作作出重要指示："文物承载灿烂文明，传承历史文化，维系民族精神，是老祖宗留给我们的宝贵遗产，是加强社会主义精神文明建设的深厚滋养。保护文物功在当代，利在千秋。"①河南作为中国文物大省，是近六十年来全国田野考古工作开展最多、取得成果最为丰硕的省份。

近年来，河南省委、省政府为中原崛起做出了不懈努力，大河之滨的豫地经济发展突飞猛进，奠定了集中保护、利用当地文物资源的坚实经济基础。因此，选择一个合适的地点来展示煌煌中华上古文明魅力，既昭示文化发展的必要性，又具备经济后盾的可行性，只待东风。

洛阳是文献记载中最早中国的所在地。西周青铜器"何尊"铭文所记"宅兹中国"，正是"中国"一词的最早记载，而这里的"中国"就是洛阳一带。中华人民共和国成立后，在洛阳地区开展的考古调查和发掘工作表明，早在4000年前这里已是四方辐辏的夏商文明中心。

洛阳是古都汇集的文化中心。这一大河文明中心展示出罕有的历史沿承性，自上古到中古，夏都二里头、偃师商城、东周王城、汉魏洛阳故城、隋唐洛阳城五大都城遗址沿洛河一字排开，历时之长，举世罕见，其中早期中国都城文化煌煌大观。

洛阳是上古文明遗址的集中区域。遗址年代和类别涵盖了从新石器时代早期开始到青铜文明时代古代人类社会的文化发展轨迹，类型丰富，脉络清楚。新石器时代早期的裴李岗文化、新石器时代中期的仰韶文化和新石器时代晚期的龙山文化，考古人手铲下揭示的大地之书，记录着中原文明形成与发展的轨迹。

洛阳是经济效益显著的旅游胜地。偃师位于郑州和洛阳两大古都之间，地理位置优越，旅游资源丰富。西面有列入世界文化遗产名录的龙门石窟，南面是蜚声中外的佛祖门庭——登封少林寺，吸引着国内外游客纷至沓来。在这一旅游文化带的带动下，毗邻诸多游览胜地的"早期中国文明园"有望成为河南旅游的新视窗、新亮点。

"早期中国文明园"展示内容构想，是要汇集河南甚至全国各地出土的文物精品，以文明发展为序列，以陈列馆的形式展示裴李岗、仰韶、龙山、夏、商等不同时期的

① 《习近平对文物工作作出重要指示》，http://www.xinhuanet.com/politics/2016-04/12/c_118599561.htm.

历史文物。这是新石器时代至商周中原地区的核心文化，是中华文明的重要源头。它对周围地区古代文化具有很强的辐射力，其盛衰带动了中原地区周边文化的演进与发展，奠定了"早期中国文化圈"的雏形。庙底沟文化标志着"早期中国文化圈"的形成，是仰韶文化中最发达、最繁荣时期的考古学文化，也是新石器时代文化系列中的关键环节。该文化遗址发现了大量的彩陶，蕴含着丰富的文化意义。也是在这一时期，黄河中游地区第一次出现了等级分明的聚落群。庙底沟文化等级分化、社会复杂化过程的显著特点，对中原地区的文明化进程以及中国第一个王朝最终在中原的建立都产生了重要影响。

河南龙山文化时期，中原地区展现出聚落林立的区域特征，涌现出数量众多的城址，如登封王城岗、新密古城寨、郾城郝家台、淮阳平粮台、辉县孟庄、温县徐堡、博爱西金城等。这些城址都是一定区域内的中心聚落，属于聚落酋长居住生活之地。城址是文明诞生的一个重要标志，河南龙山文化大量城址的发现，是中华文明初步形成的一个重要表征，恰与史书中尧舜禹时代"执玉帛者万国"的笔墨相合。夏商时期是早期中国最终形成的时代，而二里头遗址的出现和二里头文化的诞生是其重要标志。二里头遗址发现了中国最早的大型宫殿建筑群、最早的宫城、最早的青铜礼器群及铸铜作坊、最早的车辙痕迹。结合古代文献，学者们一致认为二里头遗址是中国第一个奴隶制王朝——夏朝的都城所在地。在二里头东侧的偃师商城遗址，是目前中国早期城址中保存最好的城址，为解决汤都亳的位置提供了新的证据。

"早期中国文明园"的远景规划：在二里头遗址，考古学家发现了由2000多片绿松石堆塑的中华龙、陶塑一头双身龙等。这一具象遗迹，恰恰勾描出中原上古文明的文化轨迹列观：伊、洛河就是一头双身巨龙，横亘在广袤的洛阳盆地上。河流两岸星罗棋布的文化遗址，正如龙身上的片片鳞甲。这条巨龙游走飞腾在中原上古文明的不同阶段，贯穿了中华文明的起源、发展与形成的各个时期。河洛地区古代遗存的保护利用工作，可以伊洛河这条巨龙为主线，打造伊洛河文化带，建设"中华文明历史文化景观走廊"。

以二里头和偃师商城为龙首，打造二里头和偃师商城国家考古遗址公园是规划的重要内容。

在二里头和偃师商城遗址分别建设二里头国家考古遗址公园和偃师商城国家考古遗址公园。二者的建设侧重点可各有偏重。二里头遗址属于夏代晚期都城，因此二里头国家考古遗址公园的建设当以重现和恢复"华夏第一王都"的面貌为主要内容。偃师商城在建设偃师商城国家考古遗址公园时，一定要突出其作为商代早期都城的特色。目前，偃师商城国家考古遗址公园的建设工作珠玉在前，对城墙、宫城的保护利用已取得了很大成效。二里头夏都遗址博物馆目前也已建成。相信这两个遗址公园的建设，将会为今后文物资源的保护和利用工作奠定良好的基础。

偃师境内建立早期中国文明园，是一次汇集河南各地出土文物精华进行文化保护和利用的重要契机。一方面确保了文物的安全，另一方面充分发挥了文物资源在当代精神文明建设中的文化价值。在"早期中国文明园"的基础上，通过科学规划，沿洛河和伊河两岸建设一批不同等级、各有侧重的考古遗址公园，以博物馆陈列、原址博物馆和考古发掘现场展示等不同形式为载体，充分利用声、光、电等多媒体技术，打造集遗址保护、科学研究、科普教育、观光旅游等为一体的中华文明历史文化景观走廊，最终形成集历史文化遗产保护、考古发掘研究、生态景观复原、市民休闲等于一体的大型公共文化场所。

洛阳荟萃了众多的文化遗产，保护工作开展较早且一直处于全国较领先地位，这些都是我们满怀希望之所在。年复一年，专家学者、社会公众献计献策，这些是洛阳地区文化遗产保护推陈出新的不竭源泉。目前，文化遗产保护作为一个专业方向已被许多高校设立，这也反映了未来的一个发展趋势，越来越多的优秀人才将会加入到我们文化遗产保护的工作中来。更为重要的是，近年来，国家各级部门对文化遗产保护越来越重视，党中央、国务院连续下发了一系列关于保护文化遗产的指示文件，对涉及文物保护的项目国家财政更是有限考虑、大力支持，这些都构成了保护工作顺利推进的强大后盾。2014 年 6 月，丝绸之路和大运河成功申遗，洛阳因此成为全国唯一的双申遗城市，在世界范围内，洛阳地区的文化遗产也越来越有影响力。

洛阳是我国大遗址保护的六大片区之一。洛阳片区大遗址具有等级高、规模大，空间分布相对集中的特点。作为都城遗址的二里头遗址、偃师商城遗址、东周王城遗址、汉魏洛阳故城遗址等是无可取代的古代王朝的国都，是开历史先河的制度的见证。

二里头和偃师商城两大考古遗址公园、十几处小型考古遗址、100 多处重要的文化遗址点共同构成了洛阳灿烂辉煌、丰富多彩的历史文化。以古今伊洛河河道为纽带，将这些历史文化景观与现代生态旅游景观有机结合起来，打造伊洛河文明生态观光走廊，实现了文化资源、社会效益与经济效益的有机结合。将传统的历史文化资源转变为现代的文化产业，实现文化资源效益最大化，是党中央、国务院实施文化强国的一项重要战略。文化产业是一种新兴的、最具发展潜力的、高附加值的、无污染的产业。随着社会的不断发展，文化产业在社会产业结构中所占的比例将日益增加，在推动社会发展中所起的作用日益突出。加快文化产业发展，已成为推动社会经济发展的一项重要任务。党的十七届六中全会、党的十八大报告、党的十九大报告等明确作出加快文化产业发展的重要指示。洛阳市对历史文化资源的保护利用正是贯彻党中央、国务院重要精神指示，加快洛阳文化产业发展的重要举措。为了保护优秀的传统历史文化，加快文化产业的发展，我们需要从以下做起。

第一，继续深化文化体制改革，从制度、管理、法律等层面，为文化产业的发展提供良好的土壤。对于那些不利于文化产业发展的制度、管理、法律等弊端坚决改革，保证文化产业发展的顺利进行。要对传统历史文化资源进行分类，对于那些能够投向市场并不破坏文化资源本身的，要积极引入市场机制，增强文化产业的竞争力。对于那些投向市场会破坏文化资源本身的，政府要加大财政投资力度，重点扶持。

第二，强化文化产业的科技含量，以科学技术优势，促进文化产业从高端做起。当今社会是科学技术日益发达的时代，科技是第一生产力已成为人们的共识。科学技术已深入人们生活的每一个领域，并发挥着越来越重要的作用。文化产业也是生产力，将科学技术和文化产业结合起来，以科学技术优势，推动文化产业的升级调整，已成为文化产业发展的一个重要趋势。对洛阳历史文化的开发利用，一定要引入当代科学技术，只有这样创造出来的文化产业才有竞争力。

第三，加快与国内外的交流与合作，为文化产业的发展带来新的动力。交流与合作是社会发展的一个重要动力。对历史文化的开发利用同样如此。一定要加强与国内外文化产业先进地区的交流与合作，吸收它们在发展文化产业上的先进经验，包括管理、技术、人才等，为我所用。同时，也要向外积极推广我们的成果。

第四，文化产业是社会产业结构中的一部分，一定要将文化产业的发展置于社会经济的发展之中，加快文化产业与旅游业、商业、金融业等的对接。旅游业能够带动文化产业的发展，文化产业能够促进旅游业的升级。商业、金融业可以为文化产业的发展提供重要的融资平台，文化产业可以为商业、金融业拓宽发展渠道。

我们将共同期待洛阳书写新的富于活力的城市发展史，将古与今融为一体，展示其独特的人文风貌。

下编

濮阳古代文化遗产保护利用

第一章 濮阳历史文化资源综述

第一节 濮 阳 概 述

濮阳市位于黄河下游冲积平原的中心地带，河南省东北部，冀鲁豫三省交界处。上古时期称帝丘，战国始有濮阳一名，秦汉以降，先后有东郡、澶渊、澶州、开州等称谓，民国时更名为濮阳。中华人民共和国成立后，先置濮阳专区，后并入安阳专区。1983 年，国务院撤销安阳专区，依托中原油田建立濮阳市。

濮阳历史悠久，文化灿烂，是华夏文明的重要发祥地。现有文物古迹 918 处，其中全国重点文物保护单位 8 处，国家历史文化名街 1 处，省级文物保护单位 26 处，市县级文物保护单位 200 余处。2004 年，濮阳被国务院命名为"国家历史文化名城"。

1987 年，在濮阳西水坡遗址发现了三组蚌砌龙虎图案，距今已有 6400 多年，其中 M45 的蚌壳龙生动形象、惟妙惟肖，被学术界和新闻界誉为"中华第一龙"，濮阳也因此被中华炎黄文化研究会先后命名为"中华龙乡""华夏龙都"。可以说，中华第一龙蜚声海内外；华夏文明渊源有自，龙虎俱在铁证如山。濮阳是"颛顼遗都""帝舜故里"；仓颉在此造字，张辉于此作弓；大禹在此治水，昆吾于此铸鼎；后羿代夏，少康中兴；相土烈烈，海外有截。可以说，濮阳是华夏文明形成的核心区域，早于其他地区率先进入了文明社会，并成为夏王朝的诞生地及夏代早期都城的聚集区。商周以来，濮阳一带始终是诸侯方国的政治、经济、文化中心。公元前 629 年冬，卫成公将国都迁到帝丘，也即现在的濮阳。卫国在此历 21 代，凡 390 年。当时，帝丘及其附近地区十分繁华，商旅摩肩接踵、络绎不绝。手工业和商业的发达促进了思想的解放、文化的繁荣，一时间，"桑间濮上"唱响了"郑卫新声"，风靡了华夏大地。两汉时期，濮阳成为治黄的主战场，宣防宫畔，瓠子歌扬，中华儿女抒写着万众一心、众志成城、不怕困难、砥砺而上的最美篇章。宋元时期，濮阳成为民族融合的见证地，澶渊之盟，唐兀公碑，表达了人们对和平生活的美好向往。近代以来，濮阳成为反帝、反封建、反官僚资本主义的重要区域，中国共产党领导中国人民在此与日本帝国主义、国民党进行了艰苦卓绝的斗争，谱写了一曲又一曲悲壮而凄美的华章。

丰富集中的文物古迹，博大精深的历史文化，为濮阳历史文化保护利用提供了重要的物质基础，是濮阳历史文化保护规划的重要载体。

第二节　濮阳历史文化资源构成

一、现存文物古迹

1. 古城址

包括卫国故城、戚城、顿丘故城、临黄故城、晋王城、澶州故城、濮州故城、咸城等。这些古城址上迄龙山时代，下至明清时期，准确地反映了濮阳地区古代城市的发展演变规律。大到王国都城，小至普通县治，生动地再现了濮阳地区古代社会从上至下的生产与生活状况。

2. 古遗址

濮阳地区古遗址数量众多，著名的有西水坡遗址、马庄遗址、铁丘遗址、高城遗址、咸城遗址、戚城遗址、文寨遗址、金桥遗址、蒯聩台遗址、程庄遗址、杨干城遗址、瑕丘遗址、历山遗址、徐堌堆遗址、台上遗址、仓颉陵遗址、丹朱墓遗址、马呼屯遗址等。这些遗址涵盖了从新石器到明清的各个时期，反映了不同时期濮阳地区人们的社会生活及生产状况。特别是以高城遗址为中心分布的龙山文化遗址，数量多达30余处，而且相对集中，构成了庞大的龙山文化聚落群。这个聚落群内部可分出三个等级，显示了一个"都、邑、聚"结构齐全的古国模式的存在，是濮阳地区较其他地区率先进入文明时代的重要依据，也是濮阳作为华夏文明起源地的重要标志。

3. 古墓葬

包括子路墓、仓颉陵、蚩尤陵、李云墓、李亨墓、南霁云墓、王善护墓、晁宗悫墓、宋耿洛墓、闵子骞墓、叶廷秀墓、苏祐墓、张公艺墓、董汉儒墓、王崇庆墓、吉澄墓、史褒善墓、赵廷瑞墓、严嵩墓等名人墓以及西水坡东周墓群和排葬墓、杨干城墓群、马庄墓群、蒯聩台墓群等重要墓地。这些墓葬为研究濮阳地区古代墓葬的发展演变提供了重要的实物资料，也有助于认识濮阳地区不同时期的社会习俗和丧葬制度等。名人墓的存在为了解名人们的生平事迹提供了准确、真实的资料，有助于深度挖掘名人文化，发挥名人效应。

4. 古建筑及石刻

濮阳地区的古建筑有四牌楼及明清十字街、恩荣坊、八都坊、石拱桥、清真寺、清丰普照寺、南乐文庙、台前古贤桥等。这些古建筑具有重要的历史、科学和艺术价值，有助于研究古代人们的居住生活、宗教艺术、建筑文化等。濮阳地区石刻众多，典型的有回銮碑、唐兀公碑、八里庙治黄碑等，它们详细记载了很多具有重大价值的历史事件，是极其珍贵的实物资料。

5. 近现代史迹

濮阳是抗日战争时期冀鲁豫革命根据地的腹心地区，又是解放战争时期人民解放军同国民党反复较量的战场。因此，保留了很多革命旧址和纪念地。重要的有八路军驻濮阳办事处旧址、冀鲁豫抗日救国总会旧址、冀鲁豫边区革命根据地旧址、中共直南特委旧址、晋冀鲁豫野战军渡黄河纪念地、颜村铺革命旧址等。这些革命旧址和纪念地是濮阳人民在中国共产党的英明领导下，同封建主义、帝国主义和官僚资本主义英勇斗争的生动反映，是重要的爱国主义和革命传统教育基地。

二、历史文化状况

1. 三皇五帝传说

伏羲氏为三皇之首，传说其为华胥氏在雷泽感电所生。雷泽为上古时期濮阳地区的一个著名湖泽，在雷泽附近演绎了很多优美动听的神话传说，华胥生伏羲即为其中之一。传说伏羲人首蛇身，与女娲相交而创造人类；他演绎八卦，使人类了解了世界的发展和运动规律。

颛顼是黄帝之孙，昌意之子，在五帝中位列第二。颛顼一生多在濮阳地区活动，并建都帝丘。因此，濮阳有"颛顼遗都"之称。颛顼一生功绩卓著，改革宗教，绝地天通；制定历法，汇合八风；诛灭共工，平定九黎；设立五正，制礼作乐，为华夏民族的统一以及文明时代的到来作出了巨大的贡献。颛顼死后，葬于今内黄附近的二帝陵。

帝舜也为五帝之一，濮阳有"帝舜故里"之称。传说，帝舜年少时耕历山、渔雷泽、陶河滨、作什器于寿丘、就时于负夏，二十岁以孝闻名，三十岁被举荐给帝尧，五十岁摄行天子事，六十一践帝位，九十岁南巡守，崩于苍梧之野，葬于九嶷山。帝舜一生功绩卓著，修五典、举八恺、定九州、制历法、分百官、放四罪、迁三苗等。

另外，黄帝史官仓颉在濮阳废除结绳记事，发明文字，使得人类文化得以快速传播，华夏文明化进程大大加快。史称仓颉造字，鬼神夜哭。黄帝的弓正辉公因在濮阳发明弓箭，而被赐以张姓。因此，濮阳也有"张辉故里"之说。

2. 华夏文明起源地

尧舜禹时代，以濮阳为重心的河济地区存在着一个巨大的部落联盟，这个部落联盟由很多著名的氏族组成，尧、舜、禹先后担任这个部落联盟的酋长，契、稷、伯夷、共工、彭祖、倕、四岳等都在这个部落联盟任职。约4500年前，濮阳已发展成为一个欣欣向荣、四方辐辏的经济、政治、文化中心。这与文献记载许多古代著名氏族活动于此是完全一致的，也与考古发现这里龙山时代的城邑星罗棋布，比其他地区更为密集相吻合，从而证明这里曾建立了中国古代一个早期国家——夏，较早进入了文明时代。因此，濮阳是华夏文明无可争议的摇篮！

3. 大禹治水传说

大禹治水家喻户晓，妇孺皆知。大禹治水的范围就在以濮阳为中心的河济地区，古称"兖州"。为了治理洪水，大禹三过家门而不入，殚精竭虑，尽心尽职。大禹分九州、导九河、陂九泽，终于使威胁人类数百年的河患得以消除，人类的生产和生活得以继续。通过治水，大禹的威望在部族中得到极大提高，逐渐从军事民主制的首领变成了奴隶制王国国王，从而建立了我国历史上第一个奴隶制王朝——夏。

4. 夏夷斗争故事

夏朝的早期都城，如阳城、斟鄩、斟灌、帝丘、西河等都在濮阳及其附近地区，而东夷族是分布于我国山东及江淮地区的一个古老民族。二者因相互毗邻，所以经常发生争斗。太康为夏朝的第三代国王，荒淫无度，好事田猎，不理朝政，东夷族的首领后羿便趁机攫取了夏朝政权。后羿以射闻名，传说古代天上不知什么时候出现了十个太阳，整天炙烤着大地，草木枯死、人兽濒绝。为了拯救人类，后羿射落九个，才使人们的生活得以继续。但是后羿攫取夏政权以后，重蹈了太康的覆辙，这使馋臣寒浞轻松夺去了政权，并杀死后羿，霸占其妻室。寒浞凶残暴烈，曾派自己的两个儿子伐灭了斟鄩、斟灌，并杀死夏后相。相妻后缗正好怀孕，从墙洞中逃出，才保全性命。后缗逃到娘家，生下少康。后来少康依靠有虞氏、有仍氏以及夏朝老臣靡的支持，才消灭了寒浞势力，重新恢复了夏王朝的统治。

5. 春秋战国故事

春秋战国时期，濮阳为卫国畿内要地。卫国经济繁荣、文化发达，"郑卫新声"演绎着华夏大地最美的篇章，"桑间濮上"讲述着一个又一个美丽的传说。《诗经》中有很多著名篇章都发生在濮阳境内，如《氓》《木瓜》等，生动形象地再现了当时民间的生活状况。卫国是当时很多名人的聚集地，他们在此留下了很多动人故事。孔子周游列国十四年，十年居卫，方有《春秋》而成，儒学诞世。孔子弟子子路在卫国宫廷斗争中结缨赴难，悲壮如斯，可歌可泣。石蜡忠于国家，大义灭亲，万世敬仰。蘧伯玉、子鱼等兢兢业业，治国爱民，万世楷模。商鞅、吕不韦等以卫始，横行天下，创立千秋伟业。

6. 武帝治黄故事

西汉武帝时期，黄河在瓠子决口。一时间，洪水滔天，万民遭殃，流离失所。汉武帝亲临治河最前线，沉白马、玉璧于河水中，以表至死不渝、视死如归之决心，并建宣防宫、作《瓠子歌》以振奋士气。在举国上下的共同努力下，河水终被驯服，生产得以继续，人们重新过上安宁祥和的生活。

7. 澶渊之盟

宋真宗景德元年（1004 年），辽萧太后与辽圣宗亲率大军南下，深入宋境。宋真宗想迁都南逃，因宰相寇准的劝阻，才勉强至澶州督战。宋军坚守辽军背后的城镇，又在澶州城下射杀辽将萧挞览。辽害怕腹背受敌，提出议和。宋真宗畏敌，历来主张议和，先通过降辽旧将王继忠与对方暗通关节，后派曹利用前往辽营谈判，于十二月间（1005 年 1 月）与辽订立和约，规定宋每年送给辽岁币银 10 万两、绢 20 万匹。因澶州在宋朝亦称澶渊郡，故史称"澶渊之盟"。

此后宋、辽百余年间不再有大规模的战事，双方礼尚往来、和平共处，百姓安居乐业、国泰民安，呈现一派繁荣的盛世景象。

8. 近代革命事迹

濮阳地区是重要的革命老区。在抗日战争中，濮阳是冀鲁豫革命根据地的腹心地带。清丰县的单拐村，是中共中央平原分局及冀鲁豫军区机关所在地。解放战争时期，刘邓大军和陈粟大军曾在这里纵横驰骋，与濮阳人民结下了深厚的鱼水之情。1947 年 6 月底，刘伯承、邓小平率领中原野战军主力，在濮阳 150 千米的范围内，强渡黄河，千里跃进大别山，揭开了人民解放军战略大反攻的序幕。濮阳城东的孙王庄，曾是华东野战军司令部所在地。朱德、陈毅、粟裕等首长曾在此领导新式整军运动，指挥对敌作战。

除以上之外，历史上还有许多重大事件也发生于濮阳，如昆吾铸鼎、夏后相迁帝丘、城濮之战、卫迁帝丘、戚城会盟、铁丘之战、百工暴动、荆轲刺秦、王景治河、高超治河、盐民暴动、冀鲁豫边区党委成立等。这些历史大事，都一定程度上改变或影响了中国历史的进程。

一方水土养育一方人民。钟灵毓秀的濮阳大地孕育了中国历史上一大批重要人物，包括颛顼、帝喾、仓颉、帝舜、相土、许穆夫人、蘧伯玉、史鱼、柳下惠、闵子骞、商鞅、吴起、荆轲、吕不韦、汲黯、僧一行、张公瑾、张公艺、南霁云、高超、宫天挺、王崇庆、董汉儒、吉澄、谢台臣等。这些历史人物或为千古帝王，作出了影响中国历史进程的大事；或为品格高尚、仁义礼贤的官宦大夫，为国家、为人民鞠躬尽瘁、忠贞不渝；或为身怀绝艺的能工巧匠，促进了社会生产及生活的变革。

三、非物质文化遗产

非物质文化遗产是历史文化资源的重要组成部分。濮阳地区非物质文化遗产众多，而且都有悠久的历史和浓厚的文化内涵，如杂技、花鼓、二夹弦、柳子戏、大平调、五腔调、社火、状元红酒、六百居香肠、王五辈壮馍等。其中，濮阳杂技举世闻名，与河北吴桥并称中国南北"杂技之乡"，已成为濮阳重要的文化产业和支柱产业，并走出国门，影响世界。

第二章 濮阳历史文化资源价值评估

　　价值评估是开展历史文化保护利用工作的重要环节。由于历史文化资源在年代、规模、内涵、属性、保存状况等方面存在诸多不同，这就决定了其价值也有很大差别。因此，只有在准确评估各类历史文化资源价值的基础上，才能对其进行科学、合理的保护，做到重点突出、层次分明、全面系统。文物古迹是历史文化资源的核心，同时，其也蕴含着丰富的历史文化。因此，对濮阳历史文化资源价值的评估其实就是对文物古迹价值的评估。

　　按照《中国文物古迹保护准则》规定，文物古迹的价值包括历史价值、科学价值、艺术价值三个方面，而每一种价值都有相应的评估内容。

　　历史价值的评估内容包括：①由于某种重要的历史原因而建造，并真实地反映了这种历史实际；②在其中发生过重要事件或有重要人物曾经在其中活动，并能真实地显示出这些事件和人物活动的历史环境；③体现了某一历史时期的物质生产、生活方式、思想观念、风俗习惯和社会风尚；④可以证实、订正、补充文献记载的史实；⑤在现有的历史遗存中，其年代和类型独特珍稀，或在同一类型中具有代表性；⑥能够展现文物古迹自身的发展变化。

　　可将以上六个方面的评估内容细分为八个评价标准：本体变化、典型代表、建造原因、历史事件、重要人物、政治生活、社会经济、文化习俗。

　　艺术价值的评估内容包括：①建筑艺术，包括空间构成、造型、装饰和型式类；②景观艺术，包括风景名胜中的人文景观、城市景观、园林景观，以及特殊风貌的遗址景观等；③附属于文物古迹的造型艺术品，包括雕刻、壁画、塑像，以及固定的装饰和陈设品等；④年代、类型、题材、形式、工艺独特的不可移动的造型艺术品；⑤上述各种艺术的创意构思和表现手法。

　　可将以上五个方面的评估内容细分为六个评价标准：布局艺术、造型艺术、装饰艺术、景观艺术、创意构思、表现手法。

　　科学价值的评估内容包括：①规划和设计，包括选址布局、生态保护、灾害防御，以及造型、结构设计等；②结构、材料和工艺，以及它们所代表的当时科学技术水平，或科学技术发展过程中的重要环节；③本身是某种科学实验及生产、交通等的设施或场所；④在其中记录和保存着重要的科学技术资料。

　　可将以上四个方面的评估内容细分为六个评价标准：选址布局、生态保护、灾害防御、结构设计、技术水平、科研场所。

　　我们从历史、艺术、科学三大价值的二十个评价标准入手，对濮阳重要的文物古迹进行价值评估。可以看出，西水坡遗址、高城遗址、戚城遗址、澶州城遗址、瑕丘遗址、铁丘遗址、蒯聩台遗址、马庄遗址、程庄遗址、丹朱墓遗址、咸城遗址、唐兀公碑、王崇庆墓、魏氏墓地、仓颉陵、蚩尤陵、回銮碑和御井、明清十字街、南乐文庙、普照寺大雄宝殿、韩杨村古塔、华美中学旧址、基督教堂、单拐革命旧址、颜村铺革命旧址、白衣阁革命旧址、将军渡革命旧址、华东野战军司令部旧址等 28 处文物古迹规模大、保存好、价值高，将是我们保护利用考虑的重点对象。我们按照属性、位置、文化内涵等不同，把濮阳县城范围内的 20 余处文物古迹联合起来，共同打造澶州古城历史文化景观，将其余的 20 处文化古迹打造成围绕澶州古城的二十大片区历史文化景观。另外，在濮阳辖区范围内的其余 100 余处文物古迹，我们也要进行保护利用，打造成点缀在濮阳全境范围内的 100 处文化点，对澶州古城中心和二十大片区形成有益补充。

第三章　濮阳历史文化保护现状

　　历史文化资源是不可再生资源。因此，在经济社会发展的同时，一定要加强对历史文化资源的保护。濮阳是国家历史文化名城，历史文化资源丰富，这是濮阳的一笔宝贵财富。濮阳市历来重视历史文化的保护利用工作。半个多世纪以来，通过持续、深入地开展一系列的活动，濮阳的历史文化保护取得了举世瞩目的成就，但是也有很多方面存在着明显的不足，下文将对濮阳历史文化保护利用的现状做一简要阐述。

第一节　濮阳历史文化保护取得的成就

一、设立了一系列历史文化保护的管理机构

　　健全的组织管理机构是持续、深入开展历史文化保护工作的前提。目前，濮阳市已形成了以市文物局、县（区）文物广电新闻出版旅游局为领导，市文物考古研究所、县（区）文物保护管理所、乡（镇）文物保护工作站为依托的历史文物保护组织管理机构。在各级文物保护组织管理机构的密切配合、高效运转下，濮阳的历史文化保护取得了可喜的成绩。

二、制定历史文化保护规划书

　　历史文化保护利用是一个城市协调、可持续发展的重大系统工程，必须将历史文化保护纳入城市整体的规划中，做到历史文化保护与政治建设、经济建设、社会建设、生态文明建设的统筹有序发展，这就要求必须制定切实可行的历史文化保护规划书。在申请国家历史文化名城的过程中，濮阳市曾组织各方面的专家、学者，制定了详细的《濮阳历史文化名城保护规划书》，对濮阳历史文化的保护起到了有效的指导作用。但是，随着城乡经济的快速发展，城市建设理念的不断升级，《濮阳历史文化名城保护规划书》已不能够满足日益发展的历史文化保护工作的需要。因此，近年来濮阳市政府又制定了一系列的保护规划书，如《上古文化看濮阳规划书》《瑕丘遗址历史文化保护与生态观光农业综合开发规划书》《濮阳戚城遗址保护利用规划书》《濮阳市西水坡遗址保护利用规划书》等，极大地促进了濮阳历史文化保护工作的开展。

三、组织开展了文物普查工作

只有开展文物普查，摸清家底，才能使历史文化保护不漏死角，做到全面可持续发展。中华人民共和国成立以来，我们先后组织了三次全国范围内的文物普查工作。在第三次全国文物普查工作中，濮阳市各级文物保护单位的工作人员不怕艰辛、不怕牺牲，广泛、深入地走进濮阳市的每一个角落，共发现各类文物古迹918处，极大地增加了濮阳历史文化的内涵，为开展历史文化保护提供了最详细、最准确的资料。近年来，濮阳市各级文物保护管理部门积极参与全国第一次可移动文物普查工作，对全市范围内的不可移动文物进行了详细的摸底，准确地掌握了全市各级文物的分布数量和情况，为进一步开展文物保护、利用和展示工作提供了前提。

四、开展了文物保护单位的"四有"工作

濮阳是国务院命名的"国家历史文化名城"，历史悠久，文化灿烂。现有全国重点文物保护单位8处，国家历史文化名街1处，省级文物保护单位26处。除了全国重点文物保护单位和河南省省级文物保护单位外，濮阳市人民政府根据文物古迹的属性、内涵和价值，又相继公布了220余处濮阳市、县（区）级别文物保护单位。文物保护单位的公布有效保护了城乡基本建设中文物古迹的安全，为开展文物保护利用工作奠定了坚实基础。按照《中华人民共和国文物保护法》的规定，各级文物单位要有必要的保护范围，作出标志说明，建立记录档案，并区别情况分别设置专门机构或者专人负责管理。目前，濮阳全国重点文物保护单位和省级文物保护单位的"四有"工作都已完成，市（县）文物保护单位的"四有"工作正在火热开展之中。

五、对一批重要的文物保护单位进行了维护和修缮

对文物保护单位的维护和修缮是历史文物保护的重中之重。在制定科学、翔实、合理的文物单位保护规划的基础之上，有步骤、有安排、有重点地对其进行维护和修缮，是确保各级文物保护单位能够长久、可持续发展的必要之举。目前，濮阳已开展了对戚城文物景区、普照寺大雄宝殿、单拐、颜村铺、唐兀公碑、回銮碑、瑕丘遗址等文物保护单位的维护和修缮工作，使这些遗址、建筑、村落等得到了及时、有效的保护，促进了濮阳文化事业的繁荣，从而带动了濮阳旅游业的发展。

六、考古调查、发掘工作取得瞩目成就

考古调查、发掘工作是历史文化保护的重要组成部分。濮阳地区古墓葬、古遗址

数量多、规模大、价值高。虽然濮阳的考古调查、发掘工作起步较晚，但发展较快。多年来，濮阳市会同河南省考古研究院、首都师范大学考古系，先后完成了对西水坡遗址、高城遗址、戚城遗址、马庄遗址、铁丘遗址、澶州城遗址、蒯聩台遗址、马呼屯遗址、杨干城遗址、宋耿洛墓、李亨墓、王崇庆墓、王善护墓等的考古调查与发掘工作，出土了丰富的遗迹和遗物，为开展历史文化保护提供了重要的物质载体。

七、博物馆建设取得长足发展

博物馆是开展历史文化保护的重要平台。多年来，濮阳市的博物馆建设一直处于有馆无展的状态，这严重阻碍了濮阳历史文物的保护、展示、宣传与教育工作。近年来，濮阳各级政府先后投入巨资建设了濮阳博物馆新馆、刘邓大军渡黄河纪念馆、中原杂技博物馆等，极大地促进了濮阳博物馆事业的发展，有力地推动了濮阳历史文化的保护利用工作。据统计，濮阳博物馆新馆投入运行以来，先后承办了大大小小的展览 200 多次，充分地宣传了濮阳的历史文化，提高了濮阳的社会知名度和影响力。

八、组织召开了多次学术研讨会

科学研究能够为历史文化的保护提供扎实的理论基础。濮阳有一大批文博专业人才，这就为开展科学研究奠定了基础。多年来，濮阳市以丰富的历史文化为平台，先后组织召开了多次龙文化研讨会以及帝舜文化研讨会、澶渊之盟研讨会、濮阳与华夏文明研讨会等，取得了丰硕的成果。另外，还出版发行了一系列的科研著作，如《濮阳西水坡》《濮阳考古发现与研究》《濮阳文物保护单位通览》《根在濮阳》《古都濮阳》《红色濮阳》以及华夏龙都系列丛书、龙文化相关论文集等。濮阳市的文博人员在国内外核心期刊发表论文 100 余篇。

九、制定了文物保护的法律法规

法律法规的制定为文物保护工作提供了坚实的法律保障，使文物保护工作走上了法治的道路。2017 年，濮阳市人民代表大会常务委员会召集濮阳市文物、旅游、环境等部门的相关专家、学者，利用三个月的时间，集中研讨、撰写，并实地调研，最后制定了《濮阳市戚城遗址保护条例》，并经濮阳市人民代表大会常务委员会通过并公布。《濮阳市戚城遗址保护条例》是濮阳市人大行使立法权以来制定的第二部法律法规，在濮阳市人大的历史上具有重要的地位。《濮阳市戚城遗址保护条例》对于戚城遗址的保护范围、保护主体、违法行为、处罚措施等都做了详细的规定，极大地促进了戚城遗址历史文化的保护利用。

第二节　濮阳历史文化保护存在的不足

一、缺乏完善的法律体系和监督机制

完善的法律体系和健全的监督机制是事关历史文化保护成败的重要保障。目前，濮阳市在历史文化保护方面所依据的法律法规只有《中华人民共和国文物保护法》《中华人民共和国文物保护法实施条例》《河南省实施〈中华人民共和国文物保护法〉办法》《濮阳市戚城遗址保护条例》。这就经常造成保护上的有心无力、无可奈何。另外，濮阳历史文化保护的监督机制严重滞后，目前仅有文化稽查大队发挥这方面的作用。而稽查大队业务广泛，但人员不足，远远满足不了历史文化保护监督的需要。因此，下一步必须建立健全法律体系、监督机制，做到有法可依，有法必依，监管到位，不留死角。

二、城乡基本建设中破坏文物的事件常有发生

近年来，濮阳市城乡基本建设的步伐不断加快，城乡建设中历史文化的保护问题日益突出。由于缺乏必要的法律体系以及监管措施的不足，破坏历史文化的事件常有发生，如南水北调支线工程濮阳段项目对王善护墓的破坏，人为地将唐代珍贵的石棺打碎，给国家造成了严重的损失；而濮阳县铁丘路西延工程没有事先申报就直接从省级文物保护单位铁丘遗址的保护范围内穿过，使这处新石器时代的遗址遭受严重破坏，等等。如果不能够及时阻止类似事件的再次发生，濮阳的历史文化保护就是一句空话。对于城乡建设中破坏文物的事件，不能本着事后处理的态度去解决，而要建立健全的法律法规和监督机制，在源头上就避免此类事件的发生。

三、历史文化保护资金短缺

资金的严重缺乏是历史文化保护中遇到的最严重的问题。由于各级文物保护单位都属于财政全供的事业型单位，并没有额外的收入，因此没有足够的资金投入历史文化的保护工作中去，这就造成很多文物古迹的保护工作停滞不前，其实也是一种变相的破坏。对于历史文化保护资金的筹集，不能仅仅限于国家财政的支持，完全可以发挥市场的作用，引导有社会责任感的企业、团体机构等参与到这项工作中去。另外，也可以成立专门的历史文化保护基金会，多渠道、全方位地筹集资金，争取使所有的历史文化遗产都能得到及时有效的保护。

四、缺乏历史文化保护的专业人才

在历史文化保护工作中，人是决定性的因素，这就必须要具备一批职业素养高超、专业技术过硬的人才队伍。目前，濮阳市历史文化保护方面的人员主要是由历史学、考古学、博物馆学、古文字学等学科的专家组成，并没有专门的文物保护方面的人才，这就严重制约了濮阳历史文化的保护工作。下一步要重点引进和培养这方面的人才，另外也要加强和这方面的高校、科研机构的密切合作，将它们的科研成果转化为我们的生产力，用来保护我们的历史文化。

五、公众的文化保护意识亟须提高

历史文化的保护是一项社会性、长期性的系统工程，这就要求我们必须利用合理有效的办法引导公众参与到这一重大的活动中来。但是，目前公众的文化保护意识普遍较低，归根结底还在于我们的宣传、引导的力度、措施不够。因此，下一步我们一定要做好这方面的工作，可以通过开展在节假日制作宣传横幅、展板，文化志愿者进社区免费讲解历史文化的内涵和重要性等活动，提高公众参与历史文化保护的积极性，提高他们历史文物保护的意识。公众历史文化保护的意识提高了，就会积极地参与到这项工程中来，反过来也能够对我们形成有效的监督，促进历史文化保护的快速健康发展。

第四章　濮阳历史文化保护利用

濮阳历史文化的保护利用以"政府主导、社会参与、市场运作"为原则，以"四结合"（与城镇化建设相结合、与改善民生相结合、与旅游开发相结合、与生态文明建设相结合）为宗旨，以"传承历史、弘扬文化、改善民生、提升城市"为目标，将对所有的全国重点文物保护单位和省级文物保护单位以及部分市级文物保护单位进行全方位、多层次、宽领域的升级改造，形成"一个中心、二十大片区、一百处文化点"的分布格局，并通过黄河文明生态观光走廊将这些历史文化景观和现代生态旅游景观全面地串联起来，做到"点、线、面"三位一体的有机结合，争取在三至五年内打造一批在国内外具有较高影响力和知名度的历史文化景观。

第一节　一个中心：澶州古城的保护利用

澶州古城即今天的濮阳县城，当地人俗称"老城"。澶州古城是濮阳市文物古迹时代跨度最长、数量最多、分布最集中、价值最突出的区域，同时也是濮阳民俗文化保留最多、最好、体系最完整的区域，它是濮阳作为国家历史文化名城的核心载体。因此，澶州古城的保护利用是濮阳历史文化保护的重中之重，事关濮阳历史文化保护的兴衰成败。澶州古城的保护利用需将所有的文物古迹纳入其中，将民俗文化融入其中，有系统、有重点、有区域地进行开展，做到历史景观、人文景观和自然生态景观的和谐统一。

一、澶州古城历史文化资源构成

1. 澶州城遗址

澶州城始建于五代后梁贞明五年（919 年），澶州守将李存审于德胜渡夹河筑栅，并在黄河两岸修筑南北二城。其中，北城形状南直北拱，形如卧虎，故又称卧虎城。后晋天福三年（938 年），澶州治所自顿丘移至此，始有南澶、北澶之称。宋神宗熙宁十年（1077 年），南城被黄河淹淤，仅剩北城。此后，宋王朝以澶州为京畿重地，"北门锁钥"，对城池大加扩建，扩建后的城墙周长 12 千米，面积 34 平方千米，城外有护城河（今南关尚存明代护城河石拱桥）。城内地势呈中间高、四面低的龟背形，利于排水。澶州古城始建以来，自宋至清，相继沿用，且历代皆有修整。濮阳古城平面呈半圆形（民间俗称"马蹄"形），东西长，南北短；街道呈棋盘式分布，中轴线偏西，形成了"四大街、八小街、二十四条布袋街"的布局。至今古城街道里巷布局、名称基本未变，尤其以中心阁（四牌楼）向四周辐射的东西南北四条大街两侧，仍保留着清代以来的传统商业店铺。在自然侵蚀（风、雨等）、人为行为（取土、修路、烧砖等）等因素影响下，城墙遭到了极大的破坏，目前仅残存东南角少许和西南、西北部分墙体。2013年5月，首都师范大学考古系对西南城墙进行了测量，顶部宽26、底部宽46米，最高处仅有8米，断崖处夯层清晰可辨，夯土内包含丰富的唐宋时期的遗物（图三三）。

图三三　澶州古城墙保存风貌

2. 西水坡遗址

遗址位于濮阳县城西南隅，面积5万平方米。遗址南部被澶州古城墙所压，北部是低洼的沼泽地，常年积水。1987~1988年，河南省文物研究所、濮阳市文物保护管理所、北京大学考古系、郑州大学考古系等组成"西水坡遗址考古队"，联合对遗址进行发掘。遗址文化层厚1.3~2.85米，可分四个时期的文化层：第一层属于唐宋时期的淤土层，第二层属于东周时期的堆积，第三层为龙山早期文化层，第四层属于仰韶早期文化层。仰韶早期文化层最为丰富，发现灰坑359个、墓葬195座、瓮棺葬69座、陶窑5座、房址8座、龙虎蚌砌图案3幅，出土陶器、石器、骨蚌器等各类遗物4000余件，另外还出土了大量的动物遗骸[①]。仰韶早期三组蚌砌龙虎图案的发现，极大地震惊了中外学术界和新闻界，其中M45的蚌壳龙因年代早、形象逼真，被誉为"中华第一龙"，濮阳也因此获得"中华龙乡""华夏龙都"的美誉（图三四）。西水坡遗址仰韶

---

① 南海森主编：《濮阳西水坡》，中州古籍出版社、文物出版社，2012年。

早期遗存属于后岗一期文化的范畴，西水坡遗址是目前后岗一期文化中文化面貌最丰富、价值最突出的一处遗址，对于研究后岗一期文化的聚落形态、社会组织、社会性质、精神生活等问题都具有极其重要的意义。西水坡遗址东周时期遗存也十分重要，尤其是发现的32座阵亡士卒排葬墓，在中国考古学上也是极为少见的（图三五）。结合文献记载，这些排葬墓的死者应是春秋晚期郑、晋"铁之战"中的阵亡士卒，对于研究春秋时期列国之间的战争形态以及政治变革都具有重要意义。

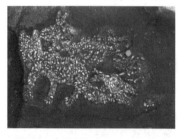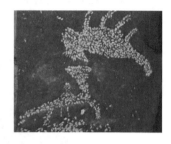

图三四　西水坡遗址出土三组蚌砌龙虎图案

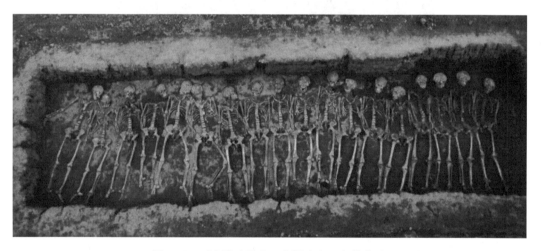

图三五　西水坡遗址出土东周阵亡士卒排葬墓

3. 金堤（德胜渡）遗址

金堤位于濮阳县城南1千米，黄河故道北侧，在濮阳境内土堤长40千米，高约8米，基宽20～30米。方向自西南向东北绵延，夯层内有龙山文化的篮纹、方格纹陶片和汉代绳纹板瓦等残片。据文献记载，西汉文帝十二年（前168年）"河决酸枣，东溃金堤"，后代黄河屡屡泛滥改道，金堤曾多经增修。德胜渡位于金堤河两岸。东西长4、南北宽约3千米，距地表深2～3米，西部文化层厚1、东部文化层厚3～4米。出土有唐代注子、五代荷叶碗、宋代瓷枕、瓷瓶、陶砚等器物。据文献记载，后唐大将李存审曾在此跨渡口筑南北二城。宋神宗熙宁十年南城废，北城即今天的澶州古城。

4. 回銮碑和御井

回銮碑又名契丹出境碑，位于濮阳县御井街。北宋景德元年（1004年），辽军直趋南下，抵达汴京北辅澶州。宰相寇准力主抵抗，真宗到澶州督战，宋军士气大振，战胜辽军。后双方议和，签订"澶渊之盟"。合约签订后，真宗作诗一首，并命人刻于石碑之上，即为回銮碑。目前，碑首已毁，碑身于明代断裂，1966年再遭破坏，仅存31字。原碑高2.9、宽1、厚0.3米。碑文为行草书体，首行题"契丹出境碑"（图三六）。据前人著录全文应为：

> 我为忧民切，戎车暂省方。征旗明夏日，利器莹秋霜。锐旅怀忠节，群凶窜北荒。坚冰消巨浪，轻吹集嘉祥。继好安边境，和同乐小康。上天垂助顺，回旆跃龙骧。

图三六　回銮碑及碑文局部

御井位于回銮碑前，圆形石井口，直径约1、深7.5米。据清《一统志》载，御井为宋真宗御驾澶渊时所凿。"御井甘泉"为昔时旧郡八景之一。

5. 明清十字街

位于县城中心，自明代以来，这里就形成了以四牌楼为中心的十字街道路格局。其中，东大街长约450、西大街长约360、南大街长约210、北大街长约270米，均为青石板铺路。大街两侧为明清时期保留下来的店铺和民居。这些古建筑青砖灰瓦，飞檐挑角，雕梁画栋，板搭门环环相扣，一派古代遗风。

四牌楼位于十字街中心，又名中心阁，始建于明嘉靖二十六年（1547年），后多次修葺。单檐盝顶建筑，面阔、进深各6.6米，高8.6米。四个坡面均呈梯形，上博脊长2.05、下檐长6.8、坡高3.6米，坡面覆绿色琉璃瓦。四角置合角吻，高70厘米，背剑吞脊，朝向四面博脊上的八只卧狮。盝顶中央放置黄色葫芦脊刹，高1.45米。四条垂脊皆长4米，上饰仙人、龙、凤、鱼、马等，仔角梁端安套兽，下坠铜质风铎。牌楼采用木石结构，扣合严实，四角各有斗拱承托，角檐上挑，四面檐下各有三攒斗拱，昂头造型为荷花、莲子和云朵。四面梁枋之间安裙板，绘有彩画。四角有四根方石柱支撑，高 4.7 米，石柱埋入地下，非常坚固。牌楼内为覆斗式藻井。东南西北四面横隔上分别写有"颛顼遗都""河朔保障""澶渊旧郡""北门锁钥"，高度概括了濮阳重要的地理位置和悠久的历史。

图三七　八都坊

6. 八都坊

八都坊，又名澶渊明阀坊，为纪念明都御史纪著、侯英，大理寺卿李钰、史褒善、王延，兵部尚书赵延瑞，户部尚书董汉儒，巡抚吉澄而建立。位于县城北大街，建于明万历年间，为四柱三间三楼式牌坊，明间为庑殿顶，刻石瓦垅，脊上有石狮驮宝瓶。坊高 9、宽 9.65、厚 2.15 米，底座长 3.86、宽 2.85、高 0.52 米。坊南上额横书"澶渊明阀"，坊北上额横书"方镇重臣"（图三七）。

7. 清真寺

位于县城三义庙街东头路南。建于清光绪七年（1881 年），增建于光绪十七年（1891 年），坐西朝东，现存拜殿，面阔三间，进深五间，殿前有月台，硬山卷棚勾连搭灰瓦顶。北讲堂一座，面阔三间，门匾额"清真寺"三字，为光绪丁酉科拔贡、书法家李多助书。寺内存清代、民国年间石碑 3 通。

8. 天主教堂

位于县城东大街路南，初建于清光绪十一年（1885 年），光绪二十六年（1900 年）义和团发展至濮阳，教堂被毁，现存教堂是清政府庚子赔款所建。教堂坐南朝北，平面呈南北不规则长方形，砖木结构，青砖细腻，白灰缝细而平直，俗称"线缝"，门、窗口均为尖顶券门，教堂四部砖雕精美，显示西方特色。大致为三部分：北端为大门及钟楼三层叠梁，高 40 米，尖顶，上安十字架；中间为大堂，两行木柱支撑穹顶；南端为祭台、神架、塑神像、圣场等；南端外围建半周只有半坡的房屋。

9. 冀鲁豫抗日救国总会旧址

位于县城内西街路北。1938 年，中共直南特委 1938 年 6 月决定将冀鲁豫抗日救国总会从清丰县六塔乡六塔村迁到濮阳县城内西街路北。到了 1940 年改名为冀鲁豫抗日救国联合会总会，仍在此地办公，举办训练班，派出工作队，宣传党的抗日主张，开展抗日救亡运动。旧址为民宅，现存硬山灰瓦房三间。

10. 八路军驻濮阳办事处旧址

位于县城内南大街。1938 年 6～7 月，中共直南特委在抗日民族统一战线政策的指引下，为敦促丁树本部积极抗日、共赴国难，派王程鹏同志带部分武装和朱德、徐向前的亲笔信，与丁商定在此建立八路军东进纵队司令部驻濮阳办事处，领导濮阳地区军政、统战工作。旧址保存完整，为四合院民宅，坐东朝西，面积 250 平方米。现存正房 3 间，南北厢房各 3 间，均为硬山灰瓦房。

除以上文物古迹外，澶州古城内还分布有西门里遗址、北城门楼遗址、文峰塔遗址、南关石拱桥、北关石拱桥、东关古井、南街民宅、盐民斗争旧址、华野西兵团军事会议旧址、华野南下动员会议旧址等文物古迹（图三八）。

图三八　澶州古城文物遗迹分布图

另外，澶州古城也有很多历史悠久、与古城历史相联系的非物质文化遗产，如大平调、四平调、花鼓、二夹弦、柳子戏、大弦戏等传统戏曲，六百居香肠、王五辈壮馍等名吃以及麦秆画等传统工艺，它们与文物古迹相得益彰、交相辉映，也是澶州历史文化的重要组成部分。

二、澶州古城历史文化保护存在的问题

从澶州古城历史文化资源的构成可以看出，澶州古城历史文化资源丰富、集中，开发利用潜力巨大，但也面临诸多问题。

第一，历史街区宣传力度不够，亟须包装升级。澶州古城历史街区与亟待翻新的历史城区不同，也与面临旅游资源过度开发的地区不同，其城区内的格局较好地沿袭了传统的风貌，受其他因素（如工业建设、商业开发、旅游业开发）影响较少，这就为开发利用提供了最好的物质载体，但也同时反映了濮阳老城缺乏宣传、吸引力不够等突出问题，如回銮碑、御井、明清十字街等文物单位都有相应的保护措施，但却鲜有民众光顾。因此，可以说，目前这些历史街区的保护重点不在抢救或重建，而在于如何升级、包装，提高知名度，普及历史文化教育等。只有在成功的文化遗产宣传的基础之上，旅游资源开发才能顺利进行，否则开发旅游区不仅不能起到宣传保护的作用，反而会导致历史文化遗产遭到不可挽回的破坏。

第二，古代遗址破坏严重，亟须抢救维护。与中国大部分历史文化名城一样，澶州古城的城墙也遭到了严重的破坏，目前仅剩西南、西北部分高出地面，而附属于城墙的门楼等更是荡然无存。从卫星图上看，城东部由于经济开发，澶州城规制基本无迹可寻。城墙是标示古城历史文化内涵的重要载体，诉说着古城沧桑的历史，厚重的文明。如果没有城墙，中心阁之中心也就无从说起。可以说，澶州城城墙遗址不仅没有得到有效的保护，民众也没有形成良好的保护意识。在这种恶性循环之下，这座历史文化名城已经岌岌可危，保护工作迫在眉睫。与之相应的是，西水坡遗址作为"中华第一龙"的发现地，同时又是国家重点文物保护单位，但却没有任何保护利用措施，使这一重要的历史文物古迹逐渐消失于人们的视野中。

第三，公众的保护意识淡薄，破坏文物的事件常有发生。虽然澶州古城有着众多的历史文化资源，但身处古城的民众却并没有注意到这些历史文化的价值，他们的保护意识相当淡薄。例如，由于四牌楼没有具体的说明介绍，久居周围的居民对于其历史渊源都不甚清楚，因此并没有把其看作珍贵的文化遗产。而四牌楼柱基的石鼓石雕更成为小孩攀爬嬉戏之处，类似的情况也存在于回銮碑。长此以往，直接影响了当地居民对待文化遗产的态度，造成严重的消极后果和保护隐患。

第四，民俗文化开发不够，古城缺乏品牌效应。民俗文化是古城历史文化的一个重要的组成部分，是古城文化品牌的有机载体，对于增加古城的文化感染力、可读性都具有重要的作用。濮阳民俗文化丰富，但开发不够。作为传统民俗聚集的四牌楼十字街目前大多以日用百货商品销售为主，仅有几家具有当地特色的壮馍和香肠店分布其中，这反映了当地较为单一的产业结构。简单的百货对游客毫无吸引力，他们至多在四牌楼街道观光，不会逗留。目前这种产业模式不仅没有门票上的收益，也浪费了

文化资源。相比之下，回銮碑虽然游人较多，但也没有形成相应的产业链，以"御井甘泉"传说为品牌的濮阳"御液"酒，在御井处反而见不到相关的宣传，近几年愈发没落。当地虽然有一些宋元瓷器，但基本收在仓库里，乏人问津。

三、澶州古城历史文化保护规划方案

澶州古城内的历史文化资源延续时间长，数量众多，分布集中，价值突出，且类型不一，因此，可以将这些历史文化资源按照位置、属性、年代等因素分成不同的片区，并采取相应的模式开展保护利用工作。

1. 恢复澶州古城墙的原始风貌

古城墙是我国古代城市最靓丽的风景，与大多古城呈现方形的结构不同，澶州古城为半圆形，俗称"卧虎状"，独具匠心、别具一格，因而具有极其重要的历史、科学和艺术价值。澶州古城墙虽然破坏严重，但是西南段保存较为完好。2013年，首都师范大学考古系和濮阳市文物保护管理所通过对澶州古城墙的解剖，已经全面了解了它的结构和建造程序。另外，清光绪《开州志》中有澶州古城详细的平面布局图，这就为复原工作奠定了良好的基础。目前，濮阳县已经启动和实施了濮阳古城墙保护展示项目，对古城的南城墙体进行了保护，按照历史记载对重点部位进行了包砖展示。但这远远不够，还要进行进一步的升华。在进一步保护和复原的过程中，可以借鉴西安、大同等城市古城墙修复的经验。具体而言，要参照《开州志》澶州古城的平面布局图，按照原真性、完整性的原则进行，不仅要恢复城墙的本来形状，更要恢复城墙附属建筑的原始风貌，包括城墙四门（南门开德门、北门镇宁门、东门得胜门、西门阜安门）及其门楼、城墙东南角的文峰塔、西南角的配文塔等（图三九）。古城墙复原后，可以用科技、艺术等手段将澶州城中发生的历史大事、诞生的历史人物通过影视活动的形式生动形象地展现出来，再现古城丰富的历史文化。

2. 以西水坡遗址和西门里遗址为基础，建设"西水坡国家考古遗址公园"

西水坡遗址和西门里遗址位于澶州古城的西南部。从对西水坡和西门里遗址的调查、发掘来看，它们的文化内涵极其丰富，包括仰韶早期的后岗一期文化、仰韶晚期和龙山早期的西水坡五期文化以及龙山晚期的后岗二期文化。这些考古学文化遗存再现了距今7000~4000年濮阳地区史前人类的社会生活状况，是濮阳上古文化的集中体现。可以此为基础，打造西水坡国家考古遗址公园，再现濮阳地区上古时期的文化景观。

在具体的保护利用过程中，一定要引入大遗址保护的理念以及考古遗址公园的模式。所谓大遗址，主要指反映中国古代历史各个发展阶段涉及政治、宗教、军事、科

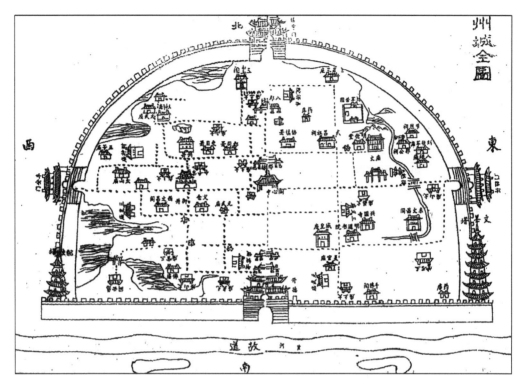

图三九　清光绪《开州志》开州（澶州）平面图

技、工业、农业、建筑、交通、水利等方面历史文化信息，具有规模宏大、价值重大、影响深远特点的大型聚落、城址、宫室，陵寝墓葬等遗址、遗址群及文化景观。考古遗址公园，是指以重要考古遗址及其背景环境为主体，具有科研、教育、游憩等功能，在考古遗址保护和展示方面具有全国性示范意义的特定公共空间。显然，西水坡遗址属于大遗址的范畴，可以采用考古公园的模式进行保护利用。在具体的实施过程中，可以考古发掘的各类遗迹（如房址、灰坑、墓葬、窑址）为载体，并结合文献记载以及民族学的研究成果，打造独具特色的历史文化景观，形成6000年前西水坡古村落的生活画面。另外，在遗址公园中，以西水坡发现的蚌砌龙虎图案为基础，建设"中国龙文化博物苑"。龙文化是中国传统文化中延续时间最长、生命力最强的文化现象之一，是传统文化的典型代表。濮阳是"中华龙乡""华夏龙都"。1987年西水坡遗址发掘出土了距今6460多年前的蚌塑龙图案，被誉为中国传统文化龙的鼻祖，被学术界形象地称为"中华第一龙"。濮阳"龙"与"虎"的组合出现，奠定了濮阳在中华文明形成中的"核心"历史地位。著名考古学家、北京大学教授邹衡观后欣然题词："华夏文明，渊源有自；龙虎俱在，铁证如山。"博物苑不仅要包括西水坡遗址出土的三组蚌塑龙虎图，而且要将中国所有的龙形象以及与龙有关的传说故事以动静结合的形式融入其中，使人们在景观园中能深刻领略中国龙文化的起源及发展过程，体会龙文化的深层含义。

3. 以金堤遗址和德胜渡遗址为基础，打造黄河历史文化带

金堤遗址和德胜渡遗址均与古代黄河有关，它们就在黄河故道的两岸。濮阳的兴衰与古代黄河的变迁密切相关，黄河文化是濮阳历史文化的一个重要组成部分。因此，可以金堤遗址和德胜渡遗址为基础，打造濮阳独具特色的黄河历史文化园。首先，要对金堤遗址、德胜渡遗址以及黄河故道进行全面的调查、钻探与发掘，了解它们的具体位置和文化内涵。在此基础上，对其进行深度开发，建设黄河文化展览馆，将汉代至宋元时期黄河在濮阳地区的迁徙、改道过程以及中华儿女的治黄故事以图片、声乐、实物的形式展示出来，使人们能够更加生动、真实地体会古代先民百折不挠、艰苦奋斗、不怕困难、万众一心、众志成城的治黄精神。同时，可以根据文献记载，复原德胜渡口的原始风貌，再现宋元时期澶州城"巍巍两城峙，津津河北流"的独特景象。

4. 以回銮碑和御井为基础，打造民族交流文化园

回銮碑和御井是宋辽澶渊之盟的见证，是民族交流、和平共处的缩影。目前，回銮碑和御井处建有封闭式院落，并成立有专门的文物保护管理机构，有效地保证了文物的安全和健康。但是，这些措施并没有使得回銮碑和御井的历史文化价值充分发挥出来。究其原因，根源在于缺乏亮点和影响力。下一步首先要通过多种渠道和形式大力宣传回銮碑和御井，使广大公众对其历史文化价值有更深一步的了解。然后，在此基础上，进行深度的包装升级。可将回銮碑和御井所在院落的北屋改造成小型博物馆，收集、征集所有与澶渊之盟有关的实物、图片，将其在博物馆中陈列出来，供人们参观学习。同时，组织有关人员编写和制作"澶渊之盟"歌舞剧，每天定期在博物馆内演出，再现澶渊之盟的壮观景象。对回銮碑和御井进行升级包装，使这里成为国内闻名的宋辽民族交流文化园。

5. 以四牌楼和十字街为基础，打造明清"民俗文化步行街"

濮阳老城以四牌楼和十字街组成的明清街区，属于"国家历史文化名街"，保存完好，在我国北方地区十分罕见，具有极高的历史、民俗、艺术、科学价值。但是，由于街区现在仍以居住和商业为主，人流量较大，局部已经遭受到了破坏，加之缺乏卫生设施及绿化，显得破旧与脏乱。因此，应对明清街区进行全方位的升级改造，要以打造"民俗文化步行街"为宗旨，按照"统一规划、整体开发"的原则进行改造，对于影响街区整体环境的现代建筑要给予拆除，不法商业行为要进行制止，使街区恢复原始风貌。在升级改造的过程中，一定要将濮阳特有的民俗文化融入其中，使人们身临其境，仿佛穿越到明清时期一样，体会到原汁原味的明清文化。同时，在保证不破坏街区整体风貌的情况下，可将街区作为影视拍摄的基地，以更好地发挥街区的社会经济效益，形成高附加值的文化产业集聚区。

6. 以近现代革命史迹为基础，打造濮阳县红色文化游览区

濮阳老城是近现代濮阳人民反帝、反封建、反官僚资本主义的中心地区，留下了很多革命旧址，如盐民暴动纪念地、天主教堂、八路军驻濮办事处、冀鲁豫抗日救国总会旧址等。这些旧址相距不远，因此，可将它们捆绑在一起，建设濮阳爱国主义和革命传统教育基地，打造红色文化游览区。

目前，这些革命史迹保存基本完好，只是宣传力度不够，才没有引起广大民众的注意。因此，接下来首先要利用国家高度重视红色文化的政策导向，通过电视、网络、学校、社会团体等多种渠道大力宣传这些革命史迹的重要性。在此基础上，要对它们进行更深一步的包装升级。由于大多数革命史迹中都有保存较为完好的院落建筑，因此，可充分利用它们展示相关的革命文物。在不破坏史迹本身风貌的情况下，可以在这些革命史迹中拍摄相关的历史纪录片、影视片等，充分激发它们的社会经济效益。

第二节　二十大片区历史文化资源的保护利用

按照濮阳历史文化资源价值评估的结果，我们选出二十个规模大、保存好、内涵丰富、价值突出的文化古迹，作为下一步开展保护利用工作的重点对象，特制定出翔实的规划方案。

1. 以高城遗址为核心，打造帝丘城考古遗址公园

高城遗址位于濮阳县东南部的五星乡高城村南，在黄河故道金堤河的南岸，距离县城约 10 千米。遗址上面分布的自然村落有安寨、七王庙、冯寨、东郭集、老王庄等，区域内地势比较平坦。这里相传是五帝之一颛顼帝的遗都，也是夏代后相的都城。2013 年，遗址被国务院公布为第七批全国重点文物保护单位。早在 20 世纪 60 年代，北京大学李仰松先生就曾到濮阳对高城遗址进行过实地考察，后来由于"文化大革命"中断了这项工作[①]。1985 年，马连成和廖永民先生在对濮阳进行考古调查时，在高城村北发现了东西向的夯土墙。2002 年，濮阳市文物保护管理所对该遗址进行了考古钻探，发现北城墙及北城墙的东北、西北拐角[②]。2005 年 4 月，为配合"中华文明探源工程（第一阶段）"的相关课题，河南省文物考古研究所和濮阳市文物保护管理所联合组成了高城遗址调查小组，对该遗址进行考古调查、钻探和试掘。至 2006 年 6 月，一共发掘探沟 4 条。根据钻探和试掘资料，初步确认该遗址上有一处面积约 916 万平方米的古城址，平面大体呈长方形，北城墙中部偏东有一折角，其余三面城墙平直。其中，西墙长约 3986、东墙长约 3790、南墙长约 2361、北墙长约 2420 米，面积约 916 万平

---

① 廖永民：《帝丘初探》，《2000 年濮阳龙文化与现代文明学术讨论会论文集》，中国经济文化出版社，2003 年。
② 参见 2002 年濮阳市文物保护管理所对高城遗址进行考古调查的资料。

方米。城墙保存高度 6～9 米，基础宽约 70 米，顶部宽 20～30 米，墙之外有一周护城壕。遗址内部的布局与结构不甚清楚。在其西北拐角处钻探发现了大量龙山文化陶片，中部 T1、T2、T3 等探沟在不同时期夯土内出土较多龙山文化陶片，再结合西墙北部钻探时也发现有龙山文化陶片，以及南墙的小面积试掘也出土龙山文化陶片等情况，可以认为这里曾经存在一处面积较大的龙山文化遗址[①]。2018～2020 年，河南省文物考古研究院又对高城西城墙进行了解剖，再次确认了城址的兴衰和使用年代（图四〇）。

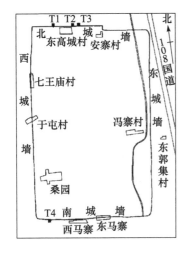

图四〇　高城遗址平面图及城墙解剖图

通过历年的调查、发掘可知，高城遗址出土有仰韶文化、龙山文化、二里头文化以及殷墟、东周等多个时期的文化遗存[②]。遗址上兴建有东周时间的古城址，应为东周时期的卫国都城帝丘，战国时期称"濮阳"，是目前可以确认的历史上最早的濮阳，同时也是秦汉时期的东郡郡治所在。东周城址下可能存在龙山时期的城址，应为"颛顼遗都"帝丘，同时也是夏代夏后相的都城。这与《汉书·地理志》"濮阳本颛顼之墟，故谓之帝丘，夏后之世，昆吾氏居之"记载相符。

高城遗址属于大遗址的范畴，可参照大遗址保护的相关理念，以建设考古遗址公园的模式对其进行保护利用。首先，要对遗址进行全面的勘探、发掘，摸清它的布局与结构。在此基础上，结合文献记载，复原帝丘城主要建筑的原始风貌。帝丘先后作为颛顼、阏伯、昆吾、夏后相、商相土之都，同时又是春秋战国时期卫国的都城以及秦汉东郡郡治所在地。由此可将高城遗址划分为三个不同的区域进行保护规划：一是华夏文明形成区，主要表现帝丘作为颛顼、阏伯、昆吾、夏后相、商相土之都的历史

<hr>

① 河南省文物考古研究所、首都师范大学历史学院、濮阳市文物保护管理所：《河南濮阳县高城遗址发掘简报》，《考古》2008 年第 3 期。

② 河南省文物考古研究所、首都师范大学历史文化学院、濮阳市文物保护管理所：《河南濮阳县高城遗址发掘简报》，《考古》2008 年第 3 期。

文化。可根据史话传说，在此区域的中心位置建造颛顼处理政治、进行宗教活动所在的"玄宫"，并将颛顼"绝地天通"、制礼作乐、诛灭共工、平定九黎、乘龙至四海等故事融入其中。在玄宫东面建设夏族文化园，将夏后相有关的历史故事融入其中，如夏夷斗争等；在玄宫北面建设商族文化园，将相土有关的故事融入其中，如"相土烈烈，海外有截"；在玄宫西面建设阏伯文化园，将与阏伯有关的故事融入其中，如阏伯、实沈日寻干戈等；在玄宫南面建设昆吾文化园，将与昆吾有关的故事融入其中，如昆吾铸鼎。二是卫国都城文化区。帝丘作为卫国的都城将近 400 年，卫国在此政治稳定、经济繁荣、文化发达，成为当时文人学士聚集的重要区域。史载，孔子周游列国十四年，其中十年居卫。可复原卫国当时重要的宫殿、街道等建筑，将卫国历史上发生的重大历史事件、重要文人学士的传奇故事以及"卫风"记载的民间社会生活生产状况等以不同的手法、形式表现出来，再现卫文化的繁荣景象。三是秦汉东郡文化区。东郡是秦汉时期中央政府掌控的重要区域，维系着帝国的经济命脉，地理位置重要，经济富庶。可复原东郡郡治的重要建筑，将相关的历史文化融入其中，再现秦汉时期异彩纷呈的地方文化。通过建设华夏文明形成区、卫国都城文化区、秦汉东郡文化区，将充分展示帝丘城 2000 余年的文化内涵，再现其作为华夏文明起源中心的核心地位和卫国都城、东郡郡治的繁荣景象。由于高城遗址面积巨大，可以在考古遗址公园周围建设生态农业区，与考古遗址公园形成一体化的文化旅游景观带。

2. 以戚城遗址为核心，打造戚城国家考古遗址公园

戚城遗址位于濮阳市开州路以东，古城路南，京开大道以西，石化路以北。1996年 11 月，被国务院公布为全国重点文物保护单位。对戚城遗址的考古调查、发掘早在 20 世纪 60 年代就已展开。1963 年 3 月，濮阳县文化馆曾对遗址进行调查，在城址内发现了许多古代陶片和绳纹小砖砌成的古井。同年 4 月，河南省文物工作队对遗址做了详细的调查，并进行了初步的钻探和摄影、绘图工作。1965 年 11 月，北京大学历史系李仰松先生曾对遗址进行考古调查和试掘[①]。1985 年，马连成和廖永民先生又对遗址进行了考古调查，采集了一批重要的历史遗物[②]。1986 年，河南省文物考古研究所曾对遗址东城墙进行试掘。1995 年，濮阳市文物保护管理所对遗址进行了小面积试掘，发现了一批重要的遗迹和遗物。2006 年，戚城文物景区管理处对遗址进行了小规模试掘，发现了一个龙山文化灰坑，出土了一大批龙山文化遗物[③]（图四一）。2007 年，河南省文物考古研究所和戚城文物景区对遗址东城墙和西城墙进行了科学发掘，发现春秋城墙下叠压着龙山城墙这一重大成果[④]。2014 年，河南省文物考古研究所、首都

---

① 廖永民：《戚城遗址调查记》，《河南文博通讯》1978 年第 4 期。

② 马连成、廖永民：《濮阳市郊区考古调查简报》，《中原文物》1986 年第 4 期。

③ 戚城文物景区管理处：《濮阳戚城遗址龙山文化灰坑清理简报》，《中原文物》2007 年第 5 期。

④ 马学泽：《河南濮阳戚城遗址文物调查取得重要收获》，《中国文物报》2008 年 4 月 9 日第 2 版。

师范大学考古系、戚城文物景区组成联合
考古队，对遗址进行了全面的调查、钻探。
2017～2020 年，河南省文物考古研究院在
目前戚城古城墙外围又发现了东周时期的外
郭城，并对其进行了解剖。同时对内城的南
城墙和北城墙进行了解剖发掘，初步确认了
戚城城址的使用和兴衰年代。

图四一　戚城遗址出土龙山器物

历年的考古发掘表明，戚城遗址文化堆
积丰富，包含裴李岗、仰韶、龙山、春秋等
时期的文化遗存。其中，龙山和东周时期是戚城发展史上的两次巅峰，发现了大量的
遗迹，出土了丰富的遗物。其中，戚城遗址上发现的戚城古城址最引人注目。它始建
于龙山时期，春秋战国是繁荣发展期，汉代继续使用，宋代以后废弃。龙山城址平面
呈圆角方形，东西长约 420、南北宽约 390 米，面积约 17 万平方米。春秋城址分外郭
城和内城两部分。内城叠压在龙山城之上，是在龙山城的基础上修葺而成，与龙山城
大体重合，略有错位。目前，地面上仍存有春秋时期内城古城墙，保存较为完整，城
墙最高处高 8.3 米。内城中发现有春秋时期的道路遗迹和大型夯土建筑遗迹。外郭城深
埋于黄河淤土之下，距地表深 3～5 米，南北长约 1000、东西宽 900 余米，面积超过
90 万平方米（图四二）。

戚城是春秋时期卫国的重要城邑，历史上有许多大事在此发生，见诸《春秋》《左
传》记载的诸侯会盟就有 8 次，被誉为春秋时期的"联合国"。

图四二　戚城城址平面分布图及内城城墙解剖图

（图片由河南省文物考古研究院李一丕提供）

在戚城分布着子路墓祠。子路为孔子的弟子，在卫国的一次宫廷政变中，结缨赴难。后人为纪念子路的忠孝仁义，便在埋葬其头颅的地方建立了子路墓祠。子路墓最早见于文献记载的是《水经注·河水条》："戚城东有子路冢。"目前，墓区南北长163、东西宽122米，占地面积2万余平方米。墓冢高4.3、直径29米，经调查为西汉中叶砖墓室，出有陶鼎、壶、釜和铁剑等器物，应是子路赴难200多年后，人们所建的纪念性建筑。明清时期对子路墓祠屡有修葺。濮阳成立后，依明代布局旧制重修子路墓祠，自南向北依次为山门、两耳房、"正大高明"坊、两庑和碑亭、享殿、望柱、卫国公坊（仿建）、石象生、墓碑、墓冢（图四三）。

图四三　子路墓祠

由于戚城遗址和子路墓祠相互毗邻，又同属春秋战国时期的文化遗存，因此，可以将二者结合起来，共同打造戚城国家考古遗址公园。

目前，濮阳市已依托戚城遗址建设了戚城文物景区，并成立了相应的文物保护管理机构，有效地保证了遗址的安全和健康。戚城文物景区属于开放式的公园，每天游人如织、络绎不绝，已成为濮阳市最具特色、最富有活力的主题公园。然而，戚城文物景区的建设由于早期的定位不准，侧重于自然景观、休闲娱乐，而缺乏人文景观、文化景观，内部结构不合理，已与当前日臻成熟的文化园区理念相去甚远。因此，必须对戚城文物景区进行全方位、多角度的升级改造，融入本体文化因素，而戚城文物景区丰富的文化遗迹又为升级改造奠定了基础。第一，要对春秋城墙进行维护重建。戚城遗址春秋城墙是目前濮阳市保存最完好、结构最清楚的古城墙，是濮阳市区重要的历史文化标志之一。在复原重建古城墙的时候，一定要将城门、门楼等附属建筑考虑进去。2014年以来，河南省文物考古研究院对南城门和北城墙遗址进行了重点解剖，这为复原重建提供了翔实的参考资料。目前，北城墙的解剖探沟仍然保存完好，生动地再现了戚城古城址的修建、使用和废弃历史。接下来，一定要对这条解剖沟进行整体加固，并搭建保护棚将其保护起来。第二，对会盟台遗址进行深度开发。戚城被誉为春秋战国时期的"联合国"，诸侯会盟多达 8 次。因此，会盟文化是戚城遗址的核心文化。目前，戚城文物景区已对会盟台遗址进行了复原，但是还缺乏深度开发的措施。可以参考《左传》等文献记载，定期举行诸侯会盟表演仪式，使会盟台真正发挥会盟文化的价值，也使游人能够目睹会盟震撼、盛大的状况，对诸侯会盟有个更加直观、深入的认识。第三，对戚城遗址博物馆重新进行陈列设计。目前，戚城遗址博物馆主要陈列西水坡遗址出土的文物，这与戚城遗址的文化背景极不相符。因此，必须对其进行重新设计，将西水坡遗址的文物移交至即将建设的西水坡博物馆，而将戚城出土的文物陈列其中，发挥春秋文化的作用。第四，以小品、雕塑等形式，将戚城相关的历史文化点缀在景区之中。目前，戚城遗址的雕塑多为现代人物、动物，缺乏历史感、文化感，可将春秋战国时期卫国重要的历史人物、历史事件在景区相应的位置表现出来。第五，以戚城考古发掘遗址为基础，建设遗址展览馆。目前，戚城东城墙发掘基址保护完好，从中能够清楚地看到戚城双叠城的神奇景观。可在此建设遗址展览馆，向公众展示考古发掘的程序和成果，让人们体会戚城城址的发展过程、建造方式等。

子路墓祠属于重新修葺而成，因此保存完好，只是缺乏相应的文化内涵。可将子路墓祠的东西厢房改造成历史文化陈列馆，用实物与图片相结合的形式展示子路一生的传奇故事。同时，要在园区内定期举行祭拜子路的活动，向人们传达子路不畏权贵、忠孝仁义的可贵精神。

3. 以瑕丘遗址为基础，建设瑕丘历史文化保护与生态观光农业综合开发生态园

瑕丘遗址位于濮阳县五星乡前堌堆村西、安寨村北，西临濮渠公路，北距县城约 10 千米，处在濮阳县城向南的观光带上，地理位置特殊，交通十分便利。遗址是一处包含龙山文化、晚商文化和春秋文化的文物古迹。本体为一高台，由大小二丘构成，面积达 3600 平方米。目前，大丘顶部为碧霞宫建筑群，小丘顶部为帝舜宫建筑群，大小丘之间有石桥相连。高台周围以前有较大的环形湖泊，水中荷花成片，有小桥通往高台（图四四）。

碧霞宫建筑群为封闭式庭院庙宇结构，南面有台阶通向丘底。台阶底部原有一门，现已不复存在，但门柱石依然保存完整，台阶中间原有二门，现也不复存在。三门即目前建筑群正门。庭院内部由碧霞宫、观音殿、东西阎罗殿、天齐庙、祖师殿、佛爷殿构成。碧霞宫位于庭院中部偏北，硬山顶前抱厦砖木殿宇建筑，面阔三间，进深三间，长 10、宽 5、高 6 米。前檐下立两根长方体雕刻石柱，两侧有线刻人物花卉图案及福禄祯祥字样，并有道光二十一年年款。殿门两侧楹联写道："妙相庄严如操金绳开觉路，行深般若广施宝筏渡迷津。"殿内帷幕低垂，旌旗高悬，内塑两排六尊女神，凤冠霞帔，端庄秀美。两侧壁悬诸神图像，锦匾布满其间，昔为乡民祈福求子所置。观

图四四　瑕丘遗址

音殿位于碧霞宫南，与碧霞宫相对，内有观音塑像。观音殿背面，正对大门处书写
"负夏名邑"四个大字。阎罗殿实为东西两厢，内悬十大天王图像。天齐庙位于碧霞宫
东北，面阔三间，门上有"乐哉斯邱"匾额，内有武成王黄飞虎塑像。祖师殿位于碧
霞宫西北，内有南丁老爷塑像，周公、桃花分列南丁左右。佛爷殿位于碧霞宫北，殿
分两层，上层有释迦牟尼塑像。碧霞宫背面与佛爷殿相对处另开一间小殿，内有韦陀
塑像。韦陀是佛的护法神，是南方增长天王属下八神将之一，位居32员神将之首。据
说，在释迦佛入涅时，邪魔把佛的遗骨抢走，韦陀及时追赶，奋力夺回。因此佛教便
把他作为驱除邪魔、保护佛法的天神。庭院外大门两侧各有石碑一通，东侧石碑正面
撰写"瑕丘古迹"四个大字，背面为李符清书写的《礼记·檀弓》，西侧石碑为李符清
书写的《瑕丘记》。庭院东北角保存有许多碑刻，极具历史价值。

　　帝舜宫建筑群位于小丘顶部，开放式建筑结构，由帝舜宫、广生殿、鲁班祖师庙
构成。其中，帝舜宫为硬山顶庙宇结构，面阔三间，殿门上有"德化天下"匾额，殿
门两侧楹联写道："生姚墟迁负夏耕历山渔雷泽孝贤感天地，修五典举八恺定九州巡三
苗功德昭日月。"生动概括了帝舜的一生活动范围和主要功绩。殿内有帝舜塑像。广生
殿位于帝舜宫东北，内有广武老爷塑像。鲁班祖师庙位于帝舜宫西北，内有鲁班塑像。

　　瑕丘遗址周围分布有杂果种植园和粮食高产创业园，便于发展生态观光农业。将
历史文化保护与生态观光农业开发有机结合起来，走资源整合、相互促进的良性循环、
可持续发展之路，将成为统筹城乡发展、统筹经济社会发展、统筹人与自然和谐发展
的有益探索。根据瑕丘现有的历史文化资源及农业资源状况，将历史文化保护的理念
与生态观光农业的理念相结合，以实现"体验经济"为目标，对瑕丘进行历史文化保
护与生态观光农业综合开发。开发的范围东至前堌堆村，南至安寨干渠，西至濮渠路，
西北将天行健甜瓜种植基地包含进去，北到水库北边缘，形成集遗址不可移动文物现

场保护展示、可移动文物陈列的遗址博物馆以及地面园林、小品，生态观光农业体验游为一体的文化旅游苑区，命名为"瑕丘苑"，打造濮阳乃至全国的文化旅游品牌。

第一，以瑕丘遗址为核心，重点打造历史文化保护区。瑕丘遗址经过近年来的保护开发，目前已形成了较大规模的历史文化景区，具有一定的社会知名度和影响力。但是，其历史文化价值还远未充分挖掘，对遗址的保护也仅仅停留在起步阶段。因此，需要对遗址进行整体性、系统性的开发。

（1）根据历史文献记载，重挖瑕丘周边的环形湖泊，并在湖泊内广种荷花。将开挖的余土堆积在环形湖泊的西北、西北水库东侧，形成"历山"，并将"帝舜耕历山"的故事融入其中。

（2）恢复碧霞宫一门、二门，重新修茸碧霞宫建筑群，将天齐庙上的"乐哉斯邱"匾额拆去，悬挂于碧霞宫一门上。

（3）将小丘增高、扩大，重新修茸帝舜宫建筑群，将帝舜的主要功绩和舜裔姓氏以殿宇和回廊相结合的形式进行开发。

（4）在高台南、环形湖泊北建设瑕丘遗址陈列馆，以不同的方式、手段展示瑕丘遗址出土的重要历史文物、历史文人对瑕丘的歌颂以及在瑕丘发生的重大历史事件等。

第二，在瑕丘遗址南、北、西重点建设生态观光农业区，并将瑕丘发生的历史故事以雕像、地面园林、小品等形式融入其中。

（1）对天行健甜瓜种植基地进行深度开发，发展生态观光瓜园，将瑕丘有关的佛教故事融入其中。

（2）在濮清南河东岸建设"帝舜陶河滨"景观。陶器的发明是人类文明史上的一个重大成就，"帝舜陶河滨"将再现古代陶器从选料、成型到烧制的整个过程，并提供专门的场所，让人们亲身体验制陶的过程和乐趣。

（3）在西北水库发展生态观光渔业，将"帝舜渔雷泽"故事融入其中。生态观光渔业是生态农业的一个分支，西北水库面积巨大，水质优良，是发展生态渔业的天然的理想场所。渔业在人类的早期文明中占有重要地位，帝舜渔雷泽充分说明了这一点。可以将帝舜打鱼的整个过程以动态的形式在水库上表现出来，同时也可以将雷泽中的神话故事以动态的形式表现出来。

（4）对西北水库东侧的果园进行深度开发，发展观光果园，将瑕丘有关的道教故事融入其中。

（5）在瑕丘西部耕地上发展生态林业，将"帝舜与二妃"的故事融入其中。传说，帝尧曾将自己的两个女儿娥皇、女英嫁与帝舜，帝舜与二妃恩爱有加。帝舜南巡崩于九嶷山，二妃心中悲怆，想念帝舜，整日流泪，泪水溅于青竹之上，竹子立即变为紫色。后来，人们便把这种竹子叫作紫竹，或湘妃竹。在瑕丘西部的耕地上种植湘妃竹，并形成竹林，将帝舜与娥皇、女英的爱情故事以雕塑或表演的形式在竹林中展现。

（6）对前堌堆高效农业园区进行深度开发，将"帝舜南巡守、迁三苗"的故事融入其中。前堌堆高效农业园区主要种植小麦。小麦为五谷之一，具有耐旱、耐寒、高产等特点，在中国农业史、中华文明史上都具有重要意义。帝舜时期，中原地区经济发达，文化繁荣，对外交流频繁。三苗为我国史前南方地区的一个重要民族。华夏族与三苗之间经常发生冲突，帝尧、夏禹对三苗都是采取征伐的措施，而帝舜对三苗则采取怀柔政策，经常到三苗地区巡守，使三苗真心归顺，可见帝舜的仁爱之心。传说，三苗因为没有食物，经常掠夺中原的小麦，帝舜知道后，不仅没有讨伐三苗，还亲自将小麦送给三苗。前堌堆高效农业园区就可以将这些故事以小品、雕塑的形式展现出来。

4. 以铁丘遗址为基础，建设考古遗址公园

铁丘遗址位于濮阳市西南约 5 千米的王助乡铁丘村东，因晋郑"铁之战"而得名。遗址以东 2 千米有马颊河流过，遗址以西 1.5 千米为汉代以前的黄河故道。现今遗址地势呈慢坡状隆起，略高于周围地表约 0.5 米，遗址总面积约 5000 平方米。据当地村民回忆，该遗址原为高 3~4 米的台地，南北长 200~300、东西宽 100 米。自 20 世纪 60 年代以来，在历年的平整土地过程中台地逐渐被削平。遗址为河南省重点文物保护单位。20 世纪 80 年代，河南省文物考古工作者曾对该遗址进行调查，发现了较为丰富的古代文化遗存[1]。2012~2014 年，首都师范大学考古系和濮阳市文物保管所先后三次对遗址进行发掘，出土了一批重要的文化遗迹和遗物，尤其是发现了汉代时期的黄河故道，对于了解濮阳地形地貌的变化具有重要的意义[2]。历次的考古发掘表明，铁丘遗址是一处以龙山文化遗址为主，兼有仰韶文化、商周文化、汉代文化的文化遗存。其中，仰韶文化的遗物发现有钵、盆、罐、鼎、小口尖底瓶，龙山文化遗物有罐、豆、瓮、碗、杯、甗、鼎、盆等，商周文化遗物有鬲、豆、罐、瓮、甑、大口尊等（图四五）。

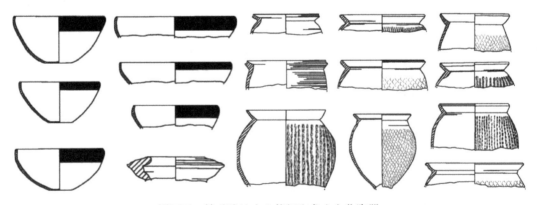

图四五　铁丘遗址出土仰韶和龙山文化陶器

---

① 马连成、廖永民：《濮阳市郊区考古调查简报》，《中原文物》1986 年第 4 期。
② 首都师范大学、濮阳市文物保管所：《河南省濮阳市铁丘遗址 2012 年发掘简报》，《中原文物》2013 年第 6 期。

对于铁丘遗址的保护利用，可以遗址本体为基础，建设考古遗址公园，打造濮阳县西北部一处市民休闲娱乐的历史文化景观。经过首都师范大学考古系近两年的努力，铁丘遗址发掘出土的遗物已经整理完毕，这为陈列展览奠定了基础。可以这些历史遗物为基础，在遗址公园内建立小型的展览馆，并配以丰富的图片说明，使人们对铁丘的历史文化内涵有个更加直观、深入的了解。另外，铁丘是晋郑"铁之战"的发生地，而"铁之战"是春秋时期的一场著名战役，其结果直接影响了晋国内部贵族士大夫的力量对比，为晋国以后历史的走势埋下了伏笔，同时也影响了卫国公室的格局，因此具有重要的历史意义。在距铁丘遗址不远的西水坡遗址，曾经发现有"铁之战"阵亡士卒的排葬墓。因此，可以在遗址公园内建设"铁之战"文化景观区，以雕塑、小品的形式模拟当时的战争场景，也可以通过歌舞、影视的形式展现战争的恢宏、惨烈状况，使人们深刻领略"铁之战"的历史文化价值。

5. 以蒯聩台遗址为基础，建设考古遗址公园

蒯聩台遗址位于濮阳市建设路以东，帝丘路以西，因传春秋时卫灵公之子蒯聩在此避难而得名。遗址平面为长方形，南北长 260、东西宽 110 米，面积约 2.8 万平方米，文化层厚约 4 米。遗址中部为高约 4.5 米的大土丘。1985～1987 年，河南省文物考古研究所曾对遗址进行发掘，发现有仰韶、龙山、殷商、春秋和汉代等时期文化遗存。其中，仰韶文化遗存发现 7 个圆形灰坑，出有钵、碗、小口平底瓶、盆等陶器；龙山文化遗存发现房基 5 座、灰坑 46 个，出有深腹罐、鬼脸足鼎等炊器；殷商文化层遗存发现房基 1 座、灰坑 21 个，出有矮裆鬲、簋、瓮、豆、缸等陶器；春秋文化遗存发现夯土台基和一批灰坑，出有盆、盂、瓮、甗、缸以及三棱锥形陶器；汉代文化遗存发现近百座西汉初期至东汉时期的土圹墓、空心砖墓及小砖墓。2011 年 6 月，为配合濮阳市油田五中基本建设，濮阳市文物保护管理所对遗址进行了抢救性发掘，发现了一批重要的文化遗存。可以说，蒯聩台遗址时间跨度长、文化内涵极其丰富，具有极高的历史研究价值（图四六）。

目前，蒯聩台遗址南已建成了开放式的城市公园，成为市民休闲娱乐的重要场所。但是，蒯聩台遗址的保护利用却一直没有进展。由于紧靠公园，人流量大，已对遗址造成了一定的破坏，这就要求必须尽快对蒯聩台遗址进行保护利用。具体而言，可将蒯聩台遗址的保护利用与南部的城市公园有机结合起来，为公园增加浓厚的文化信息，打造成濮阳靓丽的城市名片。第一，对土台进行加固维护，复原其上的宫殿建筑。春秋战国时期，重要的宫殿建筑都建在高大的台基上，如齐国都城临淄的"桓公台"。由此观之，春秋战国时期蒯聩台上面也一定建造有宫殿建筑。因此，在对土台进行加固维护的基础上，要参考相关文献记载，恢复其上的宫殿建筑，并把与蒯聩台遗址有关的历史故事以图片、影像的形式在宫殿建筑内展示。在土台的南部设置台阶，供游人登台参观。第二，在土台的北面建设小型遗址博物馆，将蒯聩台遗址发掘出土的所

图四六　蒯聩台遗址

有文物陈列其中，供人们参观。第三，在土台四周空地上种植草坪，以不同颜色、品种的草坪将蒯聩台发现的重要遗迹，如房址、灰坑、墓葬等形象地表现出来。

6. 以马庄遗址为基础，建设考古遗址公园

马庄遗址位于濮阳市区西南部约 5 千米处，为一高出地表约 2.5 米的台地，南北长 250、东西宽 100 米，总面积 25000 平方米。遗址为河南省重点文物保护单位，发现于 20 世纪 60 年代。1979～1981 年，北京大学考古专业师生曾对该遗址进行了调查和试掘，开掘探沟 1 条，清理断崖 1 段，发现了龙山文化、商文化和汉代遗存[①]。1983 年 5 月～1984 年 7 月，为配合城乡基本建设，濮阳市文物保护管理委员会对遗址进行了科学发掘，发掘面积 2000 平方米。共清理灰坑 492 个、房址 8 座、墓葬 84 座、窑址 4 个，出土各类器物 2000 余件。这些遗迹和遗物分属龙山、晚商、汉代三个时期，尤以龙山文化和汉代遗存为典型。其中，龙山文化发现有鬼脸足鼎、罐、鬶、甑、甗、盆、瓮等陶器，生产工具有石铲、镰、凿等。商代文化遗存发现有灰坑、墓葬、房基等，出土遗物有陶鬲、盆、罐以及卜骨、贝币等。汉代文化遗存发现有墓葬和水井，发现的建筑材料有绳纹砖和方格纹条纹瓦、"千秋万岁"瓦当，墓葬随葬品有铜洗、铜壶、铜钫、铜盆、铜镇、铜印章、铜车马饰和罐、壶、仓、釜、灶等陶器。1985 年，马连成和廖永民先生又对遗址进行了考古调查，采集了一批重要的历史遗物[②]。1991 年 8 月和 1993 年 4 月，北京大学考古系和濮阳市文物保护管理所对遗址进行了考古调查，采

---

① 北京大学考古专业商周组等：《晋豫鄂三省考古调查简报》，《文物》1982 年第 7 期。
② 马连成、廖永民：《濮阳市郊区考古调查简报》，《中原文物》1986 年第 4 期。

集了一批龙山文化、先商文化和晚商文化的遗物[①]。2014年3月，为配合城市基本道路建设，濮阳市文物保护管理所又对马庄遗址进行了全面的钻探。

由于马庄遗址位于濮阳市郊区，因此保存状况相对较好，这就为接下来的保护利用工作奠定了良好的基础。在此之前，需对马庄遗址发掘资料进行系统的整理。马庄遗址发掘距今已经30余年，但资料的整理工作一直没有进行，这使人们无法充分认识马庄遗址的历史文化价值，也直接影响了马庄遗址的保护利用工作。由于马庄遗址发掘资料丰富，仅凭濮阳市文物保护管理所的专业人员无法承担这一艰巨的任务，因此，必须联合其他高校等科研机构尽快开展这项工作。在发掘资料整理完备的基础上，需对马庄遗址进行深度的保护利用，可在其保护范围之内，建设考古遗址公园，将遗址的本体保护与文物展示有机结合起来。第一，在遗址文化层相对贫乏的区域，建立小型博物馆，将马庄遗址出土的所有文物陈列于此，使人们能够直接参观马庄各个时期的文化遗物。第二，在遗址文化层丰富的区域种植草坪，以不同颜色、品种的草坪将马庄遗址发现的重要遗迹，如房址、灰坑、墓葬等形象地表现出来。同时，可以雕塑的形式展现马庄遗址出土的重要文物。

7. 以丹朱墓遗址为基础，打造丹朱文化园

丹朱墓遗址位于范县辛庄乡丹朱村，面积约5000平方米，文化层厚约2米。遗址中部有土冢，高出地面约3米，群众传为尧帝之子丹朱墓。据传，丹朱曾在范水一带耕耘播种，兴修水利，发展农业，烧制陶器，筑堰修城，深受部落百姓爱戴，死后葬于此。1975年8月，河南省博物馆曾对遗址进行试掘。从揭露的情况看，最上为农耕土和近代扰土层；其下为商周文化层，出有鬲、大口尊、小口尊、瓮、豆等陶片；再下为龙山文化层，发现有灰坑、烧土遗迹，出土有罐、鼎、瓮、碗、缸、豆、盆、器盖、蚌器及兽骨等遗物。由于范县一带黄河淤积严重，古文化遗址不多，因此，丹朱墓遗址的存在具有极其重要的历史价值，再加上民间有很多关于丹朱的传说，更增加了该遗址的文化价值，这些都为开展丹朱墓遗址的保护利用提供了很好的素材。

由于河南省博物馆对丹朱墓遗址只是进行了简单的试掘，并没有完全了解它的文化内涵。因此，要对丹朱墓遗址进行全面深入的考古发掘，在此基础上进行系统的保护利用，建设丹朱文化园。第一，对遗址中间的土冢进行修缮维护，在土冢四周建立围墙，并在围墙上绘出丹朱的生平事迹，另外，在围墙外土冢前竖立丹朱雕像。第二，建立小型遗址博物馆，将发掘出土的所有文物陈列其中，使人们能够近距离地接触、了解这些历史文物传达的信息。第三，定期在园区举行祭拜丹朱的仪式，向人们更加直观地传达丹朱的精神、丹朱的品格。

---

① 北京大学考古学系、濮阳市文物保管所：《豫东北考古调查与试掘》，《考古》1995年第12期。

8. 以程庄遗址为基础，建设考古遗址公园

程庄遗址，又名颛顼太子墓，位于濮阳县城胡状乡程庄村南台地上。台地高 6 米，遗址面积约 1 万平方米，文化层厚 1～3.5 米。清光绪《开州志》载："颛顼太子墓在州东南三十里槐家庄。广袤二十余亩，高二丈许。"即指此处。1993 年春，濮阳市文物保护管理所配合北京大学考古系对遗址进行了小型试掘[1]。从发掘的情况看，程庄遗址是一处包含河南龙山文化及商周、汉代墓葬的文化遗存。遗址下层为龙山文化遗存，出土陶器以夹砂灰陶为多，泥质灰陶次之，泥质褐陶较少；纹饰以绳纹为主，其次为篮纹、方格纹、素面和磨光，器形有深腹罐、圈足盘、鼎、瓮、盆、甗、器盖等（图四七）。此外还有部分动物骨骼。上层为晚商文化层，遗物有泥质灰陶瓮、夹砂绳纹灰陶罐和鬲等，地面上还散有周代的红陶鬲、瓮和汉代的绳纹小砖、空心砖和筒瓦残片等。

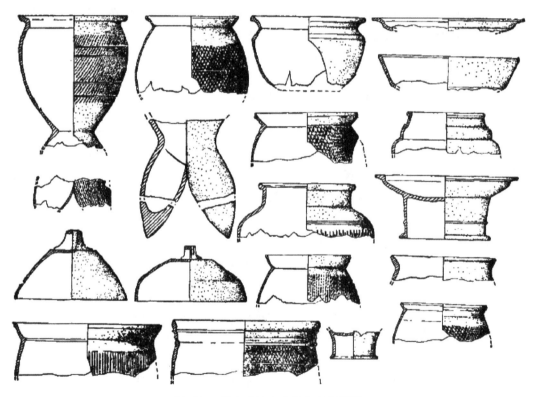

图四七　程庄遗址出土龙山文化陶器

从 1993 年的试掘情况看，程庄遗址的古代文化遗存十分丰富。但是，由于发掘面积小，我们并没有充分了解它的文化内涵。所以，下一步首先要对遗址进行全面的发掘，掌握它的文化信息，在此基础上，打造小型考古遗址公园。第一，在遗址中间建

---

[1]　北京大学考古学系、濮阳市文物保管所：《豫东北考古调查与试掘》，《考古》1995 年第 12 期。

立"程庄遗址博物馆"，将发掘出土的所有遗物充分展示出来。第二，在遗址广植草坪，以不同颜色、品种的草坪将遗址发现的重要遗迹，如房址、灰坑、墓葬等形象地表现出来。第三，雕刻颛顼二十四子塑像，散布于公园的各个角落，并配以文字介绍。从历史文献中，我们知道，颛顼有老童、伯服、中骗、䲹头、淑士、三面、季禺、魍魉、虐鬼、小儿鬼、穷鬼、梼杌、穷蝉、苗民、苍舒、敤颓、梼戭、大临、尨降、庭坚、仲容、叔达等二十四子。但所有文献都没有指出谁是颛顼太子。因此，我们不妨将这二十四子统称为"颛顼太子"。《山海经》等古代文献中，有这些人物的画像，可以此为基础，将它们雕刻成塑像，竖立于公园之中，增添园区的文化因子。

9. 以咸城遗址为基础，打造考古遗址公园

咸城遗址位于濮阳县梁庄乡咸城村西北800米。据《春秋》记载，在夏商之际，此处曾为咸国都城。春秋战国时期，咸是卫国的重要城邑，也是诸侯会盟的重要地点之一。《左传·僖公十三年》云："夏，会于鹹，淮夷病杞故，且谋王室也。"《左传·定公七年》云："秋，齐侯、郑伯盟于鹹。"这里，鹹即咸。

遗址原有高出地表1.5米的台地，当地俗称"霸王台"，因20世纪60年代村民平整土地，台地大部分已被削去。遗址南北长520、东西宽420米，面积约21万平方米。1991年，濮阳市文物保护管理所对遗址进行了全面的调查、钻探。通过钻探可知，遗址文化层厚1.5～4.5米，包含仰韶、龙山、东周等时期的文化遗存。其中，尤以龙山文化遗存最为丰富，采集了大量陶片，可辨器形有夹砂方格纹灰陶罐、夹砂绳纹灰陶罐、泥质灰陶高领瓮等。

作为高城遗址周围一处规模宏大的古代文化遗存，咸城遗址具有重要的历史文化价值。由于历史文献记载咸城曾为夏商咸国的都城以及春秋战国时期卫国的重要城邑。那么，咸城遗址就应该存在古代城址。因此，下一步首先要对咸城遗址进行重点的调查、勘探与发掘，在此基础上，建设考古遗址公园。第一，复原咸城古代的城市布局与结构，恢复其原始风貌。第二，建立小型遗址博物馆，陈列咸城遗址发掘出土的所有文物。第三，举行诸侯会盟的重大仪式，与戚城会盟台相呼应。第四，与相关的影视制作公司合作，在此拍摄有关春秋战国诸侯会盟以及楚汉之争的历史纪录片和影视片。

10. 以仓颉陵为基础，打造濮阳祭祖文化园

仓颉陵，原名吴村遗址，位于南乐县梁村乡吴村北漳河故道（古繁水）旁的高台地上，面积2万多平方米。相传黄帝史官仓颉就诞生在这里，死后也葬于此。现存墓冢高3米，陵前有石人、石狮、石坊、石望柱及墓碑，均为明代嘉靖和隆庆年间遗物。陵西侧有仓颉庙（祠），据现存元延祐年间残碑载，仓颉庙始建于东汉永兴二年（154年），历代时毁时修，直到民国初年。仓颉庙还存有不少明、清石碑、望柱，有些为阳

刻大字或云龙浮雕，有很高的书法和艺术价值。经考古调查，仓颉陵和庙均建在古文化遗址之上，文化层厚 4.6 米左右。1973 年 10 月和 1999 年 9 月，考古工作者曾两度对其进行试掘。最上为耕土层，其下有很厚的淤积层，出土有唐宋明清的砖瓦片、瓷片等。第三层为青灰土堆积，出土有鬲、罐、盆、缸等陶器，还有斧、铲、锥、镞、饰件等石器及鹿角等遗物，属于龙山文化时期。最下层土层较松软，出有盆、罐、红顶钵、缸等陶器，还有少量彩陶片以及蚌片、烧土块、木炭块、灰烬和炭化粟粒等遗物，属仰韶文化时期（图四八）。2017 年，河南省文物考古研究院与濮阳市文物保护管理所又对仓颉陵进行了详细的考古调查和勘探，廓清了遗址的分布范围，在遗址外围发现了史前时期的壕沟。由此可知，这是一处重要的新石器时代聚落遗址。

图四八　仓颉陵遗址采集仰韶文化陶片

目前，仓颉陵已成立文物管理处，建设了小型的陵园博物馆，而且每年都举行祭拜仓颉的盛大仪式。但是，仓颉陵博物馆刚刚成立，文物保护利用的力度严重不足，严重制约了仓颉陵的长足发展。下一步首先要对仓颉陵进行一次系统的发掘，以了解其文化性质。从试掘的情况来看，从仰韶到龙山时期，仓颉陵都是一处面积较大、文化内涵丰富的聚落遗址，对于研究南乐地区聚落结构以及社会组织形态的演变都是一个重要的参考。但是，由于以前试掘面积小，资料整理不系统，目前我们对这些问题还缺乏足够的认识。因此，有必要对仓颉陵遗址进行全面、系统的钻探、发掘。在此基础上，对遗址进行升级包装，扩大其知名度和社会影响力，打造濮阳乃至河南地区具有重大影响力的祭祖文化园。第一，对遗址博物馆进行升级改造，命名为"濮阳文字博物馆"，突出仓颉造字的特色。收集所有能够反映仓颉造字的实物资料，充实到博物馆中，还配以文字说明、视频模拟、声乐表演等，使观众能够深刻体会仓颉造字的重要性。同时，要将遗址发掘出土的所有文物按照时代的区别在博物馆中有序地展示。第二，对祭祀大典进行升级。目前，仓颉陵文物管理处每年都举行祭拜仓颉的重大仪式，极大地提高了遗址的社会知名度和影响力。但是，目前的祭祖活动级别较低，只是由南乐县委、县政府承办，远远无法同新郑黄帝陵、淮阳太昊陵、内黄二帝陵的祭祖活动相媲美，甚至还不如卫辉比干庙的祭祖活动影响力大。仓颉造字在民间有着深厚的群众基础，史书也说，仓颉造字，鬼神夜哭，可见其对中国古代文化的影响之大。作为仓颉不可争议的诞生地和葬地，南乐县在宣传、利用仓颉方面还有很多事情可做。因此，下一步一定要将祭祖仪式升格为省级，办成国内外具有较大影响力的祭祀大典。在祭祀大典活动中，一定要举行有关的文化研究、交流活动，为祭祀大典提供坚强的智力支撑。第三，与有关的影视制作公司合作，以仓颉陵遗址为基地，拍摄相关的历史纪录片和影视剧，提高其在全国的知名度（图四九）。

图四九 仓颉陵平面图

11. 以蚩尤陵为基础，建设陵园博物馆，打造祭祖文化园

蚩尤墓位于台前县城关镇三里村东南约 300 米。据《皇览》记载："黄帝与蚩尤战于涿鹿之野，黄帝杀之，身体异处，故别葬之。"其首葬东平郡寿张县阚乡城中（其址在今汶上县西南），肩髀葬山阳郡巨野重聚，部分尸骸葬台前境内。台前境蚩尤冢筑修年代不详，清末尚高 1.5 米，占地 3 亩，目前其上茵柳、野草丛生。

蚩尤是上古时代九黎部落（东夷）的领袖，被尊为"兵主""战神"，对中华民族的文明化进程作出了重大贡献。蚩尤集团的活动区域主要在今山东的中西部、河南东北部及河北的东南部，中心地带在山东汶上、寿张以及河南范县、台前一带。涿鹿之战，蚩尤战死，九黎等部族融入了炎黄部族，形成了今天中华民族的最早主体。因此，炎黄子孙都将蚩尤与黄帝、炎帝一并称为"中华三祖"。但是，与祭拜黄帝、炎帝的盛大状况相比，我们对蚩尤的祭拜则沉寂得多。目前，汶上县、巨野县的蚩尤冢都进行了维修保护，但也没有形成相应的祭祖仪式。台前县虽然起步晚，但一定要抓住这一重要的文化资源，不仅要对其进行维修保护，更重要的是开发利用，建设陵园博物馆，打造祭祖文化园。首先，要将蚩尤墓易名为蚩尤陵。蚩尤和炎帝、黄帝一样，同为中华民族的人文始祖，是古代著名的帝王，因此按照我国古代的葬礼规范，其墓地应称为陵，而不是冢或墓。其次，对蚩尤陵进行一次全面的文物调查、勘探与发掘工作，以了解其内部的文化构成。台前县位于史前华夏文明与东夷文化的相交处，是华夏部族与东夷部族交流、碰撞最激烈的地区之一，因此也是炎黄与蚩尤大战的重要区域。如果能从考古学上对这些传说做一证实，就会增加人们的信服度。据台前县的文物调查，在蚩尤陵遗址发现有仰韶文化遗存，这正好与炎黄时代相吻合。如果能够对蚩尤陵进行一次全面的发掘，以了解其仰韶文化遗存或龙山文化遗存的文化因素构成，将极大地增加遗址的文化内涵。在此基础上，可以建设蚩尤陵遗址博物馆，将遗址的本体保护与文物展示有机结合。再次，加大宣传力度，每年在蚩尤的诞辰举行祭拜活动，打造成国内具有重大影响力的祭祀大典。在祭祀大典活动中，一定要举行有关的文化研究、交流活动，为祭祀大典提供坚强的智力支撑。同时，要与有关的影视制作公司合作，以蚩尤陵遗址为基地，拍摄相关的历史纪录片和影视剧，提高其在全国的知名度和影响力。

12. 以杨韩村大秦寺遗址为基础，建设考古遗址公园

杨韩村遗址位于清丰县韩村乡杨韩村东北 2 千米处。2013 年，清丰县文物管理所在此发现了深埋于地下的古塔、水井等建筑遗迹和建筑构件。其中位于遗址西南部的唐代单层方形砖塔，除塔刹损坏外，塔身保存完整，出土带有铭文的唐代弥勒石造像、五代经幢和古建筑构件等文物，是迄今为止濮阳地区发现的唯一一座唐代建筑基址建筑，具有极高的历史、科学和艺术价值（图五〇）。2015 年 4～6 月，首都师范大学考古系会同清丰县文物保护管理所对遗址进行了全面、系统的调查、勘探，初步确定了遗址西到杨家窑村口，南达苏二庄南，东至第三濮清南干渠，北至南召市南，南北长 4、东西宽约 2 千米，总面积达 8 平方千米，可能为文献记载中的阴安故城。在遗址中部偏西勘探发现了大秦寺寺院遗址。寺院南北长 150、东西宽约 75 米，面积约 11250 平方米。在遗址内，发现有院墙基址、围墙、大门、建筑基址、道路等遗迹现象（图五一）。

这一重大的考古发现，旋即引起了河南省文物局、河南省文物考古研究院以及濮阳市各级政府的高度重视，时任河南省文物局副局长孙英民作出明确指示，一定要保护利用好这一重大的文物古迹。目前，清丰县文物管理所已对遗址进行了初步的保护，并建立了相应的安全防护措施，为下一步深入的开发利用奠定了基础。第一，要对遗址进行全面的考古发掘，了解其全部的文化内涵。目前，经过一系列的考古调查和勘探工作，基本上廓清了杨韩村遗址的分布范围和大秦寺寺庙遗址的布局结构，这为下一步的考古发掘奠定了基础。接下来必须依靠河南省文物考古研究院、河南省古代建筑研究院等科研机构的技术力量，对遗址进行全面的考古发掘，以摸清它的具体情况。第二，制定详细的保护规划方案。由于遗址属于唐宋时期，有很多的历史文献可供参

图五〇　大秦寺古塔中发现的弥勒佛造像和五代经幢

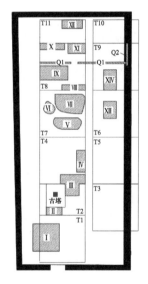

图五一　大秦寺寺院遗址平面图及大秦寺古塔

阅。要检阅《清丰县志》《大名府志》《新唐书》《旧唐书》《五代史》等历史文献，弄清楚古塔及可能存在的寺院的历史信息。在此基础上，邀请专业的研究规划机构，对遗址进行科学、合理、有效的保护规划。第三，以规划方案为蓝本，对古塔进行加固维护，在遗址处建立考古遗址公园，复原古塔或寺院的原有风貌，使其成为清丰乃至濮阳一处重要的历史文化景观。

13. 以唐兀公碑为核心，打造民族交流文化园

唐兀公碑，全称为"大元赠敦武校尉军民万户府百夫长唐兀公碑"，位于濮阳县

柳屯镇杨什八郎村南。元至正十六年（1356 年）元月立石。朝列大夫前国子司潘迪撰文，刘公亮、任城、韩温和张德刊石。碑通高 3.22 米，盝顶式碑首，高 1.01 米，每面宽 0.94 米。四面坡顶雕仰莲宝珠，正、垂脊前端雕兽首，每坡面雕瓦面及莲蓬瓦当。碑身为正方形，高 1.77、每面宽 0.68 米。上部每面雕斗拱，上承碑首，四面刻文，隶书，每面 18 行，满行 42 字。碑趺雕圆形莲瓣，下为方趺，高 0.44、每面宽 1.14 米（图五二）。

图五二　唐兀公碑

　　碑文主要记述唐兀公几代世族自贺兰山随皇家转战南北，灭金破宋，建功立业的重要事迹。后来，随着元朝的大局稳定，唐兀台按照皇帝的命令带领部队来到现今濮阳县柳屯镇杨什八郎村一带屯田，其子间马易姓杨氏。今杨什八郎村皆姓杨，自认是党项族后裔。唐兀公碑内容言简意赅，有助于研究元代的政治、经济、民族、宗教、伦理道德等诸多问题。同时，也为研究中国历史上的民族迁徙、交流及融合等提供了珍贵的资料。在碑的北面有 6 座坟茔，为唐兀公宗族墓地。至今杨氏后裔还完整地保存有唐兀氏先祖于至正十八年（1358 年）编撰的《述善集》手抄本。该文献是研究元代西夏遗民历史的新资料，具有极其重要的价值。全书共分善俗、育材和行实三卷，内收记、序、碑铭（包括唐兀公碑）、诗赋、题赞、杂著等 75 篇。

　　目前，濮阳县文物管理所已在唐兀公碑建立了文物保护管理站，并采取了很多行之有效的措施，保障了文物的安全和健康。唐兀公碑是全国重点文物保护单位，每年国家都会有专项的文物保护经费。因此，必须对唐兀公碑进行合理规划，准确定位，科学开发，才能充分发挥它的重大价值。第一，可以唐兀公碑及其周围的唐兀公墓葬为基础，建设民族交流文化园，作为民族友好的象征，展示宋元时期蒙、汉、党项等族的交流融合历程，体现中华民族与时俱来的平等、团结、友爱精神。第二，与杨什八郎杨氏宗亲协商，在文化园区内建设杨氏宗庙祠堂，供奉先人灵位，传达杨氏精神。以此宗庙祠堂为基础，每年定期举行宗亲祭拜大会，吸引海内外杨氏甚至唐兀氏的其他后人到此寻根祭祖，扩大唐兀公碑的社会影响力。

14. 以普照寺大雄宝殿为基础，复原普照寺的原有风貌

普照寺，原名圆明寺，位于清丰县城内西北隅。始建于唐上元元年（760 年），元至正十九年（1359 年）更名为普照寺，流传至今。元末毁于兵火，明洪武十二年（1379 年）开始重建，至成化二十一年（1485 年）拥有天王殿、大雄殿、水陆殿、僧房、祠堂 200 多间，香火旺盛。后废，现仅存大雄宝殿一座，建于明成化二十一年（1485 年）。大殿坐北朝南，面阔五间，进深三间，单檐庑殿式建筑，绿色琉璃瓦顶。外檐下施五踩重昂斗拱，其中鎏金斗拱 16 攒。殿内抬梁式木构架，作九檩双步走廊式。檐柱与金柱间用双步梁，双步梁上用瓜柱承单步梁，双步梁下有穿插枋连接檐柱与金柱。五架梁置于金柱柱头的斗拱上，内檐用三踩单翘斗拱，五架梁下用随梁枋。抱头梁采用自然材，保留元代的做法。檐柱与檐柱之间以额枋相连，大额枋与小额枋之间用由额垫板，高 53 厘米。大额枋出头雕作类似霸王拳式样。檐下的檐椽为圆木，飞椽为方木。大殿前面明、次间装六抹格扇门，两梢间设四抹头窗扇 4 扇，后墙明间置 4 扇板门。大殿下部为台明，其高 1.5、长 23.97、宽 14.57 米，台明上层阶条石长短不一。大殿前有月台，长 5.63、宽 1.74 米；垂带踏跺，石条踏阶七级。前金柱础为仰覆莲、云龙纹浮雕，每石雕龙 4 条，形态各异，造型生动，平面直径 0.77 米。檐柱、后金柱础为素面覆盆式，平面直径 0.72 米。柱式纵四横六，24 根立柱排列整齐。其中金柱横向 2 列共 8 根，檐柱和角柱基本相同，顶部有砍杀。殿内的梁枋等木构件均施彩绘，灰蓝铺地，黑白两色勾描，图案多为云纹、卷草纹和宝相香草纹，线条流畅自如，色彩对比鲜明（图五三）。

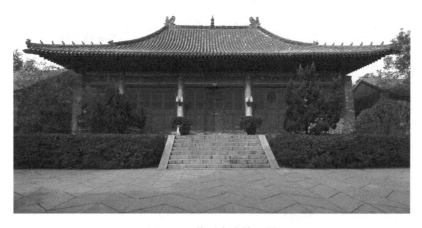

图五三　普照寺大雄宝殿

整座建筑虽经大修，但基本上仍保留明代风格。据专家认定，殿内石柱础为元代遗物，更显其历史之久远，具有很高的历史、科学和艺术价值。

对普照寺的保护利用，要坚持整体性和原真性的原则，以大雄宝殿为基础，复原其原有风貌。第一，对普照寺进行全面的调查、勘探，找出原有殿宇，如天王殿、水陆殿、僧房、祠堂等的具体位置。第二，以考古钻探发掘为基础，并结合历史文献的记载，在这些殿宇的原址上复原普照寺的原有风貌。第三，和宗教机构合作，恢复普照寺原有的宗教活动，使它成为清丰地区广大人民拜佛求愿的重要场所，将历史文化、旅游开发与宗教活动有机结合起来，充分发挥普照寺的社会效益和历史文化价值。

15. 复原南乐文庙的原有风貌，举办祭孔活动

南乐文庙位于南乐县城关镇南大街。始建于明洪武三年（1370年），清代康熙、乾隆、道光和光绪年间曾经大修。目前，保留的建筑有中轴线上的主体建筑大成殿和寝殿。其中，大成殿为单檐歇山式建筑，面阔五间，进深三间。顶部覆黄色琉璃瓦，檐下用五踩斗拱，斗拱基本完整，有角科斗拱、柱头科斗拱和平身科斗拱三种形式，前檐明间6攒，左右两次间4攒，左右两稍间3攒，两山共12攒，后檐斗拱分布与前檐相同。此殿每攒斗拱相隔距离（攒当）相等，昂嘴呈五角形，底边大于高边。平板枋与大额枋的断面呈"T"字形。殿内原建筑构件基本完好，构架为五架梁前后对双步梁，脊瓜柱上用丁华抹颏拱，脊檩下有脊枋，中金檩下无枋木，下金檩的下金枋与金檩紧连。柱础为石质覆盆式。殿外建有月台，高1.3米。寝殿位于大成殿之后，面阔五间，进深三间，五单檐歇山式建筑，覆灰色筒板瓦。檐下施五踩斗拱。明间小额枋下置格扇门，左右次间的小额枋下有四扇窗。两座殿式建筑保留有许多中原地方建筑的特征，是研究建筑史的重要实物资料（图五四）。

图五四　南乐文庙

对南乐文庙的保护利用要以大成殿和寝殿为基础，复原文庙的原有风貌。第一，目前，大成殿和寝殿虽然保存较为完好，但也很长时间没有修葺。因此，首先要对这两座殿宇进行加固维护。第二，对南乐文庙进行勘探、发掘，找出原有殿宇的具体位置，在此基础上，参考历史文献记载，重新恢复文庙的原有风貌。第三，每年在孔子的诞辰举行祭孔活动。孔子是儒家文化的创始人，是我国古代文化的集大成者，是享誉世界的中国文化名人。近年来，孔子学院风靡全球，学习儒家文化已成为国外学者的普遍追求。濮阳作为孔子活动的重要地区之一，保留有很多孔子的传说。另外，自古以来，濮阳民间对孔子的祭拜一直延续不断。在建设社会主义文化发展大繁荣的今天，继绝学、谋太平是我们的重大责任。可以南乐文庙为基础，每年在孔子的诞辰举行祭拜孔子大典，使人们重新认识、衡量孔子在今天的重要性。在活动中，要举行多种形式的文化交流、研究项目，充实祭拜活动的内容。

16. 以王崇庆墓为基础，建设"明代开州名阀苑"

王崇庆墓位于濮阳县城关镇吉村南，2012 年 6～8 月，濮阳市文物保护管理所对该墓进行了清理。该墓是一座三圹砖石墓，坐北朝南。墓葬长 4.4、宽 9.6、高 2.9 米，中间为主室，两边为侧室。墓顶由砖砌而成，墓门为拱形门，上面是歇山顶，两侧是用砖头砌成的墙，房脊部分还有砖雕花纹，整体像一座庭院。墓主人为双重棺木，保存较为完整，陪葬 5 人，均为女性。出土瓷碗 1 件，铜钱 30 余枚。根据墓葬的地理位置、规模结构、出土器物，并结合文献记载、人骨鉴定，认为该墓为明代"三部尚书"王崇庆之墓（图五五）。王崇庆墓对于研究明代的社会生活、丧葬制度、建筑艺术等都具有重要意义。

图五五　王崇庆墓

可以王崇庆墓为依托，将明代开州著名的"八都三尚书"（都御史纪著、侯英，大理寺卿李钰、史褒善、王延，兵部尚书赵延瑞、户部尚书董汉儒、吏部尚书王崇庆，巡抚吉澄）融入其中，建设"明代开州名阀苑"。一方面，可在名阀苑中建设小型展览馆，集中展示与八都三尚书有关的历史文物。另一方面，可通过歌舞、戏剧的形式，将他们的先进事迹生动形象地表现出来。

17. 以单拐革命旧址为核心，打造清丰红色文化园区

单拐革命旧址位于清丰县双庙乡单拐村。1944年9月中共中央平原分局、冀鲁豫军区司令部迁驻单拐村。黄敬任书记兼军区政委，后由军区司令员宋任穷代理，苏振华任军区副政委，曹里怀任军区参谋长。管辖京广铁路以东、津京铁路以西、石德铁路以南和陇海铁路以北12个地委、116个县。分局和军区司令部在单拐村期间曾开展整风运动，并解放了阳谷、寿张、郓城、大名、封丘、延津和南乐等县城。1945年3月，邓小平率北方局机关来到这里，指导分局开展减租降息工作。1945年8月，在单拐村成立冀鲁豫军区军工部和第一兵工厂，修理了大批枪炮军械。1946年4月试制成功解放军第一门92式70毫米大炮。

单拐革命旧址有40处，占地4万平方米，除三处在村东西大街中段路北外，其余皆在东西大街路南、西大胡同以东，多为四合院式院落。现存清末和民国初年房屋建筑70座，木作考究、做工精细。位于村东南角的陈氏祠堂尤具代表性。祠堂大门朝北，正殿面阔三间，硬山抱厦，室内雕梁画栋，图案优美。东西两侧各有厢房三间，南有穿堂5间，东南有水井1眼。兵工厂亦设在这里。

目前，清丰县已整修了中共中央北方局旧址、邓小平旧居、宋任穷旧居、平原分局旧址、军区第一兵工厂旧址等23处，征集革命文物2000余件，设立了冀鲁豫根据地抗战史迹、邓小平生平、边区百名将军、边区民俗、减租减息、大生产运动等8个专题展室，布展面积2100平米（图五六）。

近年来，清丰县以建设"中原红都"为目标，对单拐革命旧址进行了较大规模的整修，使单拐面貌焕然一新，成为濮阳乃至河南一处著名的红色文化旅游景区，极大地提高了单拐的社会知名度和影响力。国家、河南省、濮阳市等很多重要领导先后到单拐调研，对于单拐取得的成就给予了充分肯定。但是，与延安、井冈山、西柏坡等革命老区相比，单拐还处于起步阶段，任重而道远。单拐革命旧址的定位十分准确，"中华红都"言简意赅，意味深长。建设"中原红都"，打造清丰红色文化园区是一项长期、艰巨的工程，必须通盘深入地考虑。第一，扩大单拐革命旧址的规模，丰富其文化内涵。单拐原有革命旧址40多处，目前整修的仅有一半。因此，接下来的首要任务就是把所有的革命旧址囊括进来，全盘开发。由于目前一些革命旧址中还有居民生活，这一方面对革命旧址造成了一定的破坏，另一方面也不利于保护利用工作的开展。尽快把这些群众迁移出去，已成为单拐保护利用的重中之重。拆迁和赔偿历来都是一

图五六　清丰单拐革命旧址

项复杂的工程，要充分考虑当地群众的感情因素，以改善民生为目标，事先做好群众的宣传引导工作，同时要动员社会各界参与进来，并接受群众监督，真正把单拐革命旧址的迁移工作办成一项惠及百姓的民生工程。第二，按照"修旧如旧"的原则，对革命旧址进行修缮。目前，这些革命旧址基本上都有所保存，但因为当时建造结构简单、安全保护措施不到位等，有些已经遭到了一定的破坏。因此，必须尽快对它们进行加固维护。第三，要广泛征集革命文物，充实到相应的革命旧址中，增强园区的趣味性、生动性和可读性。如果一些革命文物十分珍贵，而又不易展示，可以进行原比例仿制。第四，在不影响革命旧址整体保护的状况下，可与有关影视制作公司合作，在此拍摄反映抗日战争、解放战争的历史纪录片和影视片，做到社会效益与历史文化的和谐统一。

18. 以颜村铺革命旧址为基础，打造范县红色文化园区

颜村铺革命旧址位于范县新区颜村铺村，是冀鲁豫边区首府，是当时冀鲁豫边区的政治、军事、经济、文化中心，是冀鲁豫野战军休整和战勤的重要后方基地，被誉为"华北小延安"。在抗日战争和解放战争时期，杨勇、杨得志、黄敬、段君毅、万里、曾思玉等老一辈革命家都曾在这里工作。旧址保护面积138亩（约92000平方米），包括冀鲁豫边区司令部、报社、银行、医院、学校、兵工厂、被服厂、训练场等。目

前，颜村铺保存有砖木结构平房 9 间，均系普通民居，其中西屋三间，南、北屋各三间。院落东西长 23.4、南北宽 17.8 米，占地面积 400 余平方米。其中设展厅 21 间，详细介绍了颜村铺革命旧址的革命历史和部分领导人的生平事迹，展出了 100 余件革命历史文物和部分领导人使用过的用具（图五七）。

图五七　颜村铺革命旧址

目前，颜村铺已与单拐一道成为全国重点文物保护单位。但与单拐相比，颜村铺的保护利用工作开展相对落后。如何使"华北小延安"重新焕发生机，已成为迫在眉睫的首要任务。在颜村铺革命旧址的保护利用过程中，一定要坚持整体性和原真性的原则。第一，修复所有的革命旧址，包括报社、银行、医院、学校、兵工厂、被服厂、训练场等，丰富颜村铺的文化内涵。第二，收集相关的历史文物，充实到各个展厅中去。目前颜村铺的革命文物只有 100 余件，这与"华北小延安"的身份极其不符。因此，必须通过多种渠道和形式收集革命文物，充实到颜村铺的各个展厅中，使人们在参观游览颜村铺的时候，能够直观、深入地了解它的历史背景。第三，在不影响旧址的整体保护状况下，可与一些影视制作公司开展合作，把颜村铺打造成拍摄抗日战争、解放战争历史纪录片和影视片的重要取景基地。

19. 以晋冀鲁豫野战军指挥部旧址为基础，打造红色文化园区

晋冀鲁豫野战军指挥部旧址（也叫白衣阁）位于范县白衣阁乡白衣阁村。解放战争时期，白衣阁是晋冀鲁豫野战军进行休整和战勤的重要后方基地，刘邓大军就是从这里渡过黄河，千里跃进大别山，为中国革命事业的胜利作出了重大贡献。1946 年 9 月 27 日，晋冀鲁豫党委、行署、军区司令部驻此，刘伯承、邓小平、段君毅等在此居

住、办公。1946 年 10 月，刘伯承、邓小平率领晋冀鲁豫野战军发起陇海路段反击战和曹县、定陶、巨野、鄄城战役，八战八捷。11 月 4 日，晋冀鲁豫野战军指挥部在此召开了团以上干部会议。会上，邓小平做了《形势与任务》的报告，刘伯承做了《关于战术问题》的报告。会上总结了 4 个月以来的作战经验，提出了我们要"大踏步前进，大踏步后退，寻敌弱点，集中优势兵力打歼灭战"的作战原则。

白衣阁现有坐西朝东青砖房 3 间，占地面积约 200 平方米。1989 年，段君毅之子段存让曾重修旧址。白衣阁在中国革命战争历史中具有重要意义，它为刘邓大军千里跃进大别山、使解放战争由守转攻奠定了基础。因此，必须对白衣阁进行详细的保护规划，使它成为濮阳一处重要的红色文化园区和爱国主义教育基地。第一，修复白衣阁原有的所有革命旧址，扩大其现有规模，丰富其文化内涵。第二，收集相关的革命文物，充实到革命旧址中，增强革命旧址的趣味性和可读性。目前，白衣阁的革命文物相对较少，严重制约了人们对其的深入了解和认识。其实，有关白衣阁的革命文物有很多，一定要通过多种渠道和方式进行收集。第三，白衣阁目前是河南省重点文物保护单位，下一步一定要做好申请国家重点文物保护单位的准备工作。另外，白衣阁与颜村铺等相距不远，而且性质相同，可将它们捆绑在一起，共同开发利用。

20. 以晋冀鲁豫野战军渡黄河纪念地（将军渡）为基础，打造台前红色文化景观带

晋冀鲁豫野战军渡黄河纪念地（将军渡）位于台前县孙口乡孙口村。1947 年 6 月 30 日至 7 月 4 日，刘伯承、邓小平指挥晋冀鲁豫野战军冲破国民党的封锁，在东起东阿、西至濮阳的 150 千米孙口河段上强渡黄河，发动了鲁西南战役，揭开了解放战争从战略防御转入战略进攻的序幕。7 月 4 日夜，刘邓二位首长在孙口渡口乘坐"爱国号"轮船渡过黄河，从此，这里的人民便把孙口亲切地称为"将军渡"。

1980 年台前县人民政府在孙口大堤上竖立了由薄一波题写的"中国人民解放军晋冀鲁豫野战军孙口渡河处"纪念碑 1 通，高 3、宽 1 米。

目前，台前县已在将军渡建成了刘邓大军渡黄河纪念馆，占地面积 300 平方米，展出有珍贵历史图片 240 余幅，历史文物 30 余件，通过大量图片、文字资料及实物，生动再现了刘邓大军强渡黄河的动人场景，再现了战争年代老区人民和子弟兵的鱼水深情（图五八）。纪念馆的建立对将军渡的保护利用起到了极大的提升作用。下一步可以此为基础，对将军渡进行深入的开发利用。第一，可以将渡口作为影视基地进行打造。从古至今，我国有很多的渡河战役，这也是现今影视创作的一个重要题材。将军渡作为现存的、真实的渡口之一，具有其他地方无法比拟的优势，因此，可以和国内外知名的影视制作公司合作，让他们到将军渡进行影视取景、拍摄。第二，在将军渡周围开发建设黄河生态文化园，让人们在观赏历史文化的同时，体验淳朴、真实的黄河生态文化，放松心情，陶冶情操，做到文化建设、经济建设、生态文明建设的有机统一。

图五八　刘邓大军渡黄河纪念馆及展陈文物

第三节　100处文化点的保护利用

除了澶州古城和二十大片区外，濮阳境内还遍布众多的古遗址、古墓葬、古建筑，它们也是濮阳历史文化资源的重要组成部分。由于这些文物古迹数量众多，同时对它们开展保护利用工作难度较大，我们从中选择了100处保存状况较好、价值较高而且容易操作的文物古迹，称之为"文化点"，具体情况如下。

古遗址41处，分别为顿丘城遗址、晋王城遗址、濮州故城遗址、临黄故城遗址、阴安县故城遗址、顾国城遗址、杨干城遗址、孟轲集遗址、金桥遗址、台上遗址、西子岸遗址、昌湖遗址、岗上遗址、银岗堌堆遗址、故村县遗址、宣房宫遗址、团堌遗址、三里店遗址、湾子遗址、文寨遗址、安丘遗址、云峰寺遗址、历山遗址、小海通遗址、李家庄遗址、张称湾遗址、十字坡遗址、徐堌堆遗址、玉皇岭遗址、卫城遗址、三娘子台遗址、张果屯遗址、马呼屯遗址、青丘遗址、齐劝遗址、袁楼遗址、凤凰台遗址、湾子遗址、李家庄遗址、后高庄遗址、颛顼制历台遗址。

古墓葬29处，分别为蘧伯玉墓、李云夫妇墓、李亨墓、董汉儒墓、侯氏家族墓、吉澄墓、史褒善墓、赵廷瑞墓、闵子骞墓、范武子陵园、张公艺墓、严嵩墓、武朝聘墓、南霁云墓、晁宗悫墓、葛川墓地、刘氏家族墓地、东大坑墓群、谷那律墓、梁用墓、唐之道墓、崔珏墓、宋耿洛墓、前王洛墓群、王善护墓、苏祐墓、孙聪（家族）墓地、梁楠墓、焦夫墓地。

古建筑6处，分别为宝莲寺龙柱、梁家祠堂、古贤桥、恩荣坊、大觉寺、五里屯村一味庵。

近现代革命史迹24处，分别为姚家暴动纪念地、刘邓大军李桥渡河处、刘邓大均林楼渡河处、冀鲁豫行署旧址、冀鲁豫军区兵工厂旧址、栾昌湖光荣亭、柳屯光荣亭、中共直南特委旧址、中共冀鲁豫区党委成立纪念地、中华诸烈士思念碑、清丰县抗战烈士祠、清丰县烈士陵园、南乐烈士陵园、文留集烈士碑、芦寨烈士碑及墓地、胡楼烈士墓、毛岗烈士墓、龙王庄烈士墓、王嘉谟烈士纪念碑、李玉坤烈士墓、刘法尧烈士墓、吴书升烈士墓、丁鉴塘烈士碑、王平甫烈士碑。

对这 100 处文化点的保护利用，要根据它们的属性、年代、内涵等特征，建设不同模式的文化景观。如对古遗址、古墓葬可建设小型的遗址公园和遗址博物馆，对古建筑、近现代革命史迹可直接进行修缮，建设小型的文化园区。

第四节　建设黄河文明生态观光走廊

黄河是流经濮阳地区最大的水系，濮阳的繁荣发展与黄河密切相关。历史上，黄河曾多次在濮阳地区决口、漫溢，例如，武帝元光三年（前 132 年），河决瓠子；王莽始建国三年（11 年），河决魏郡；北宋景祐元年（1034 年），河决澶州横陇埽。据统计，黄河在濮阳境内大规模的改道迁徙就有 8 次，小规模的多达 100 余次。黄河改道迁徙为濮阳留下了大量的故道、残堤和沙岗，构成了濮阳独具特色的历史风景线。

2019 年 9 月 18 日，习近平总书记在黄河流域生态保护和高质量发展座谈会上指出，黄河文化是中华文明的重要组成部分，是中华民族的根和魂①。濮阳是黄河流经的重要区域之一，历史上濮阳的兴衰发展与黄河有着直接的关系。先秦时期，黄河从濮阳西部穿境而过，河道稳定，水流平缓，当时人们在黄河两岸居住，并通过黄河和其他地区的人群进行交流。可以说，先秦时期濮阳地区经济、文化的繁荣发达与黄河有着直接的关系。历史时期，黄河的频繁改道给濮阳地区的人民带来了深重的灾难，一定程度上影响了这里经济、文化的发展。当时，在面对黄河泛滥的时候，濮阳人民也进行了艰苦卓绝的斗争，形成了很多可歌可泣的治黄事迹，为后世的人们积累了宝贵的精神财富。可以说，濮阳的历史就是一部黄河文化史。

近年来，考古工作人员在濮阳地区考古发掘中经常能够看到黄河改道迁徙的迹象。2013 年铁丘遗址的发掘发现了汉代黄河故道；杨韩村遗址就位于黄河故道内，遗址中古塔、寺庙的荒废可能就源于北宋时期的黄河水灾。黄河故道内众多遗址的发现，为我们了解濮阳地区地形地貌的变化以及城市位置的变迁提供了重要依据。依据历史文献的记载和考古发掘的成果，可将濮阳境内的黄河河道分为三条：汉志河道、王景河道和现代河道。这些黄河河道贯穿整个濮阳大地，我们可以古今黄河河道为纽带，将濮阳大部分的文物古迹和毛楼生态旅游区、中原绿色庄园、濮上园等现代自然景观有机串联起来，打造黄河文化观光走廊，做到历史文化建设与生态文明建设的和谐统一、健康可持续发展形成。具体而言，濮阳地区的黄河文化观光走廊有三条。

第一条为濮阳西部的汉志黄河观光走廊。这条观光走廊上展现的多是以先秦遗址为基础打造的考古遗址公园，沿走廊从南向北分布的重要文化景观有西水坡国家遗址公园、铁丘遗址公园、马庄遗址公园、戚城遗址公园、大秦寺遗址公园、仓颉陵遗址

---

① 习近平：《在黄河流域生态保护和高质量发展座谈会上的讲话》，《人民日报》2019 年 10 月 16 日第 1 版。

公园等。除此之外，还有一些小型的遗址公园，如湾子、齐劝、文寨等。通过汉志河道观光走廊将这些遗址公园有机地串联起来，可以再现距今 8000～2000 年的 6000 年中濮阳地区先民的社会生活风貌，以及人与黄河和平相处、休戚相关的自然景观。

第二条为濮阳中部的王景黄河观光走廊。这条观光走廊上展现的是以先秦之后的古遗址、古墓葬和古建筑为基础打造的遗址博物馆、文化苑等，走廊分布从东到西分布的文化景观有宣防宫遗址公园、澶州古城、明代开州明阀苑、高城国家遗址公园、唐兀公碑民族交流园、白衣阁革命旧址、沿村铺革命旧址、蚩尤陵祭祀文化园。通过王景河道观光走廊将它们有机串联起来，可以再现秦汉时期东郡城、唐至明清时期澶州（开州）城的繁荣景象，以及近代以来濮阳儿女反帝反封建斗争的光荣历史。

第三条为濮阳南部的现代黄河生态观光带。这条生态观光走廊以现代黄河为纽带，让将军渡纪念馆、毛楼生态旅游区、渠村黄河大堤等旅游景点以及观光带两岸的现代化的水稻种植区、果蔬栽培区等有机联系起来，构成了人与自然和谐共处的美好景观。

除了这三条黄河文化观光走廊外，濮阳县境内还存在一条濮水文化观光走廊，它分布在王景黄河文化走廊南部，从西到东的文化景观有瑕丘遗址公园、高城国家考古遗址公园、程庄考古遗址公园、咸城考古遗址公园、丹朱文化园以及其他小型遗址公园等。这条文化观光走廊与汉志黄河文化走廊类似，文化景观皆是以先秦时期古遗址为基础打造的考古遗址公园，可作为汉志黄河文化走廊的有益补充。通过濮水河道将这些考古遗址公园串联起来可以再现先秦时期"桑间濮上"的繁荣景象。

生态文明建设是城乡基本建设的一项重要内容，对于统筹科学发展、构建和谐社会、促进人与自然的和谐发展具有重要意义。打造黄河文明生态观光走廊是生态文明建设的有益探索，必将促进濮阳经济社会的全面协调可持续发展。行走在黄河文明生态观光走廊上，游客既能够通过历史文化园区、考古遗址公园、博物馆等品味濮阳辉煌灿烂、博大精深的历史文化，也能够在现代生态旅游区中体味生态农业、生态渔业、生态林业的生机盎然和无穷欢乐，身心俱得放松。

为了保证游客在黄河文明生态观光走廊上畅行无阻、尽心游玩，必须要建设高效、快捷、安全的道路网络。近年来，在构建"富裕和谐美丽新濮阳"的奋斗目标的指引下，濮阳的基本道路设施有了很大的改善，极大地方便了人们的出行。但是，与周边地市如安阳、新乡、焦作等相比，濮阳的乡村道路建设依然落后，如濮阳市区到毛楼生态旅游区的道路就不是十分畅通。而濮阳大部分的古代历史文化景观和现代生态旅游观光景观都处于乡村之中，这就严重制约了濮阳观光旅游业的深度发展。因此，我们下一步一定要千方百计建设城乡基本道路设施，为濮阳历史文化乃至旅游业的发展提供坚实的保障。

第五章 前 景 展 望

　　一个中心、二十大片区、100处文化点共同构成了濮阳灿烂辉煌、丰富多彩的历史文化。以古今黄河河道为纽带，将这些历史文化景观与现代生态旅游景观有机结合起来，打造黄河文明生态观光走廊，实现文化资源、社会效益与经济效益的有机结合。将传统的历史文化资源转变为现代的文化产业，实现文化资源效益最大化，是党中央、国务院实施文化强国的一项重要战略。文化产业是一种新兴的、最具发展潜力的、高附加值的、无污染的产业。随着社会的不断发展，文化产业在社会产业结构中所占的比例将日益增加，在推动社会发展中所起的作用日益突出。加快文化产业发展，已成为推动社会经济发展的一项重要任务。党的十七届六中全会、党的十八大报告等明确作出加快文化产业发展的重要指示。濮阳市对历史文化资源的保护利用正是贯彻党中央、国务院重要精神指示，加快濮阳文化产业发展的重要举措。为了保护优秀的传统历史文化，加快文化产业的发展，我们需要从以下做起。

　　第一，继续深化文化体制改革，从制度、管理、法律等层面，为文化产业的发展提供良好的土壤。对于那些不利于文化产业发展的制度、管理、法律等弊端坚决改革，保证文化产业发展的顺利进行。要对传统历史文化资源进行分类，对于那些能够投向市场，并不破坏文化资源本身的，要积极引入市场机制，增强文化产业的竞争力。对于那些投向市场破坏文化资源本身的，政府要加大财政投资力度，重点扶持。

　　第二，强化文化产业的科技含量，以科学技术优势，促进文化产业从高端做起。当今社会是科学技术日益发达的时代，科技是第一生产力已成为人们的共识。科学技术已深入人们生活的每一个领域，并发挥着越来越重要的作用。文化产业也是生产力，将科学技术和文化产业结合起来，以科学技术优势推动文化产业的升级调整，已成为文化产业发展的一个重要趋势。对濮阳历史文化的开发利用，一定要引入当代科学技术，只有这样创造出来的文化产业才有竞争力。

　　第三，加快与国内外的交流与合作，为文化产业的发展带来新的动力。交流与合作是社会发展的一个重要动力。对历史文化的开发利用同样如此。一定要加强与国内外先进地区的交流与合作，吸收它们在发展文化产业上的先进经验，包括管理、技术、人才等，为我所用。同时，也要向外积极推广我们的成果。

　　第四，文化产业是社会产业结构中的一部分，一定要将文化产业的发展置于社会经济的发展之中，加快文化产业与旅游业、商业、金融业等的对接。旅游业能够带动文化产业的发展，文化产业能够促进旅游业的升级。商业、金融业可以为文化产业的发展提供重要的融资平台，文化产业可以为商业、金融业拓展发展渠道。

　　我们相信，通过全体濮阳人民的不懈努力，濮阳历史文化资源的保护利用一定会焕发出勃勃生机，以历史文化资源为支撑的文化产业一定会成为助推濮阳经济快速发展的不竭动力，成为构建濮阳社会和谐的重要源泉，成为濮阳最璀璨、最辉煌、最具发展力的朝阳产业。

参 考 资 料

一、考古发掘报告与简报

1. 郭宝钧、林寿晋：《一九五二年秋季洛阳东郊发掘报告》，《考古学报》1955 年第 9 册。

2. 中国科学院考古研究所洛阳发掘队：《洛阳涧滨东周城址发掘报告》，《考古学报》1959 年第 2 期。

3. 考古研究所洛阳发掘队：《1958 年洛阳东干沟遗址发掘简报》，《考古》1959 年第 10 期。

4. 徐旭生：《1959 年夏豫西调查"夏墟"的初步报告》，《考古》1959 年第 11 期。

5. 河南省文化局文物工作队：《河南偃师灰嘴遗址发掘简报》，《文物》1959 年第 12 期。

6. 中国科学院考古研究所：《庙底沟与三里桥》，科学出版社，1959 年。

7. 中国科学院考古研究所：《洛阳中州路（西工段）》，科学出版社，1959 年。

8. 中国科学院考古研究所洛阳发掘队：《1959 年豫西六县调查简报》，《考古》1961 年第 1 期。

9. 中国科学院考古研究所洛阳发掘队：《1959 年河南偃师二里头试掘简报》，《考古》1961 年第 2 期。

10. 北京大学考古实习队：《洛阳王湾遗址发掘简报》，《考古》1961 年第 4 期。

11. 中国科学院考古研究所洛阳发掘队：《河南偃师二里头遗址发掘简报》，《考古》1965 年第 5 期。

12. 中国科学院考古研究所二里头工作队：《河南偃师二里头早商宫殿遗址发掘简报》，《考古》1974 年第 4 期。

13. 洛阳博物馆：《洛阳东马沟二里头类型墓葬》，《考古》1978 年第 1 期。

14. 洛阳博物馆：《洛阳矬李遗址试掘简报》，《考古》1978 年第 1 期。

15. 中国社会科学院考古研究所河南二队：《河南密县新砦遗址的试掘》，《考古》1981 年第 5 期。

16. 洛阳博物馆：《洛阳北窑村西周遗址 1974 年度发掘简报》，《文物》1981 年第 7 期。

17. 洛阳博物馆：《洛阳战国粮仓试掘纪略》，《文物》1981 年 11 期。

18. 洛阳地区文物处:《伊川白元遗址发掘简报》,《中原文物》1982 年第 3 期。

19. 北京大学考古专业商周组,山西省考古研究所,河南省安阳、新乡地区文化局等:《晋豫鄂三省考古调查简报》,《文物》1982 年第 7 期。

20. 洛阳市文物工作队:《河南洛阳吉利东杨村遗址》,《考古》1983 年第 2 期。

21. 洛阳市文物工作队:《洛阳东周王城内的古窑址》,《考古与文物》1983 年第 3 期。

22. 中国社会科学院考古研究所二里头队:《河南偃师二里头二号宫殿遗址》,《考古》1983 年第 3 期。

23. 洛阳市文物工作队:《1975～1979 年洛阳北窑西周铸铜遗址的发掘》,《考古》1983 年第 5 期。

24. 洛阳市文物工作队:《洛阳市西工区 203 号战国墓清理简报》,《中原文物》1984 年第 3 期。

25. 中国社会科学院考古研究所洛阳汉魏故城工作队:《偃师商城的初步勘探和发掘》,《考古》1984 年第 6 期。

26. 中国社会科学院考古研究所二里头工作队:《偃师二里头遗址 1980～1981 年Ⅲ区发掘简报》,《考古》1984 年第 7 期。

27. 中国社会科学院考古研究所河南第二工作队:《1983 年秋季河南偃师商城发掘简报》,《考古》1984 年第 10 期。

28. 河南省文物研究所、渑池县文化馆:《渑池县郑窑遗址发掘报告》,《华夏考古》1987 年第 2 期。

29. 中国社会科学院考古研究所洛阳唐城队:《洛阳老城发现四座西周车马坑》,《考古》1988 年第 1 期。

30. 赵安杰:《战国宜阳故城调查简报》,《中原文物》1988 年第 3 期。

31. 中国社会科学院考古研究所、中国历史博物馆、山西省考古研究所:《夏县东下冯》,文物出版社,1988 年。

32. 中国社会科学院考古研究所:《洛阳发掘报告》,北京燕山出版社,1989 年。

33. 河南省文物研究所:《河南巩县稍柴遗址发掘报告》,《华夏考古》1993 年第 2 期。

34. 河南省文物研究所:《河南密县黄寨遗址的发掘》,《华夏考古》1993 年第 3 期。

35. 蔡运章、梁晓景、张长森:《洛阳西工 131 号战国墓》,《文物》1994 年第 7 期。

36. 洛阳市文物工作队:《洛阳东周王城遗址发现烧造坩埚古窑址》,《文物》1995 年第 8 期。

37. 河南省文物考古研究所:《河南伊川县南寨二里头文化墓葬发掘简报》,《考古》1996 年第 12 期。

38. 中国历史博物馆考古部、山西省考古研究所、垣曲县博物馆:《垣曲商城》,科学出版社,1996 年。

39. 中国社会科学院考古研究所洛阳汉魏城队:《汉魏洛阳故城城垣试掘》,《考古学报》1998 年第 3 期。

40. 中国社会科学院考古研究所：《偃师二里头：1959 年～1978 年考古发掘报告》，中国大百科全书出版社，1999 年。

41. 洛阳市文物工作队：《洛阳北窑西周墓》，文物出版社，1999 年。

42. 河南省文物管理局、河南省文物考古研究所：《黄河小浪底水库考古报告》（一），中州古籍出版社，1999 年。

43. 郑州市文物考古研究所：《郑州大河村》，科学出版社，2001 年。

44. 河南省文物考古研究所：《辉县孟庄》，中州古籍出版社，2003 年。

45. 北京大学古代文明研究中心、郑州市文物考古研究所：《河南省新密市新砦遗址 2000 年发掘简报》，《文物》2004 年第 3 期。

46. 中国社会科学院考古研究所二里头工作队：《河南偃师市二里头遗址 4 号夯土基址发掘简报》，《考古》2004 年第 11 期。

47. 郑州市文物考古研究院：《郑州大师姑》，科学出版社，2004 年。

48. 北京大学震旦古代文明研究中心、郑州市文物考古研究院：《新密新砦——1999～2000 年田野考古发掘报告》，文物出版社，2008 年。

49. 河南省文物考古研究所：《郑州小双桥：1990～2000 年考古发掘报告》，科学出版社，2013 年。

50. 中国社会科学院考古研究所：《二里头（1999～2006）》，文物出版社，2014 年。

51. 廖永民：《戚城遗址调查记》，《河南文博通讯》1978 年第 4 期。

52. 马连成、廖永民：《濮阳市郊区考古调查简报》，《中原文物》1986 年第 4 期。

53. 北京大学考古专业商周组，山西省考古研究所，河南省安阳、新乡地区文化局等：《晋豫鄂三省考古调查简报》，《文物》1982 年第 7 期。

54. 北京大学考古学系、濮阳市文物保管所：《豫东北考古调查与试掘》，《考古》1995 年第 12 期。

55. 戚城文物景区管理处：《濮阳戚城遗址龙山文化灰坑清理简报》，《中原文物》2007 年第 5 期。

56. 河南省文物考古研究所、首都师范大学历史学院、濮阳市文物保护管理所：《河南濮阳县高城遗址发掘简报》，《考古》2008 年第 3 期。

57. 马学泽：《河南濮阳戚城遗址文物调查取得重要收获》，《中国文物报》2008 年 4 月 9 日第 2 版。

58. 河南省文物考古研究所、濮阳市文物保护管理所：《濮阳西水坡》，中州古籍出版社、文物出版社，2012 年。

59. 首都师范大学、濮阳市文物保管所：《河南省濮阳市铁丘遗址 2012 年发掘简报》，《中原文物》2013 年第 6 期。

60. 首都师范大学、濮阳市文物保护管理所：《河南省濮阳市铁丘遗址 2014 年发掘简报》,《洛阳考古》2014 年第 4 期。

61. 李一丕、魏兴涛等:《河南濮阳戚城发现龙山时代城址》,《中国文物报》2015 年 3 月 27 日第 8 版。

62. 袁广阔、南海森:《近年濮阳考古发现与研究》,《三代考古》,科学出版社,2015 年。

二、专著与论文

(一)1960 年以前~1969 年

1. 郭沫若:《中国古代社会研究》,上海联合书店,1930 年。
2. 钱穆:《周初地理考》,《燕京学报》1931 年第 10 期。
3. 郭沫若:《奴隶制时代》,人民出版社,1954 年。
4. 陈梦家:《西周铜器断代》,《考古学报》1955 年第 9 册。
5. 中国科学院考古研究所:《新中国的考古收获》,文物出版社,1961 年。
6. 夏鼐:《新中国的考古学》,《考古》1962 年第 9 期。
7. 赵铁寒:《古史考述》,正中书局(台北),1965 年。

(二)1970~1999 年

1. 夏鼐:《碳 -14 测定年代和中国史前考古学》,《考古》1977 年第 4 期。
2. 孙华:《关于二里头文化》,《考古》1980 年第 6 期。
3. 邹衡:《夏商周考古学论文集》,文物出版社,1980 年。
4. 郭宝钧:《商周青铜器群综合研究》,文物出版社,1981 年。
5. 俞伟超:《中国古代都城规划的发展阶段性——为中国考古学会第五次年会而作》,《文物》1985 年第 2 期。
6. 中国古都学会:《中国古都研究》,浙江人民出版社,1985 年。
7. 赵芝荃:《试论二里头文化的源流》,《考古学报》1986 年第 1 期。
8. 郑杰祥:《夏史初探》,中州古籍出版社,1988 年。
9. 卢连成:《论商代、西周都城形态》,《中国历史地理论丛》1990 年第 3 期。
10. 刘绪:《论卫怀地区的夏商文化》,《纪念北京大学考古专业三十周年论文集 1952~1982》,文物出版社,1990 年。
11. 曲英杰:《先秦都城复原研究》,黑龙江人民出版社,1991 年。
12. 国家文物局:《中国文物地图集·河南分册》,中国地图出版社,1991 年。
13. 林秀贞:《试论稍柴下层遗存的文化性质》,《考古》1994 年第 12 期。
14. 河南省文物研究所:《河南考古四十年》,河南人民出版社,1994 年。

15. 山西省考古研究所:《山西考古四十年》,山西人民出版社,1994 年。

16. 中国青铜器全集编辑委员会:《中国青铜器全集》(第 13 卷),文物出版社,1994 年。

17. 郑杰祥:《商代地理概论》,中州古籍出版社,1994 年。

18. 郑光:《二里头陶器初论》,《二里头陶器集粹》,中国社会科学出版社,1995 年。

19. 国家文物局:《中国文物精华大辞典·青铜器》,上海辞书出版社、香港商务印书馆,1995 年。

20. 朱凤瀚:《古代中国青铜器》,南开大学出版社,1995 年。

21. 贺业钜:《中国古代城市规划史》,中国建筑工业出版社,1996 年。

22. 杨育彬、袁广阔:《20 世纪河南考古发现与研究》,中州古籍出版社,1997 年。

23. 叶万松、方孝廉:《洛阳市皂角树二里头文化遗址》,《中国考古学年鉴(1994)》,文物出版社,1997 年。

24. 〔日〕大贯静夫:《〈中国文物地图集·河南分册〉を读む——嵩山をめぐる遗迹群の动态》,《住の考古学》,同成社,1997 年。

25. 王学荣:《河南偃师商城遗址的考古发掘与研究述评》,《考古求知集》,中国社会科学出版社,1997 年。

26. 王立新:《早商文化研究》,高等教育出版社,1998 年。

27. 赵芝荃:《论偃师商城始建年代的问题》,《中国商文化国际学术讨论会论文集》,中国大百科全书出版社,1998 年。

28. 史念海:《中国古都和文化》,中华书局,1998 年。

29. 王学荣:《偃师商城布局的探索和思考》,《考古》1999 年第 2 期。

30. 王国维:《殷墟卜辞中所见地名考》,《观堂集林:附别集》,中华书局,1999 年。

(三)2000 年以来

1. 袁广阔:《从古文献与考古资料看夏文化的起始年代》,《河南大学学报(社会科学版)》2000 年第 1 期。

2. 杨亚长:《东龙山遗址的年代与文化性质》,《中国文物报》2000 年 8 月 9 日。

3. 夏商周断代工程专家组:《夏商周断代工程 1996～2000 年阶段成果报告(简本)》,世界图书出版公司,2000 年。

4. 陈旭:《夏商文化论集》,科学出版社,2000 年。

5. 郑杰祥:《二里头二期文化与后羿代夏问题》,《中原文物》2001 年第 1 期。

6. 郭洪涛:《偃师商城遗址的主要考古成果与开发利用》,《洛阳大学学报》2001 年第 1 期。

7. 杜金鹏:《郑州南关外中层文化遗存再认识》,《考古》2001 年第 6 期。

8. 杨鸿勋:《宫殿考古通论》,紫禁城出版社,2001 年。

9. 印群:《黄河中下游地区的东周墓葬制度》,社会科学文献出版社,2001 年。

10. 张国硕:《夏商时代都城制度研究》,河南人民出版社,2001 年。

11. 杨鸿勋:《宫殿考古通论》,紫禁城出版社,2001 年。

12. 赵芝荃:《试论二里头文化的源流》,《夏文化论集》,文物出版社,2002 年。

13. 郑杰祥:《二里头文化分析》,《夏文化论集》,文物出版社,2002 年。

14. 陈星灿、刘莉、李润权等:《中国文明腹地的社会复杂化进程——伊洛河地区的聚落形态研究》,《考古学报》2003 年第 2 期。

15. 李晓明:《夏代礼文化态势考辨》,《当代法学》2003 年第 11 期。

16. 袁广阔:《关于郑州商城夯土基址的年代问题》,《中原文物考古研究》,大象出版社,2003 年。

17. 曲英杰:《古代城市》,文物出版社,2003 年。

18. 中国社会科学院考古研究所:《中国考古学·夏商卷》,中国社会科学出版社,2003 年。

19. 许宏、陈国梁、赵海涛:《二里头遗址聚落形态的初步考察》,《考古》2004 年第 11 期。

20. 宋建:《中国东部地区在文明化进程中的地位》,《东方考古》(第一辑),科学出版社,2004 年。

21. 何一民、王毅、蒋成:《文明起源与城市发展研究》,四川大学出版社,2004 年。

22. 杜金鹏、王学荣:《偃师商城遗址研究》,科学出版社,2004 年。

23. 许抄军:《历史文化古城游憩利用及非利用价值评估方法与案例研究》,湖南大学硕士学位论文,2004 年。

24. 中国社会科学院考古研究所:《中国考古学·两周卷》,中国社会科学出版社,2004 年。

25. 赵丛苍、郭妍利:《两周考古》,文物出版社,2004 年。

26. 袁广阔:《郑州大师姑遗址发现的意义》,《中国文物报》2005 年 3 月 2 日。

27. 黄建军:《中国古都选址与规划布局的本土思想研究》,厦门大学出版社,2005 年。

28. 赵冈:《中国城市发展史论集》,新星出版社,2006 年。

29. 王学荣:《偃师商城第一期文化研究》,《三代考古》(二),科学出版社,2006 年。

30. 李清临、朱君孝:《二里头文化研究的新视角——从青铜器的铅同位素比值看二里头四期的文化性质》,《江汉考古》2007 年第 4 期。

31. 曲英杰:《史记都城考》,商务印书馆,2007 年。

32. 朱士光:《中国八大古都》,人民出版社,2007 年。

33. 梁云:《战国时代的东西差别——考古学的视野》,文物出版社,2008 年。

34. 李志鹏：《二里头墓葬研究》，《中国早期青铜文化——二里头文化专题研究》，科学出版社，2008年。

35. 袁广阔、南海森：《试论濮阳高城东周城址的性质》，《中原文物》2009年第1期。

36. 洛阳市文物管理局：《洛阳大遗址研究与保护》，文物出版社，2009年。

37. 许宏：《最早的中国》，科学出版社，2009年。

38. 袁广阔：《豫东北地区龙山时代丘类遗址与城址出现原因初探》，《南方文物》2012年第2期。

39. 袁广阔：《古河济地区与早期国家形成》，《中原文化研究》2013年第5期。

40. 陈理娟：《中国大遗址保护与利用制度研究》，科学出版社，2013年。

41. 杜金鹏、于成龙、李志鹏：《前世·今生——偃师商城遗址考古与保护》，科学出版社，2014年。

42. 张国硕、李昶：《论二里头遗址发现的学术价值与意义》，《华夏考古》2016年第1期。

43. 中国国家博物馆、洛阳市文物考古研究院：《洛阳大遗址航空摄影考古》，文物出版社，2017年。

44. 崔宗亮：《浅议瑕丘遗址的保护利用》，《文化遗产研究》（第3辑），科学出版社，2017年。

45. 袁广阔：《中原文化遗产持续发展的途径探讨——洛阳偃师建立早期中国文明园的几点想法》，《中国文物报》2019年12月13日第6版。

46. 袁广阔：《濮阳市清丰县杨韩村唐代塔寺遗存的发现与认识》，《黄河·黄土·黄种人》2020年第18期。

47. 袁广阔：《古今辉映：河南考古遗址公园的建设探索与文化图景——以濮阳"上古文明园"为例》，《中国文物报》2020年8月7日第7版。

48. 刘朝彦：《濮阳澶州古城的保护利用》，《濮阳职业技术学院学报》2020年第6期。

49. 袁广阔：《考古学视野下的黄河改道与文明变迁》，《中国社会科学》2021年第2期。

后　记

　　《黄河流域历史文化遗产保护利用探索》一书系统阐述了河洛地区大遗址的保护利用以及濮阳地区历史文化资源的保护利用等问题，是探索黄河流域历史文化资源保护利用的一次有效尝试。上编"河洛大遗址保护利用的可持续发展研究"是作者承担的国家哲学社会科学基金重点项目，下编"濮阳古代文化遗产保护利用"是濮阳市的文物保护与发展的一个重点项目。洛阳和濮阳当地政府和民众对于遗址的重要性都有深刻的认识。但如何使这些遗址发挥其巨大的社会效益，很好地发挥弘扬传统文化、教育鼓舞群众、促进当地社会全面发展的作用，这是课题研究的目标。我们将在全面了解当前大遗址保护现状下，努力找到适合于区域遗址保护的途径，发挥大遗址在区域建设中的作用，探索大遗址保护的有效途径，促进大遗址所在地经济文化发展。

　　本书的编写是一个艰辛的过程，涉及文物调查、组织论证、文本撰写、图例制作等多个程序，写作时又几易其稿，反复修改，最终才得以付梓。本书的编写和出版得到了很多领导、同事、朋友的帮助和支持。中国社会科学院考古研究所杜金鹏、许宏、赵海涛等先生，河南省文物考古研究院李一丕先生，洛阳市文物考古研究院史家珍、洛阳古代艺术研究院朱世伟等先生为我们在洛阳地区开展文物调查提供了诸多便利，并为文本的撰写提供了很多珍贵的资料；濮阳市文化广电新闻出版局陈景涛局长、文物局李维静局长以及濮阳市文博单位的张文彦、李中义等多年来为我们在濮阳地区开展文物调查、勘探、试掘以及研究工作协调各方面的关系，并提供人力、物力和财力上的支持；科学出版社的雷英女士为本书的编辑、校对、排版等工作付出了许多辛勤的汗水。除此之外，首都师范大学历史与文博学院的钱益汇、王涛等老师也提供了一定的帮助，我的研究生李彦英、赵雅楠、陈雪飞、秦存誉、郭子月等也参与其中，做了许多具体的工作。在此，对他们表示诚挚的感谢！